Fürst Franz

Leopold III. Friedrich Franz, Fürst von Anhalt-Dessau, 1810

FÜRST FRANZ

Beiträge zu seiner Lebenswelt in Anhalt-Dessau 1740–1817

herausgegeben von
Heinrich Dilly und Holger Zaunstöck

Mitteldeutscher Verlag

Bibliographische Information der Deutschen Bibliothek

Die Deutsche Bibliothek registriert diese Publikation in der Deutschen Nationalbibliographie; detaillierte bibliographische Daten im Internet unter: http://dnb.ddb.de.

ISBN 3-89812-319-7

2005

Printed in Germany
Druck: Druckhaus Köthen GmbH

Inhaltsverzeichnis

Dank

Das vorliegende Buch ist aus einem Forschungsseminar der Institute für Geschichte und Kunstgeschichte an der Martin-Luther-Universität Halle-Wittenberg im Wintersemester 2004/05 hervorgegangen. Auf den Gedanken dazu kamen wir in einer der Sitzungen der Dessau-Wörlitz-Kommission zur Erforschung und Pflege des Dessau-Wörlitzer Kulturkreises. Diesem Projekt – von den ersten konzeptionellen Gedanken bis zur Drucklegung – ist von vielen Kolleginnen und Kollegen sowie Institutionen unverzichtbare Unterstützung zuteil geworden. Hier ist nun der Ort, dafür Dank zu sagen.

Unser Dank gilt der *Gesellschaft der Freunde des Dessau-Wörlitzer Gartenreichs e. V.* mit ihrem Vorsitzenden Rolf Budde, die durch großzügige finanzielle Zuwendungen das Arbeitsprojekt zur Biografie des Fürsten Leopold III. Friedrich Franz von Anhalt-Dessau auf eigene finanzielle Füße gestellt hat. Ebenso gilt dieser Dank der *Stiftung Leucorea* in Wittenberg und ihrem Vorstandsvorsitzenden Gunnar Berg für die wesentliche finanzielle Förderung in der Phase der Drucklegung. Die Leucorea fördert in der Nachfolge der alten Wittenberger Universität und als enger Kooperationspartner der hallischen Universität die Erforschung der Kulturlandschaft an der mittleren Elbe und Saale. Dazu zählt auch in herausragender Weise die Forschung über die Aufklärung in Dessau-Wörlitz mit ihrer europaweiten Ausstrahlung. Abgerundet hat die Finanzierung des Projekts in unkomplizierter Weise das *Prorektorat für Forschung, wissenschaftlichen Nachwuchs und internationale Kontakte* der Martin-Luther-Universität Halle-Wittenberg. Unser Dank gilt daher dem Prorektor Reinhard Neubert. Schließlich sei in diesem Kontext Monika Neugebauer-Wölk, Frühneuzeithistorikerin am hallischen *Institut für Geschichte*, für die großzügige Bereitstellung von Hilfskraftmitteln gedankt.

Neben der unabdingbaren finanziellen Fundierung gewinnt jedes Forschungsprojekt durch intensive und konstruktive Kommunikationen. Die *Kulturstiftung DessauWörlitz*, insbesondere ihr Direktor Thomas Weiss sowie Uwe Quilitzsch, hat das Projekt jeder Zeit umfänglich und engagiert begleitet und unterstützt. Für diese Allroundunterstützung sei herzlich gedankt. Ebensolcher Dank gilt dem *Landeshauptarchiv Sachsen-Anhalt (LHASA), Abteilung Dessau* mit seiner Leiterin Angela Erbacher und ihrem Mitarbeiterkreis. Sie haben uns vom ersten Tag an nicht nur die Türen zum Archiv geöffnet und all die ungezählten Fragen und Bitten ertragen, sondern auch die Studenten mit offenen Armen empfangen. Dieser Dank gilt genauso ausdrücklich dem *Stadtarchiv Dessau*, seinem Leiter Frank Kreißler und Michael Assmann vom *Anhaltinischen Theater* in Dessau. Johanna Geyer-Kordesch ist aus dem gar nicht so weiten Glasgow – das wusste auch schon Fürst Franz – angereist und Ralf-Torsten Speler ist aus dem nahen Löwengebäude in Halle herbeigeeilt, um im Seminar Vorträge zu halten und eifrig zu diskutieren. Erhard Hirsch war für uns jeder Zeit ein offener Gesprächspartner und herzlicher Beförderer des Unternehmens. Unser Dank gilt ebenso allen – insbesondere den aus Dessau angereisten – Teilnehmern am offenen Seminar am 1. Februar 2005, bei dem die Arbeitsergebnisse präsentiert wurden, für die angenehme Arbeitsatmosphäre und konstruktive Diskussionskultur.

Schließlich danken wir der *Anhaltischen Gemäldegalerie* in Dessau, der *Kulturstiftung DessauWörlitz*, dem *Germanischen Nationalmuseum* in Nürnberg, *Foto Marburg* und der *Herzogin Anna Amalia Bibliothek* in Weimar für die Erteilung der Bildrechte. Ganz besonders sei dem *Mitteldeutschen Verlag* in Halle, dem Geschäftsführer Roman Pliske, dem Lektor Kurt Fricke und dem Gestalter Matthias Littmann gedankt, die die Drucklegung des Buches von Anfang an engagiert und mit viel Einsatz begleitet haben.

Unser herzlicher Dank gilt nicht zuletzt Franziska Lietzmann, die als Tutorin des Seminars und in der Phase der Drucklegung sich weit mehr engagiert und eingesetzt hat, als es ihr Werkvertrag erfordert hätte. In diesen Dank sei ebenso Katja Magaschütz eingeschlossen, die im Prozess der Drucklegung eine unverzichtbare Hilfe war.

Halle an der Saale, im Sommer 2005
Heinrich Dilly und Holger Zaunstöck

Heinrich Dilly/Holger Zaunstöck

Einleitung

Fürst Franz, mit vollem Adelstitel Leopold III. Friedrich Franz von Anhalt-Dessau (1740–1817), ist weithin bekannt als Gestalter des Gartenreichs Dessau-Wörlitz, das seit 2001 zum Welterbe zählt und somit nicht nur unter dem Denkmalschutz des Landes Sachsen-Anhalt, sondern auch unter der strengen Obhut der UNESCO steht. Nach englischen Vorbildern ließ Fürst Franz in Wörlitz einen Landschaftspark, den ersten auf dem Kontinent, anlegen und sein Jagdhaus darin von Friedrich Wilhelm von Erdmannsdorff zum ersten Schloss im klassizistischen Stil in Deutschland umbauen. Das Fürstentum ließ er nach den damals jüngsten, ebenfalls in England gewonnenen Einsichten über Land- und Waldbau, Handel und Gewerbe sowie über das Manufakturwesen bewirtschaften. Er sorgte sich um die Verbesserung der Armen- und Gesundheitspflege, leitete eine Schulreform ein, erlaubte Johann Bernhard Basedow, in Dessau eine Musterschule, das Philanthropin, zu errichten, und förderte die ästhetisch-moralische Anstalt schlechthin: das Schauspiel. Die Infrastruktur seines Landes, also das Straßen- und Gewässernetz, baute er aus und setzte alles daran, das ganze Land mit den allerdings vornehmlich seiner Familie gehörenden Herrensitzen und Schlössern zu so etwas wie einem großen Garten zu machen. Bereits als 17-Jähriger verweigerte er den preußischen Militärdienst, den seine Vorfahren – allen voran der bis heute gerühmte Alte Dessauer – zum Wohl ihres Landes selbstverständlichst erfüllt hatten.[1] Franz handelte sich dafür die Ungnade Friedrichs des Großen gegen sich und die ungefähr 36.000 Einwohner seines Fürstentums ein. Wie konnte er seine Souveränität in jenen kriegerischen Zeiten wahren, ist eine Frage, die sich allein angesichts der langen Grenzen zu Brandenburg und zu Sachsen stellt. Oder hegte Friedrich der Große, nicht zuletzt aufgrund der Extravaganzen, die er sich selbst in jungen Jahren erlaubt hatte, doch eine Neigung zum jugendlichen Zivilhelden aus Dessau, der sich später als Friedensfürst gerierte und obendrein an einem Fürstenbund als dritter Kraft im Heiligen Römischen Reich schmiedete? Und wie verhielt Franz sich schließlich zu Friedrichs Nachfolgern und gar zu Napoleon, der ihm 1807 den Titel Herzog verlieh?

Daher ist man bald dabei, nach ausführlicheren Informationen über diesen Mann zu suchen, der nach den derzeit wieder aktuellen Leitideen vom produktiven Zusammenspiel von Industrieansiedlung und kultureller Entfaltung handelte. Natürlich kann man über ihn sehr viel aus einschlägigen Lexika und biographischen Standardwerken sowie vor allem aus Erhard Hirschs Opus Magnum über Die *Dessauer Reformbewegung im Zeitalter der Aufklärung*[2] und dem weithin bekannten Ausstellungskatalog *Weltbild Wörlitz*[3], beziehen. Doch muss man sich auch mit Hirsch, dem Kenner des anhaltinischen Fürstentums, darüber wundern, dass es keine klassische Biografie des Fürsten Franz gibt, erst recht keine, die heutigen Ansprüchen genügt.

Daran Interessierte sind nach wie vor auf die Lebensbeschreibung des Propstes Friedrich Reil angewiesen, die noch aus dem Jahr 1843 stammt. In erster Linie schöpft Reil dafür aus seiner persönlichen Beziehung zum Fürsten und zeichnet so ein Männerbild, das ganz den Vorstellungen des 19. Jahrhunderts verhaftet ist.[4] Neben einigen – heute als Quellen wertvollen – Skizzen aus dem 19. Jahrhundert ist dies der einzig größere Entwurf geblieben. Eine weit gediehene biografische Schrift des Kulturhistorikers Paul Herre ist 1944 den Bomben zum Opfer gefallen.[5] Erhard Hirschs Lebenswerk ist dem Gesamtentwurf Dessau-Wörlitz und seiner Wirkungsgeschichte gewidmet. Für Hirsch ist Franz die zentrale Person, der Sinnstifter, der eine Vision mit Leben erfüllt hat. Daher lassen sich Hirschs Arbeiten gewiss als Franzbiografie lesen, nicht zuletzt weil darin Franz' Leben mit der Geschichte des Reformstaates Anhalt-Dessau im Europa der Aufklärung in eins gesetzt wird. Allerdings verschwimmen bei solcher Annäherung an den Fürsten die Konturen. Das Bild ist nicht scharf. Um scharf werden zu können, muss es, um im Bilde zu bleiben, heute jedoch erst gerastert, ja digitalisiert werden und muss wohl noch einige Zeit etwas gepixelt bleiben. Denn es kann nur darum gehen, ein hochauflösbares Bild zu zeichnen, und darum, sich der vergangenen Wirklichkeit auf neuen Wegen zu nähern, die Frage- und Forschungsperspektiven auch junger Menschen aufzunehmen, mithin neue Horizonte zu öffnen.

So steht die Aufgabe dringender denn je: Wir brauchen eine Franzbiografie! Und dieses Anliegen steht auch jenseits der landeskulturellen Verwurzelung und Bedeutung in einem größeren Trend der historischen Wissenschaften. Denn die Biografie erlebt seit einigen Jahren eine Renaissance. Im Zuge der alltags- und kulturgeschichtlichen Wende der Geschichtswissenschaft ist seit den 1980er Jahren auch das Interesse an biografischen Studien wieder stark angestiegen, eben weil diese den Menschen in der Geschichte und nicht die Strukturen und Gesellschaftsentwürfe in den Mittelpunkt stellen.

Ausgehend von der Distanzierung gegenüber der Biografie älteren Stils – der Geschichte „großer Männer" als Erfolgsgeschichte von Machern ebenso „großer" Politik – hat eine methodologische Diskussion eingesetzt, in der die konsequenten Zugangsweisen biografischer Studien ebenso ausgelotet werden wie die Aussagepotenziale, die zu erwarten sind. Man kann diesen Prozess mit folgenden Koordinaten grob umreißen: Es geht um nicht weniger als um die quellengestützte, reflexive Darstellung des Menschen in seiner Lebenswelt und in seinen Handlungsfeldern, die es mit der Vielfalt der Methoden zu entwickeln gilt, die in den letzten drei Jahrzehnten erprobt worden sind. Es geht darum – wie Jacques Le Goff schreibt – nicht zu reduzieren, sondern die „überwältigende Komplexität der Dinge" in den Griff zu bekommen.[6] Eines sei besonders hervorgehoben: Es gilt bei einem solchen Unterfangen darauf zu achten, die richtige Balance zu finden zwischen der Konturierung des zu biografierenden Menschen als Mittelpunkt der Studie einerseits und dessen Verschwinden, der Auflösung der Konturen der Person im großen Fluss der Geschichte andererseits. Davor hat schon Le Goff gewarnt. Ziel ist es, „ein historisch erklärtes Individuum" herauszuschälen, das „zwar eng an eine bestimmte Gesellschaft und eine bestimmte Epoche gebunden ist, diese aber auch durch seine Persönlichkeit und seine Aktion prägt".[7] Und dabei hat sich der Historiker darüber im Klaren zu sein, dass er sich *nicht* auf den Weg macht, die *eine* Lebensgeschichte eines Mannes oder der einen Frau freizulegen. Denn diese gibt es nicht!

Abb. 1: *C. F. R. Lisiewski: Jugendbild des 16-jährigen Leopold III. Friedrich Franz (1756)*

Die Interessen und Intentionen des Biografen strukturieren nämlich zum einen das von ihm ausgewählte Material und die Beschreibung. Zum anderen – darauf hat schon Pierre Bourdieu in seinem berühmten Essay von 1986 über die biografische Illusion hingewiesen – sind die Lebensläufe der

Menschen in der Geschichte und ihre Eigenbeschreibung immer von den „amtlich" vorgegebenen Rahmenbedingungen und Erwartungen abhängig, an denen sie sich bewusst und auch unbewusst orientieren.[8] Was allein stellen ein Archiv, was ein Museum, was die Bibliotheken, was aber auch die baulichen Denkmäler zur Verfügung? Unendlich viel und doch sehr wenig! Um es handhabbarer mit den Worten Joachim Fests zu formulieren: Man hat es „fast durchweg" mit einem „für den Betrachter kaum entwirrbaren Knäuel von Absichten" zu tun, weshalb man ein ganz generelles „Misstrauen gegen jeden Augenschein" mitbringen muss.[9]

Es ist zweifellos die Quadratur des Kreises, die da die Kultur- und Geschichtswissenschaft von sich selbst verlangt. Ein ganz sicheres Zeichen dafür ist die Zurückhaltung, die man sich hierbei auferlegt hat. Während in den zurückliegenden dreißig Jahren eine Reihe von methodischen „Wenden" mit grundsätzlichem Veränderungsimpetus ausgerufen worden sind – *lingustic turn, spatial turn, visual turn* und zuletzt der *emotional turn* –, spricht man derzeit nur eher leise von einem *biographical turn*. Dies ist darin begründet, dass die Neuen Biografen eben selbst noch auf der Suche nach dem Raster moderner Biografik sind und sie sich dieses Reflexionsprozesses auch bewusst sind. So wurde jüngst im Zuge einer einschlägigen Tagung am Deutschen Historischen Institut in Washington berichtet: Das Feld historischer Biografieforschung ist gerade dabei, neue Methoden und Zugangsweisen *zu erproben*, die zu innovativen biografischen Studien führen werden bzw. führen könnten. Mit anderen Worten: "There are still more questions than answers."[10] So lassen sich in den zurückliegenden Jahren verschiedene Modelle und Konzeptionen von Biografien auch zum 18. Jahrhundert beobachten: die Einzelbiografie, die Doppelbiografie zweier Brüder, die Zusammensetzung einer Biografie durch verschiedene Autoren auf deren Spezialgebieten, die Biografie als Ausstellungsprojekt.[11]

In diesem Kontext haben wir uns entschlossen, einen freien Zugriff zum Leben des Fürsten Franz im Rahmen eines interdisziplinären Forschungsseminars zu fördern und zu solch einem Seminar unter dem Titel „Fürst Franz braucht 'ne Biographie" einzuladen. Dazu fanden sich im Herbst 2004 ungefähr fünfzig – wie sich in der Folge herausstellte – überaus engagierte und kreative Studierende zusammen. Nachdem wir auf einer Exkursion mit Uwe Quilitzsch im Gartenreich den bedeutendsten Gegenstand selbst unter die Lupe genommen hatten, nachdem wir uns in das Opus Erhard Hirschs eingelesen hatten,[12] nachdem wir, wie wir sagten, die „Impulsvorträge" von Johanna Geyer-Kordesch über den Ehemann Franz und von Ralf-Torsten Speler über Erdmannsdorff und den Klassizismus gehört und diskutiert hatten und nachdem wir unter Anleitung der Archivdirektoren Angela Erbacher und Frank Kreißler die verschlungenen Wege ihrer Institutionen erkundet hatten, begann ein Prozess der freien Themenfindung. Danach beugten sich die Studierenden selbst über die Archivalien und förderten so manchen kleinen Schatz zu Tage. Es musste transkribiert, entschlüsselt und wissenschaftlich enträtselt werden. Dann ging es an die Kontextualisierung der Quellen, die Einordnung und den Vergleich zu anderen Forschungen und Themen. Die Skizzen, Entwürfe und die ersten Ergebnisse wurden schließlich in einem Workshop, einem offenen Seminar präsentiert und diskutiert.[13] Das Engagement und der Beifall haben uns schließlich bewogen, den Weg weiterzugehen und aus den vorliegenden studentischen Forschungsergebnissen diesen Sammelband herauszugeben.

Dabei schien es uns wenig sinnvoll, ein wie auch immer zu bestimmendes Korsett aus Leitfragen und methodischen Vorentscheidungen anzulegen. Vielmehr vermittelten wir den Studierenden weiterhin die Vorstellung eines *freien, neu zu bestellenden Feldes*. Auf diese Weise ist eine Themenvielfalt entstanden, die erahnen lässt, welche weitgreifende Aufgabe eine Franzbiografie zukünftig darstellen wird. So reicht der Bogen von der Entscheidung des jugendlichen Franz, Friedrich II. nicht zu dienen, über die Andreas Pietsch berichtet, bis zu einem letzten Brief des Fürsten an den preußischen Staatskanzler von Hardenberg. In diesem schreibt Franz über seinen Tod, verabschiedet sich vom Vertrauten und empfiehlt diesem seinen Nachfolger Leopold IV. Friedrich. Agnes Fischer hat diesen Brief entdeckt und im Lichte von Norbert Elias' Traktat über die Einsamkeit der Sterbenden kommentiert. Das Spektrum der Beiträge reicht von einem Essay von Nadine Breitschuh, Kristin Eusert und Ines Tornack über die Kleidung des Fürstenpaars, die offenbar durchaus „trendy" war, bis hin zu Problemen, die in Dessau eine Straßenbeleuchtung mit sich brachte. Denn Jens Geiling und Doreen Pöschl fragen danach, ob der so aufgeklärte Fürst mit dieser Idee nicht reichlich spät kam und dann nur spärliches Licht verbreitete oder ob Dessau so friedlich war, dass man nachts – wörtlich wie übertragen – unbehelligt durch die Stadt schlendern konnte. Die Beiträge zu diesem Band verweisen aber auch implizit darauf, dass für die meisten anderen Figuren der franzischen Zeit ebenfalls moderne, biografische Darstellungen fehlen; man denke nur an Fürstin Luise,[14] oder an den Bruder Johann Georg, der hier von Daniela Achilles und Franka Krätsch unter Mitarbeit Yvonne Sanders sowohl als politischer als auch ästhetischer Agent des Fürsten eingeführt wird.

Für den Moment ist deshalb keine klassische, auch noch nicht die moderne Biografie entstanden. Doch lassen sich anhand der studentischen Arbeiten Einblicke in die verschiedensten Facetten des Fürstenlebens gewinnen. Manches Neue ist dabei entdeckt worden wie zum Beispiel die Korrespondenz, die Fürst Franz mit Lord Shelburne in London geführt hat. Darin geht es, wie Lena Vogler belegt, um einen Fokus, in dem sich viele Perspektiven bündeln: die der Politik, der Wissenschaft, der Bildung und der Kultur, der Freundschaften und nicht zuletzt der Ehe. Um Freundschaften geht es auch bei Vivien Zaeske, die sich auf die Korrespondenzen des Fürsten mit Frauen konzentriert und dabei eine neue Typologie avisiert. Als Vater, ja Pater Familias, wirkt Franz, wenn er, wie Sabine Frömel darstellt, die Not einer Hofdame lindert. Dass es unter den vielen fremden Besuchern vorwiegend Engländer und Amerikaner waren, die die Freundschaft des Fürsten suchten, geht aus der statistischen Auswertung des Besucherbuchs durch Alexandre Malakhov und Marie-Luise Welz hervor. Und mit dem Stichwort „Sympathie auf Zeit“ möchte man den Kontakt versehen, den der Forscher und Weltreisende Johann Reinhold Forster mit Franz pflegte. Darüber berichtet Steffen Hoffmann.

Manch staubige Akte ist zum ersten Mal geöffnet worden. So etwa die über die beiden Kunstlotterien, an denen Fürst Franz teilgenommen hat. Doreen Belau und Anke Schilling haben dabei eine Vorform der Verlosungen entdeckt, die man bislang nur aus den späteren Kunstvereinen kennt. Andere Akten wurden nach langer Zeit wieder geöffnet, so von Franziska Lietzmann, die die Korrespondenz des Fürsten mit Sir George Sinclair gelesen hat und nun über seine lebenslange Begeisterung für England berichtet. Weit über das Aktenstudium hinaus in das der Forschungen über die Geschichte des Verkehrswesens weist Jürgen Schmidts Beitrag über die Straßen als zwar ganz andere, aber ebenso schöne wie nützliche Verbindungen im Fürstentum Anhalt-Dessau.

Aus dieser Offenheit heraus hat sich zwangsweise eine Methoden- und Zugangsvielfalt entwickelt: Das Buch bietet Texte beispielsweise aus der Sicht einer Neuen Politikgeschichte, wenn Marian Kirchner aufzeigt, dass Franz sein Reformwerk bis 1784 ausgesprochen absolutistisch angeht und erst danach die ansteigenden Aufgaben auf breitere Schultern in Form von Kommissionen und Institutionen verlagert. Oder wenn Antje Faßhauer aufgrund der Kabinettsprotokolle den Fürsten als einen Arbeiter vorstellt, der durchschnittlich 8 Entscheidungen pro Tag fällt, die ihrerseits wieder ein lebhaftes Bild der Lebensvielfalt in Anhalt-Dessau aufscheinen lassen. Oder wenn Katja Magaschütz darlegt, dass sich der Fürst an Preußen und dessen Intelligenzblättern orientiert, dieses aber auch voll nutzt, um sich als Herrscher, Wohltäter und als intimer Kenner der Verhältnisse in Szene zu setzen.

Das Buch bietet zudem Texte aus kunsthistorischer Perspektive im Rahmen der jüngst viel besprochenen Bildforschung. Zunächst stellt Elisa Schroer ein ganz traditionelles Problem zur Diskussion: Von wem ist das eine oder andere Gemälde? In diesem Fall geht es um die Darstellung einer heiligen Magdalena durch den berühmten Anton Graff. Ähnlich gelagert ist die Untersuchung von Linda Karohl, die über die beiden Bilder nachdenkt, die, wie sie meint, vorgeben, ihn als „Grand-Touristen" in Italien zu zeigen, es aber doch nicht tun. Schließlich: Als politisches Programm wird die Sammlung spätmittelalterlicher Glasbilder gern verstanden, die aus der Schweiz stammen und das Gotische Haus zieren. Eva Schroth führt in ihrem Beitrag eine Reihe von Gründen auf, die auch an ganz andere Funktionen denken lassen. Zu den programmatischen Aktivitäten zählt die Sorge um das Theater in Dessau, dessen Entwicklung Pia Götze allein anhand der Theaterzettel skizziert.

Aus der angedeuteten methodisch-konzeptionellen Vielfalt heraus haben wir uns auch entschieden, statt des Terminus der Biografie die Lebenswelt in den Titel zu nehmen. Der offene und übergreifende Begriff der Lebenswelt ist zunächst in Bezug auf die noch nicht gezählten Facetten und Interaktionen in der fürstlichen Familie, in Anhalt-Dessau, im Alten Reich und in Europa gut geeignet und spiegelt sich auch in jüngeren Forschungen.[15] Nicht zuletzt ist ihm eine semantische Ebene inne, die auf den Alltag und die Lebenskultur der Zeit verweist, die mit ihm in den Blick genommen werden soll. Wir bewegen uns auf einer Schnittstelle künftiger Forschungen.[16] Oder anders formuliert und gefragt: *Wie viele Leben lebte Fürst Franz?*[17]

I

Andreas Pietsch

Ein 16-Jähriger im Krieg

Fürst Franz, wie er gern kurzerhand genannt wird, wurde von Friedrich II. von Preußen (1712–1786) im Alter von 15 Jahren nach Halle beordert, damit er beim Regiment Anhalt als Soldat diene.[1] Nur ein Jahr später entfachte Preußen, das in einer Koalition mit Großbritannien-Hannover und einigen deutschen Staaten stand, den Siebenjährigen Krieg gegen das Bündnis Frankreichs, Österreichs, Russlands, Schwedens und die Mehrheit der deutschen Reichsstände. Für sein Ziel, Schlesien zu sichern und Sachsen zu erobern,[2] drang Friedrich II. mit seinen Truppen bis nach Böhmen vor.

Im Laufe der Zeit musste Friedrich II. aber feststellen, dass er seinen Gegnern nicht gewachsen war. Zum Glück Preußens aber schied Russland aus den Kampfhandlungen, wodurch das Ende des Siebenjährigen Krieges und der Verbleib Schlesiens in preußischer Hand eingeleitet wurden.[3]

Zu Beginn des Krieges zog Franz noch „begeistert mit der Marschsäule über Döbeln durch Sachsen in den Krieg und marschiert[e] im Stabe Friedrichs in Böhmen mit ein."[4] Doch schon in den ersten Kriegswochen änderte sich die Ansicht des jungen Fürsten über seine Situation, so dass „sich in dem knapp 17 jährigen, [...] ein beachtlicher Wandel" vollzog.[5] Was hatte der junge Franz erlebt? Und warum machte er diesen „beachtlichen Wandel" durch, der seine Einstellung in Hinsicht auf die Armee veränderte?

Zunächst soll die Situation des Fürsten Franz vor diesem Krieg unter Berücksichtigung der militärischen Verdienste seiner Vorfahren und der Besonderheiten in seiner Erziehung, näher dargestellt werden. Dann wird die Marschroute des von ihm begleiteten Regimentes von Dessau in Richtung Dresden nachgezeichnet. Den Einstellungswandel von Franz sowie den Austritt des Hauses Anhalt-Dessau aus dem Krieg beinhalten die nächsten Abschnitte. Ein kurzes Resümee beschließt den Beitrag.

Neben der gängigen Sekundärliteratur wurden auch zeitgenössische Quellen genutzt, in besonderem Maße ein Originalschriftstück aus dem Briefverkehr von Franz in der Zeit des Siebenjährigen Krieges vom 1. bis zum 16. September 1756.

Die militärischen Dienste seiner Vorfahren im preußischen Heer

Die Ahnen des Fürsten Franz von Anhalt-Dessau hatten in langer Tradition unter der preußischen Führung Dienst getan. Schon sein Urgroßvater Johann Georg II. (1627–1693) kämpfte 1683 in einem brandenburgischen Kontingent gegen die herannahenden Türken, welche im Sommer dieses Jahres Wien angriffen und belagerten.[6]

Der Großvater von Franz, Leopold I. (1676–1747), war als Offizier am erfolgreichsten. Er reorganisierte die Armee Friedrich Wilhelms I. (1688–1740) und formte sie mit hartem Drill zu einem schlagkräftigen Instrument des absolutistischen Staates. Aufgrund der strengen Disziplin, die er sich und seiner Armee abverlangte, gewann Leopold I. zahlreiche Schlachten für Brandenburg-Preußen im Nordischen Krieg (1700–1714) und im Spanischen Erbfolgekrieg (1701–1721). Der „Alte Dessauer", wie er genannt wurde, errang „Sieg auf Sieg am Niederrhein, bei Höchstädt, und in Oberitalien mit seinem Freunde Prinz Eugen von Savoyen (1663–1736) die Siege von Cassano und Turin, schließlich eroberte er Vorpommern, Rügen und Stralsund".[7] So ist es nicht verwunderlich, dass sein Einfluss in der Familie ebenso stark war wie seine Macht auf den Kriegsschauplätzen. Denn seine gesamten männlichen Nachkommen Wilhelm Gustav (1699–1737), Leopold II. Maximilian (1700–1751), Dietrich (1702–1769), Eugen (1705–1781) und Moritz (1712–1760) traten entweder vorübergehend oder ganz in den Dienst der preußischen Armee, wobei alle den hohen Rang des Feldmarschalls erlangten.[8]

Leopold II. Maximilian, der Vater von Franz, hatte ebenfalls beachtliche Leistungen auf dem Schlachtfeld erbracht. Im Ersten Schlesischen Krieg (1740–1742) wirkte er mit Feldmarschall Kurt Christoph Graf von Schwerin (1685–1757) in der Schlacht bei Mollwitz[9] in Schlesien mit. Des Weiteren gelang es ihm, wiederum mit Schwerin, die Feste Glogau zu erobern, Breslau einzunehmen sowie in der Entscheidungsschlacht bei Csaslau/Chotositz erfolgreich mitzukämpfen.[10]

In diese lange Tradition des treuen Dienstes wuchs der junge Franz hinein.

Erzogen in Gehorsam- und Gelehrsamkeit

Der am 10. August 1740 geborene Fürst Franz stand – aufgrund der erfolgreichen Tradition des Hauses Anhalt-Dessau, die preußische Regierung treu zu unterstützen – von seiner Geburt an unter militärischem Einfluss. Vor allem sein Großvater Leopold I. versuchte schon das Kleinkind nach soldatischen Idealen zu formen. So ließ der Alte Dessauer seinen Enkel im Alter von zwei Jahren „die maßgeschneiderte preußische Grenadieruniform" tragen und ihn „feldmarschmäßig [...] in der Magdeburger Garnison" erscheinen,[11] um ihn dann nach ungebührlichem Benehmen in den Arrest stecken zu lassen. Ferner achtete er darauf, dass Franz ab seinem zwölften Lebensjahr an den jährlichen Paraden und Manövern des Preußenkönigs mitwirkte.[12] Im Jahr 1755 hatte sich der junge Fürst auf Anordnung Friedrichs II. beim Regiment Anhalt in Halle anzumelden, damit er dort seinen militärischen Verpflichtungen für drei bis vier Jahre in der Funktion eines Capitaines nachkomme.[13] Doch obwohl diese Anforderungen an den jungen Fürsten konservativ klingen, wuchs er nicht nach Art der altmodischen herkömmlichen Prinzenerziehung auf.[14]

Ein großer Einschnitt im Leben von Franz war der frühe Tod seiner Eltern im Jahre 1751.[15] Dieses Ereignis ist auch die Ursache für seine nicht nach gängigem Muster verlaufende Erziehung und seine autodidaktische Lebensart.[16] Er erlernte die französische Sprache perfekt, so dass er sich fließend verständigen konnte; später kamen noch Italienisch und Englisch hinzu.[17] Seine Lehrkräfte waren größtenteils hugenottischer Abstammung, wobei der Geschichtslehrer Carl Ludwig L'Estocq (1725–1807), durch seine „typisch aufgeklärten Ambitionen für ausgeprägte Reinlichkeit und Hygiene"[18], einen besonderen Eindruck auf ihn machte. Doch nicht nur L'Estocq, auch die anderen schulischen Ausbilder hatten einst an den berühmten Universitäten der Aufklärung in Halle und Leipzig studiert, wodurch Fürst Franz „auf die Bahn des bürgerlichen Progresses gelenkt wurde".[19]

Als nun Friedrich II. mit dem Überfall auf Sachsen den Siebenjährigen Krieg begann, vereinten sich die beiden richtungsweisenden Erziehungswege. Einerseits durfte Franz trotz des Protestes seines Onkels und Vormundes Dietrich von Anhalt-Dessau als Volontär mit in den Krieg ziehen, andererseits hatte er zum Geleit seinen Erziehungsleiter und Oberhofmeister Friedrich Wilhelm von Guericke. In der Anfangszeit war zudem der Lehrer L'Estocq dabei.[20]

Die Marschroute von Dessau in Richtung Dresden

Das Regiment, in dem sich Franz befand, hatte Friedrich II. nach Sachsen zu folgen. Am 1. September 1756 um halb neun Uhr früh begann der lange Marsch des Heeres von Dessau in Richtung Dresden.[21] Das erste Lager schlug

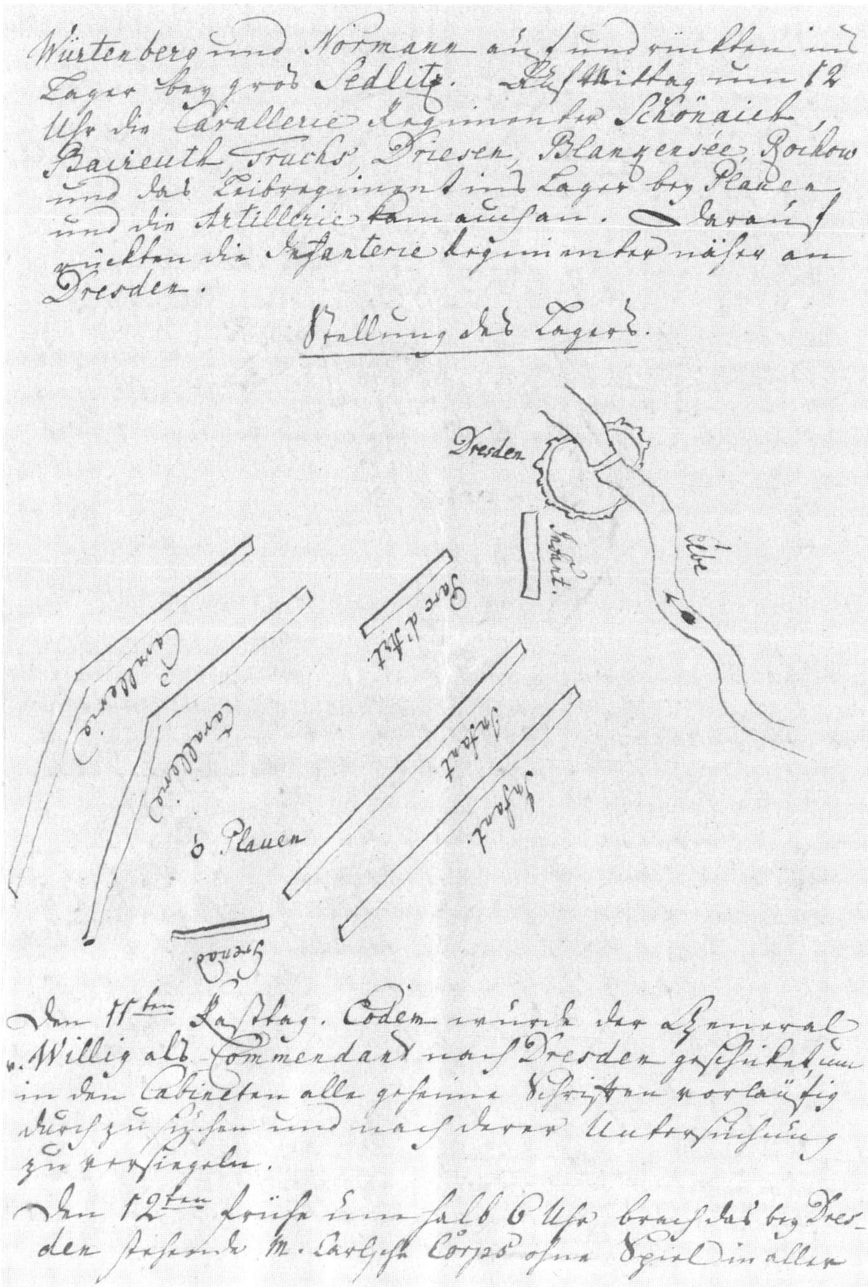

Abb. 1: *Lageskizze der „Stellung des Lagers" bei Dresden aus der Korrespondenz von Franz*

man mittags gegen 13 Uhr in Bad Düben auf, wo einige Zeit später Moritz von Anhalt-Dessau mit seiner Truppeneinheit eintraf.[22] Friedrich II. führte einen Offensivkrieg, bei dem „der Angriff der Linie durch kleinere Kolonnen aus Infanterie und Kavallerie mit einigen Geschützen unterstützt“[23] wurde. Deshalb ließ er in der Nähe von Bad Düben die Kavallerieregimenter von Schwedt und von Württemberg Stellung beziehen und mit den anderen Regimentern zusammentreffen.[24] Diese Teilarmee erreichte noch am 4. September gegen sieben Uhr abends die Stadt Döbeln. Nach einem Rasttag gingen die Streitkräfte weiter über Wendischbora, um sich mit weiteren Infanterieeinheiten zu verbinden: „Um 11 Uhr vor Mittag stoßten wir ohnweit Nossen zu den [Infanterie-]Regimentern Luad, Knobloch und Neuwied“[25], heißt es in dem Journal von Franz. Ihr Lager schlugen diese dann bei Rothschönberg auf. Bereits am 9. Marschtag kamen die Regimenter, nachdem sie Tanneberg, Wilsdruff und Kesselsdorf passierten, mittags um ein Uhr in Plauen, einem Stadtteil von Dresden, an (Abb. 1).[26]

Friedrich II. zog daraufhin am 10. September 1756 mit 16 weiteren Bataillonen südlich nach Groß Sedlitz, so dass die Infanterieregimenter näher an das Zentrum Dresdens heranrücken konnten.[27] Außerdem kamen an diesem Tag die Artillerieeinheiten in Plauen an. Daher verlagerte der Preußenkönig am 12. und 13. September Teile seiner Infanterie weiter in Richtung Süden nach Großcotta, da sich die Sachsen „immerso […] zwischen Pirna und dem Königstein verschantzet“.[28]

Noch an jenem 13. Tag wird erstmals darüber berichtet, dass zittausche Husaren Gefangene machten und diese verhörten, worauf es am Abend zu einem kurzen Gefecht zwischen österreichischen und preußischen Kontingenten kam.[29] Nach zahlreichen Festnahmen sächsischer Soldaten ergab sich die gesamte sächsische Armee am 14. September 1756 bis auf zwei Regimenter, welche aber schon am nächsten Tag in Richtung Böhmen verfolgt wurden.[30]

Der Einstellungswandel des Fürsten

Wie in der Skizze zu sehen ist, verlief die taktische Ausrichtung der preußischen Armee stets nach strengen Richtlinien. So wirkte die Infanterie „im Kampf mit der an den Flügeln postierten Kavallerie und der Artillerie […] zusammen“.[31] Zudem richtete sich die preußische Armee an der „Ordre de bataille“ aus, wodurch die einzelnen Truppenteile separat und ständig als Linie zu mehreren Gliedern stehen mussten.[32] Diese Art der taktischen Konzeption verlangte ein hohes Maß an Disziplin und Ordnung, was in Preußen „ein barbarisches Drill- und Strafsystem“[33] mit sich zog. Dieses System wird dem jungen Fürsten missfallen haben, da er ja nicht nach der strengen Prinzenerziehung der alten Generation aufwuchs.[34] Des Weiteren zwang Friedrich II. ihn zum Wachdienst, wodurch sich Franz entehrt fühlte und nutzlos vorkam: „[...] ich vertzere ohnedem hier viel Gelt mit wenig Vergnügen und meine gantze Verrichtung besteht darin, wie ich schon gemeldet, nehmlich dass ich dem gantzen Vormittag in des Königs VorCammer aufpasse [...] und hernach nicht weiß, was ich anfangen soll.“[35]

Ein weiterer Grund für den Wandel seiner Präferenzen – weg vom kriegerisch expandierenden Militärstaat, hin zum progressiven „Friedensstaat“[36] – ist die Begegnung mit dem vier Jahre älteren Friedrich Wilhelm von Erdmannsdorff gewesen. Sie trafen sich erstmals beim 16. Geburtstag von Franz. Der ebenfalls verwaiste junge sächsische Adlige studierte in Wittenberg Mathematik, Geschichte und Philosophie.[37] Während der langen, monotonen Ausbildung bei der Armee verspürte Franz, in Reflexion zu Erdmannsdorffs Gedankengut, Wissbegierde und Lernbegeisterung für kulturelle Angelegenheiten; er zweifelte stark an Sinn und Nutzen kriegerischer Auseinandersetzungen.[38]

Letztendlich prägten auch seine Lehrer die Einstellung des Fürsten neu. Diese Lehrenden, welche wie erwähnt die Universitäten der Aufklärung in Halle und Leipzig besucht hatten, übten sogar in der Zeit des Krieges progressiven Einfluss auf ihn aus.[39]

Der Armeeaustritt von Franz und seine Folgen

Höchstwahrscheinlich führte dieser Einstellungswandel Franz dazu, sich an seinen Vormund Fürst Dietrich zu wenden und diesen zu bitten, ihn nach Dessau zurückzuholen. Dietrich verfasste Ende des Jahres 1757 ein Schreiben an Friedrich II. mit dem Ersuchen, Franz von Anhalt-Dessau aus der Armee zu entlassen.[40] Der Preußenkönig reagierte abweisend, doch schon Anfang des nächsten Jahres wurde Franz „gnädig resolviret“[41]. Die offizielle Begründung war, dass er sich in einem gesundheitlichen Schwächezustand befände.

Für Friedrich II. war dies nur der Auslöser für den Bruch des jahrzehntelangen militärischen Treueverhältnisses zwischen Anhalt-Dessau und Preußen. Gerade in den beiden Schlesischen Kriegen hatte zuvor vor allem der Dessauer Leopold I. mit seinen Söhnen für den, aus preußischer Sicht erfolgreichen Ausgang vieler Schlachten gesorgt. Nun hatte der anhaltische Gesamtrat bereits zu Beginn des Siebenjährigen Krieges seine Neutralität erklärt.[42]

Aus diesem Grund war der große Feldherr verstimmt, äußerte sich aber nur schriftlich dazu: „... ihre Neutralität wird ihnen bekommen wie denen Hunden das Gras fressen".[43] Doch nachdem Fürst Dietrich den Erbprinzen von Anhalt-Dessau aus der Armee nahm, hatte sein Land noch Kriegskontributionen in Höhe von insgesamt einer Million Taler an Preußen zu zahlen.[44] Um diese immense Summe aufbringen zu können, bot Franz seine geerbten Juwelen sowie sein Silberzeug zum Verkauf an. Mit dem Erlös konnte er die ausstehende Rechnung selbst bezahlen.[45]

Franz wie auch sein Land hatten nun direkt nichts mehr mit dem Krieg zu schaffen, so dass er sich etwa an Bildungsreisen hätte erfreuen können. Der junge Fürst aber vermied es bis kurz nach dem Friedensschluss von Hubertusburg am 15. Februar 1763, ausländische Staaten zu besuchen.[46]

Schluss

Zusammenfassend lässt sich folgende Tendenz auf der Bais des kurzen militärischen Lebens von Leopold III. Friedrich Franz von Anhalt-Dessau feststellen. Obwohl er seine Eltern früh verloren hatte und nicht nach dem strengen Reglement einer Fürstenausbildung seiner Zeit erzogen wurde, ließ ihn der Einfluss, den sein Großvater Leopold I. auf ihn ausübte, eine Militärkarriere zunächst als wünschenswert erscheinen. Anfangs noch zielstrebig und begeistert genoss Franz die militärische Schulung eines Offiziers in einem preußischen Heer. Doch schon nach kurzer Zeit wurde ihm klar, dass seine Vorstellungen von Soldatentum und Militärstaat nicht mit der Realität kompatibel waren. Außerdem begeisterten den nunmehr 17-Jährigen andere, schöngeistigere Dinge, was sicherlich an der Begegnung mit Erdmannsdorff sowie in der privaten Ausbildung durch aufklärerische Lehrer lag.

Letztendlich sind die Ursachen für den Einstellungswandel multikausalen Ursprungs. Dennoch geben die dargebrachten Indizien einen Anhaltspunkt und weiteren Diskussionsstoff für den Einstellungswandel des jungen Fürsten. Es ist hierbei schwierig festzustellen, was für Faktoren in welcher Intensität den Umbruch beeinflussten. Dazu müssten weitere und umfangreichere Forschungen getätigt werden. Somit bleibt abzuwarten, ob sich die dargestellten Theorien in diesem Kontext bewähren.

II

Marian Kirchner

Franz macht Macht. Wie regiert man ein Fürstentum?

Der Beitrag befasst sich mit dem politischen System Anhalt-Dessaus. Zudem wird die Frage aufgeworfen, wie stark die Idee der Aufklärung dieses System in der Regierungszeit von Leopold III. Friedrich Franz verändert hat. Es wird dabei nicht die Frage nach dem philosophischen und moralischen Grundüberzeugungen des „Vaters Franz" und ihrem Niederschlag in seinem Regierungshandeln gestellt. Das wurde schon an anderer Stelle vielfach behandelt und ist mit aufgeklärt, liberal und pragmatisch beantwortet worden.[1] Hat Franz also „schön gedacht", vielleicht auch „weise gehandelt", aber politisch, staatsrechtlich und institutionell nichts verändert? Oder finden sich im politischen System doch „Spuren der Aufklärung", vielleicht sogar mehr als nur Spuren?

Der Text ist in drei Teile untergliedert. Im ersten Teil werden die Institutionen des Staates und des politischen Systems Anhalt-Dessaus aufgeführt. Im zweiten Teil werden in quantitativer Analyse die „Landesherrlichen Verordnungen" untersucht, die Gesetzessammlung aus der Regierungszeit des Fürsten. Im dritten Teil wird der Versuch unternommen, ein Fazit zu ziehen und Franz' Regierungshandeln zu charakterisieren.

Die Institutionen

Wenn zukünftig eine Biografie über Fürst Franz geschrieben werden soll, werden das Regierungshandeln und das politische System seines Staates wichtige Themengebiete sein. Schließlich bestimmte das Regieren den Alltag und das Denken des Fürsten. Anhalt-Dessau war ein absolutistisch regiertes Fürstentum, dessen wichtigste Institution der Fürst selbst war. Ihm direkt untergeordnet wurden die Landesregierung, die Rentkammer, das Oberforstamt sowie die unmittelbaren Kommissionen.[2]

Der Landesregierung gehörten Präsidenten, Räte, Assessoren und Direktoren sowie Fachexperten und die obersten Verwaltungsbeamten an.[3] Zusammen mit dem geistlichen Konsistorialrat, der zumeist der Superintendent des Kirchenbezirks war, bildete die Regierung das Konsistorium. Das Konsistorium setzte alle Schulleiter ein und war für das Bildungswesen verantwortlich, zudem für alle Kirchenangelegenheiten und für Ehesachen.[4]

Der Verwaltung der Landesregierung unterstanden die 14 Gebietseinheiten des Landes; die so genannten Ämter.[5] Sie war auch das höchste Justizkollegium im Fürstentum, seit 1806, mit dem Niedergang des alten Kaiserreiches und seiner Reichskammergerichte, auch die letzte juristische Instanz.[6] Nur bei Einsprüchen, die den Fürsten oder den Fiskus betrafen, wurden auswärtige Gerichte bestellt.[7] Oberster Richter im Land war wiederum der Fürst selbst.[8] Ein weiterer Bereich unterhalb der Regierung war das Innungswesen, wobei der gesetzliche Rahmen, also die Handwerksordnung, Reichssache war und somit vom Kaiser bestimmt wurde.[9] Die dritte Behörde, die der Landesregierung unterstand, war die Brandkasse. In der Brandkasse wurde Geld zurückgelegt, um bei größeren Bränden eine Soforthilfe zur Verfügung zu haben. Dazu wurde jedes Haus im Wert geschätzt. Sie war im Übrigen eine der ersten Institutionen, die der noch junge Franz 1762 eingeführt hatte.[10] Die Rentkammer beschäftigte sich mit der Verwaltung der herrschaftlichen Güter und Einkünfte. Die Einkünfte des Fürsten waren überwiegend auch die Einkünfte des Fürstentums. Sie wurden durch die Akziseämter erzielt, die Steuern und Zoll erhoben.[11] Der Großteil der Einnahmen wurde jedoch auf den herrschaftlichen Gütern und durch Pachtzinsen erwirtschaftet. Das Geld wurde in andere staatliche Einrichtungen und wirtschaftliche Unternehmungen hineingesteckt, kam in die Privatschatulle des Fürsten oder wurde in Bau- und Straßenbauprojekte investiert, die wiederum das Bauamt plante und durchführte. Der Rentkammer untergeordnet waren auch die „Policey"-Angelegenheiten, die sich im Wesentlichen auf die Justizverwaltung bezogen.[12]

Das Oberforstamt stand mit der Regierung und der Kammer auf einer Ebene. Das Holz war eine Staatsangelegenheit von hohem Rang, da die wenigen Wälder des Landes sich ausschließlich in herrschaftlichem Besitz befanden.[13]

Die Unmittelbaren Kommissionen, z. B. die Medizinalkommission, die Armen- und Arbeitskommission und das Witwenkassenkuratorium, waren dem Fürsten direkt unterstellt.[14]

Es handelt sich hierbei um ein Kernstück des franzischen Reformwerks. Die Impfprogramme gegen die Pocken, die Versorgung der Armen mit Brot und Arbeit sowie andere soziale Leistungen wurden in diesen Gremien organisiert.

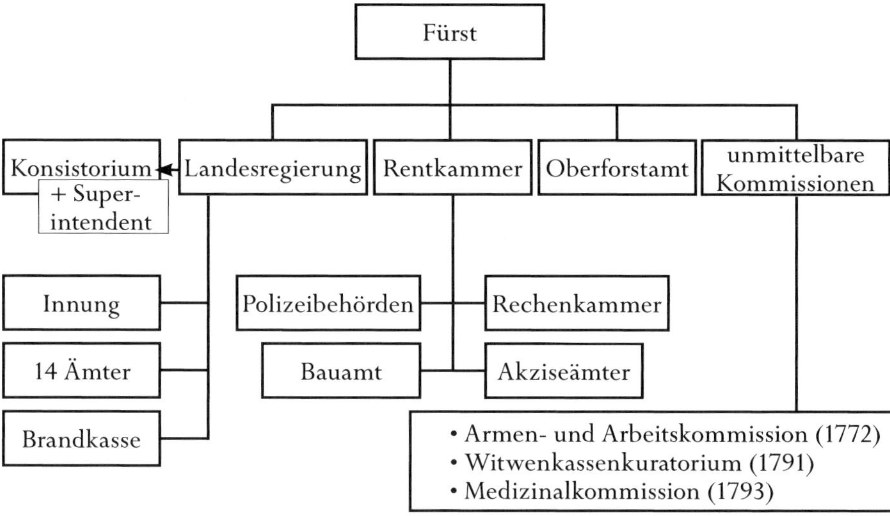

Abb. 1: *Staatsaufbau Anhalt-Dessau um 1800 (Quellen: Heinrich Lindner, Geschichte und Beschreibung des Landes Anhalt. Dessau 1833, S. 184 ff.; Lebrecht Ludwig Bäntsch, Handbuch der Geographie und Geschichte des gesamten Fürstenthums Anhalt. Leipzig 1801, S. 35)*

Abschließend ist hier festzuhalten, dass Mitglieder der Landesregierung und der Rentkammer oft zugleich in den Kommissionen und Kuratorien arbeiteten. Es gab also eine hohe Zahl an Überschneidungen und Vernetzungen zwischen den Gremien. In einem politischen System wie dem Anhalt-Dessaus in der Zeit um 1800 wirkte sich dieser Umstand eher fördernd auf das Regierungshandeln aus. Zum Ersten, weil immer die höchste entscheidende Institution, nämlich der Fürst, nicht weit war und daher keine langen formal-bürokratischen Prozeduren durchlaufen werden mussten. Zum Zweiten, weil die informellen Entscheidungsprozesse gegenüber den formellen stark überwogen. Die Präsidenten, Räte, Direktoren und Assessoren waren gewissermaßen Nachbarn. Man traf sich bei öffentlichen Anlässen oder im Alltag des 8.000 Einwohner zählenden Städtchens Dessau.[15]

Werfen wir nun einen Blick auf die Gebietseinheiten. Ab 1794 wurde Anhalt-Dessau in 14 Ämter unterteilt,[16] die von der Landesregierung verwaltet wurden. Alle Ämter wurden durchgängig verpachtet, oft an Agrarökonomen, die sich durch neue Anbau- und Wirtschaftsmethoden hervortaten. Nicht verpachtet wurden das Amt Wörlitz, die weitläufigen Güter in Ostpreußen (um Norkitten)[17] sowie die Güter in Brandenburg. Diese waren unmittelbar dem Fürsten unterstellt oder gehörten im Falle von Mühlow und Premnitz in

Brandenburg-Preußen dem Bruder des Fürsten, Johann Georg.[18] Gerade die ostpreußischen Güter sind in ihrer wirtschaftlichen Bedeutung nicht zu unterschätzen, trugen sie doch einen nicht unerheblichen Teil zur Finanzkraft des Fürstentums bei. So brachten sie ungefähr 40.000 bis 50.000 Reichstaler im Jahr in die Kasse, bei einem Gesamtvolumen von 350.000 Reichstalern.[19]

Die Gerichtsbarkeit ging formal an die Pächter über, Recht wurde jedoch durch von der Landesregierung bestellte Gerichtsverwalter gesprochen.[20]

Die „Landesherrlichen Verordnungen"

Die „Landesherrlichen Verordnungen" sind in zwei Bänden erschienen, der erste 1784, der zweite 1818. Der erste Band beginnt mit einer Weisung vom 15. Oktober 1691 des Fürsten Johann Georg zu Anhalt-Dessau, des Vaters des Alten Dessauers.[21] An Kontinuität, Umfang und inhaltlicher Vertiefung gewinnen die Gesetze aber erst mit Franzens Amtsantritt. Durch einen Erlass von ihm aus dem Jahr 1767 wurde zudem für eine bessere Verbreitung gesorgt: Es wurde festgelegt, dass alle Verordnungen im 1763 gegründeten „Wochenblatt" veröffentlicht werden mussten: „Damit sich niemand mit der Unwissenheit entschuldigen könne".[22]

Aber nicht alle der 387 während seiner Regierungszeit ergangenen Verordnungen unterzeichnete Franz selbst, auch die Landesregierung, die Rentkammer und deren Direktor von Berenhorst taten dies. Auf diesem Umstand fußt die quantitative Analyse. Es wurde gezählt, wer wie oft unterschrieben und damit erlassen hat. An der Anzahl der Zeichnungen kann man zum einen erkennen, wie sehr die jeweiligen Institutionen des Staates in den politischen Entscheidungsprozess eingegriffen haben. Zum anderen wird deutlich, wie intensiv Franz seine Macht genutzt hat und welchen Veränderungen sie unterlag.

Die beiden Bände wurden getrennt untersucht, um dadurch mögliche Veränderungen im Verlauf der Regierungsjahre aufzeigen zu können. Hier die Zahlen für den ersten Band:

Tabelle 1: *Landesherrliche Verordnungen, Band 1: 1759–1784*[23]

Unterschrift	*Anzahl der Unterschriften*
„Leopold Fürst Franz zu Anhalt"	90
„(hoch)Fürstliche Anhaltische Regierung (daselbst) (wegen)"	8

„W. L. Stubenrauch“[24]	1
„G. v. Berenhorst“[25]	1
Kaiserliche Verordnungen	
„Karl VI.“	1
„Joseph II.“	2

In den ersten 25 Jahren der Regentschaft wurden genau 100 Verordnungen erlassen. (Außerdem finden sich drei kaiserliche Verordnungen, diese sind jeweils Handwerksverordnungen.[26]) Es wird deutlich, dass Franz zu Beginn seiner Regierungszeit das Regierungshandeln bestimmt hat. Die Landesregierung selbst hat nur achtmal die exekutive Gewalt ausgeführt, Stubenrauch und von Berenhorst unterschrieben einmal. Die Rentkammer taucht gar nicht auf.

Der zweite Band umfasst die nun folgenden 32 Jahre der Regentschaft von Franz und die ersten Monate der Regentschaft des Erbprinzen Leopold Friedrich.[27] Kaiserliche Mandate finden sich hier nicht mehr, insgesamt sind es 287 Verordnungen:

Tabelle 2: *Landesherrliche Verordnungen, Band 2: 1784–1818*[28]

Unterschrift	*Anzahl der Unterschriften*
„Leopold Friedrich Franz Fürst zu Anhalt“	85
„Fürstlich Anhaltische (Landes-)Regierung (daselbst) (wegen)“	83
„Fürstlich Anhaltische (Rent-)Cammer“	75
„Fürstlich Anhaltische Konsistorei“	7
ohne Unterschrift	7
„Fürstlich Anhaltische Policey wegen“	6
„Friedrich Erbprinz zu Anhalt“ (1804 erstmals „… auf Befehl meines Vaters“)	6
„Leopold Friedrich Erbprinz zu Anhalt“ (z. T. nach Tod von Franz 1817)	6
„Fürstlich Anhalt-Dessauische Medizinalkommision“	4
„G. v. Berenhorst“	3
„Fürstliche (Armen- und) Arbeitskommission“	3
„Contigents-Commission“ (1811)	1
„Bürkner, Polizeidirektor zu Dessau“ (1818)	1

Das Bild wandelt sich stark. Die Zahl der Verordnungen nimmt fast um das Dreifache zu, insgesamt sind es 287. Der Fürst unterzeichnet zwar immer noch die meisten Verordnungen, allerdings sind es fünf weniger als im ersten Band und die Landesregierung folgt schon mit 83, die Rentkammer mit 75 Verordnungen. Die Steigerung wird also von den Institutionen getragen, nicht vom Fürsten. Es zeichnet sich folgendes Bild ab. Während Franz in den ersten Jahren fast alles selbst in die Hand nahm, scheint es, dass die Arbeitsteilung der Regierungsgeschäfte später auf eine Dreiteilung hinauslief, zwischen dem Fürsten, der Regierung und der Rentkammer. Zudem übten einzelne Kommissionen vermehrt die Exekutivgewalt aus. Das Regierungshandeln nimmt zur Jahrhundertwende stark zu, auch die Textlänge der Gesetze zeigt dies. Franz gab mehr von seiner Macht ab, um seine sozialen und baulichen Projekte (sprich sein Reformwerk) besser verwirklichen zu können.

Fazit

Versuchen wir ein Fazit: 1776 erklärte sich mit den USA der erste demokratisch organisierte Staat der Neuzeit für unabhängig. Im von Franz als vorbildlich betrachteten England bestand zu dieser Zeit eine konstitutionelle Monarchie mit einem Parlament als Gegengewicht zum König. 1778 starb Jean-Jaques Rousseau in Paris; Franz ließ seine Grabesinsel in Wörlitz nachbauen.

Parlamentarismus nach englischem Vorbild oder „verschränkte Gewaltenteilung“ wie sie Rousseau, fußend auf Montesquieu, entwickelt hatte, werden in Anhalt-Dessau nicht institutionalisiert. Ausführende, gesetzgebende und rechtsprechende Gewalt sind in der Hand des „von Gottes Gnaden“ regierenden Fürsten vereint.

Franz war gewiss ein Reformer im sozialen, ökonomischen und architektonischen Bereich, nicht aber im politischen. Er reiht sich ein in die Riege der fürstlichen Reformabsolutisten[29] von Kaiser Joseph II. bis Friedrich II. von Preußen. Insofern war er ein Fürst seiner Zeit. Er führte auch in seinem Land Reformen ein, die die Lebensbedingungen seiner Untertanen verbesserten; er war sogar vorbildlich darin. Er schuf aber keine moderne Regierungsform, die auf einem gleichberechtigten Bürgertum aufbaute und die Idee der Aufklärung konsequent, auch staatsrechtlich umsetzte. Den Staatsaufbau seines Landes hat Franz nicht reformiert, er hat ihn von seinen Vorgängern übernommen und in seinem Sinne ausgebaut. Bemerkenswert bleibt, dass er die Regierungsarbeit auf ein breiteres Fundament gestellt hat. Die Analyse der

„Landesherrlichen Verordnungen" hat ergeben, dass die Arbeit größtenteils auf drei Schultern verteilt wurde, die der Regierung, der Kammer und der des Fürsten. Doch dies ist eine Reform, die der effizienteren Verwaltung des Landes diente, sie änderte nichts am zentralen Machtanspruch des Fürsten. Selbstverständlich blieb er der Kammer und der Regierung übergeordnet. Ein politisches System, in dem eine wie auch immer geartete kontrollierende Instanz den Fürsten als gleichgestellte Volks- oder Bürgervertretung überwachte, blieb im Deutschland der aufgeklärten Reformabsolutisten insgesamt ebenso undenkbar wie in Anhalt-Dessau. Die Antwort auf die eingangs gestellte Frage, ob sich die Ideale der Aufklärung auch im politischen System Anhalt-Dessaus wiederfinden, ist also eher negativ zu beantworten. Franz war ein Aufklärer im praktischen Handeln, nicht im Strukturellen, da dies seine eigene Person als oberste Institution des Staates letztlich in Frage gestellt hätte.

Abschließend wollen wir sein Regierungshandeln charakterisieren, indem wir einen Vergleich mit zwei mythologischen Herrscherfiguren wagen: mit Lykurg und Salomo.

Lykurg war der sagenhafte Gesetzesgeber Spartas. Er regierte der Überlieferung nach im 9. Jahrhundert v. Chr. Nach seinen Gesetzen existierte die Polis Sparta über 800 Jahre lang.[30] Lykurg ist das Sinnbild eines Herrschers, der die Dauerhaftigkeit eines Staates durch gute Gesetze garantiert. Ein Bildnis von ihm findet sich auch in der Bibliothek des Wörlitzer Schlosses. Salomo war der legendäre König Israels, Sohn Davids, der im 10. Jahrhundert vor Chr. regierte. Sein weises Regierungshandeln ist sprichwörtlich geworden. Salomo ist das Sinnbild eines Herrschers, der gut regiert, aufgrund seiner Macht und seiner Weisheit, nicht aber guter Gesetze wegen.[31]

Fürst Franz war wohl ein Salomo, der durch gutes Handeln seinem Fürstentum bescheidenen Wohlstand und viel Ehre gebracht hat. Jedoch vergeht die Weisheit mit dem Tode des Regenten. Lykurg hingegen hat ein weises Gesetzeswerk geschaffen, das über seinen Tod hinaus Geltung hatte.

III

Antje Faßhauer

Der kleine Staat bin ich! Die Kabinettsprotokolle des Fürsten Franz

Als im Jahre 1758 Leopold III. Friedrich Franz von Anhalt-Dessau die Macht ergreift, übernimmt er dank seines Großvaters Leopold I. ein gut organisiertes Fürstentum. Ein bedeutendes Zeugnis dieser gut strukturierten Landesverwaltung sind die Kabinettsprotokolle.[1]

Im Folgenden werden der äußere Aufbau, der Inhalt, einige Fallbeispiele, die Form der Sprache sowie Besonderheiten der Kabinettsprotokolle vorgestellt. Aufgrund ihrer ausufernden Menge wurden die zu untersuchenden Protokolle dafür auf einige ausgewählte Tage beschränkt. Für einen ersten Einstieg ins Thema wird ein Vergleich zwischen dem ersten und letzten vorhanden Protokolltag durchgeführt. Es handelt sich dabei um den 15. Oktober 1759 (Abb. 1) und, als die beiden letzten protokollierten Tage im Leben des Fürsten, den 7./8. August 1817 (Abb. 2).

Die Kabinettsprotokolle

In Landeshauptarchiv Sachsen-Anhalt, Abt. Dessau befindet sich unter der Signatur A 12c Nr. 15 die große Menge von 94 Protokollbänden im Original. Jeder Band hat eine Größe von 22 x 32 cm bei 4 cm Rückenstärke. Sie beginnen im Jahr 1759 und sind ohne größere Unterbrechung bis in das Jahr 1817 fortgeführt. Das gesamte erste Protokolljahr Franz' weist 930 Anfragen an den Fürsten auf.[2] Diese Menge ist beachtlich, da jener Band I erst mit dem 15. Oktober beginnt. Durchschnittlich kann man von ca. 3.000 Anfragen pro Jahr ausgehen.[3] Rechnet man diese Summe, plus der bekannten Daten des ersten und letzten Protokolljahres hoch, errechnet sich eine Gesamtsumme für die komplette Regierungszeit des Fürsten. Diese beläuft sich auf eine Menge von 170.780 bearbeiteten Anfragen. Wenn man bedenkt, dass es bei 365 Tagen pro Jahr statistisch 8,06 Entscheidungen pro Tag zu fällen gab, kann man den Fürsten Franz wohl als arbeitsam und entscheidungsfreudig bezeichnen, zumindest aber interessiert an den Belangen seiner Bevölkerung.

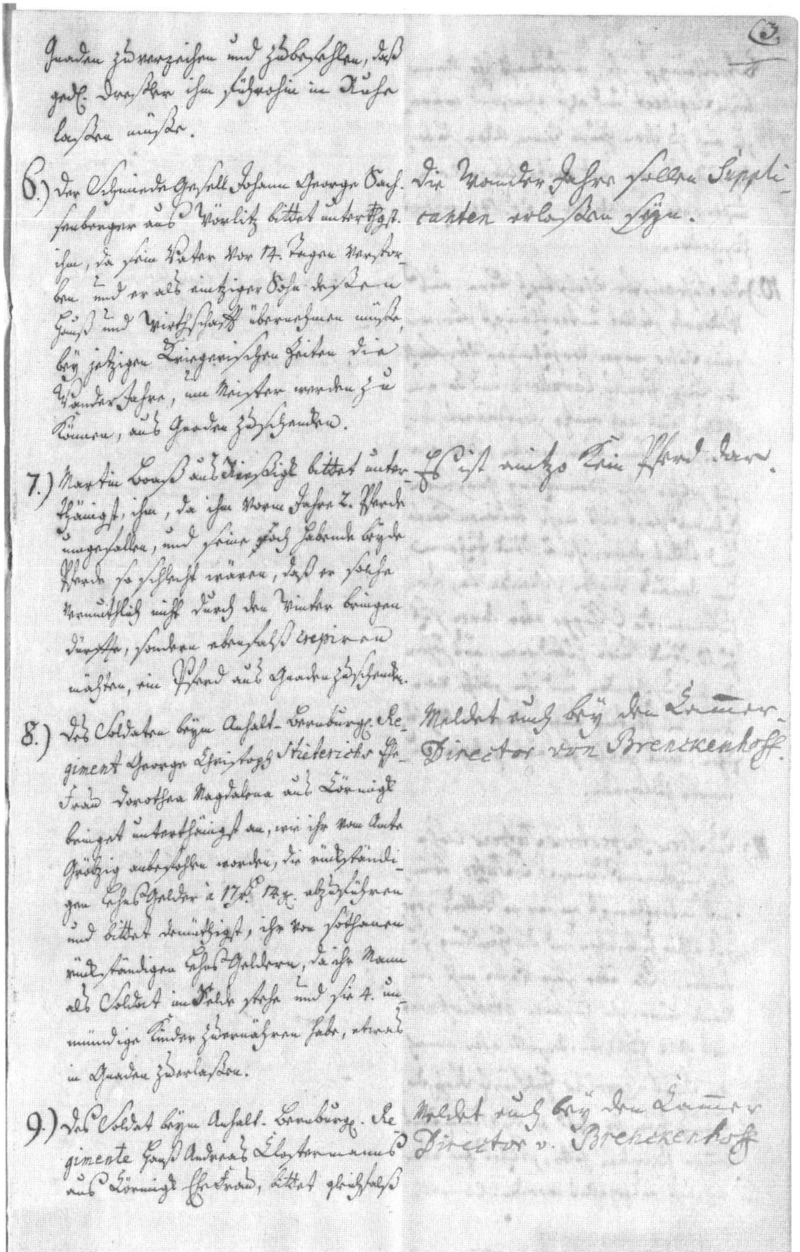

Gnaden zu verzeihen und zu bezahlen, daß ged. Vorsteher ihn [illegible] in Ruhe lassen müste.

6.) der Schmiede-Gesell Johann George Sachsenberger aus Wörlitz bittet unterthänigst, ihm, da sein Vater vor 14. Tagen verstorben und er als einziger Sohn dessen Hauß und Wirthschaft übernehmen müste, bey jetzigen kriegerischen Zeiten die Wander Jahre, um Meister werden zu können, aus Gnaden zu schencken. — Die Wander Jahre sollen Supplicanten erlaßen seyn.

7.) Martin Lange aus [illegible] bittet unterthänigst, ihm, da ihm dieses Jahr 2. Pferde umgefallen, und seine noch lebende beyde Pferde so schlecht wären, daß er solche vermuthlich nicht durch den Winter bringen dürfte, sondern ebenfalls crepiren müsten, ein Pferd aus Gnaden zu schencken. — Es ist nichts kein Pferd da.

8.) Des Soldaten beym Anhalt-Bernburg. Regiment George Christoph Dieterichs Ehefrau Dorothea Magdalena aus [illegible] bringet unterthänigst an, wie ihr vom Amte Gröbzig aufgegeben worden, die rückständigen Schoßgelder à 17 rthl. 14 gr. abzuführen und bittet demüthigst, ihr die sothanen rückständigen Schoßgeldern, da ihr Mann als Soldat im Felde stehe und sie 4. unmündige Kinder zu ernähren habe, etwas in Gnaden zu erlaßen. — Meldet sich bey dem Cammer-Director von Brenckenhoff.

9.) Des Soldat beym Anhalt-Bernburg. Regimente Hans Andreas Elstermanns aus [illegible] Ehefrau, bittet gleichfalls — Meldet sich bey dem Cammer Director v. Brenckenhoff

Abb. 1: *Protokolleinträge Nr. 6–9 vom 15. Oktober 1759*

Die buchförmigen Bände haben jeweils am Ende ein Namensverzeichnis. Die Seiten der Bände sind handschriftlich durchnummeriert, ebenso die einzeln aufgelisteten Fälle und Anfragen. Jedes Blatt ist in zwei Hälften geteilt, linker Hand finden sich die Anfragen, rechter Hand die Entscheidung von Fürst Franz. Sie sind mit hoher Wahrscheinlichkeit von ihm persönlich dort eingeschrieben. Eine genauere Untersuchung anhand der Handschriften Franz' steht noch aus. Bei den Anfragen lässt sich eine deutliche Kanzleischrift erkennen, die damalige übliche Abkürzungen und Redewendungen gebraucht. Die Entscheidungen des Landesherrn fallen wesentlich bescheidener und kürzer aus als die häufig umständlich formulierten Anfragen.

Die Kabinettsprotokolle geben Aufschluss über den gut funktionierenden Beamtenapparat im Fürstentum Anhalt-Dessau. Viele kleinere Entscheidungen konnten deswegen gefällt werden, ohne den Landesherren damit zu belasten. Aber schon unter Franzens Großvater Leopold I. wurde festgelegt, alle Entscheidungen von Bedeutung dem Fürsten mitzuteilen – natürlich vor deren Ausführung – insbesondere finanzielle Angelegenheiten. Ausgaben durften nur nach fürstlicher Order getätigt werden.[4] Die ungeheure Menge an Schreibarbeit, die sich dadurch ansammelte, musste vom Geheimsekretär des Fürsten getätigt werden.

Die Anfragen gingen beim Kabinett ein und wurden in schriftlicher Form an den Fürsten weitergeleitet.[5] Betrachtet man sie genauer, lässt sich zuerst feststellen, dass der erste Band jede Woche am selben Tag dem Fürsten vorgelegt wurde. Das Datum befindet sich oberhalb der rechten Spalte bzw. im Verlauf der Seiten. Laut Hermann Grotefends „Taschenbuch der Zeitrechnung" handelt es sich beim 15. Oktober und den folgenden angegeben Tagen im Jahr 1759 jeweils um einen Montag.[6] Fürst Franz hat also einmal wöchentlich Entscheidungen für eine gesammelte Anzahl von Anfragen getroffen. Diese zeitliche Systematik verliert sich aber im Laufe der Jahre.

In den drei untersuchten Tagen finden sich Anfragen aus dem gesamten Fürstentum und darüber hinaus. Zu nennen sind hier die Orte Raguhn, Ransigk, Cörmigk, Wörlitz, Vockerode, Leipzig, Tornau und Berlin, aber auch Dessau selbst. Neben dem Ort werden in den meisten Fällen auch der Beruf und der Name des Antragstellers in den ersten beiden Zeilen genannt. So heißt es beispielsweise im Jahr 1759, Anfrage Nr. 5: „Der Tuchscheer Gottfried Förster aus Raguhne" (Nr. 5, Bd. I)[7] oder in Nr. 10: „Der Fährmeister Christoph Born aus Vockerode" (Nr. 10, Bd. 1). Gerade bei diesem Fährmeister lässt sich sehr schön die politische Situation des Landes 1759 herausarbeiten. Er bemängelt nämlich Fehler an seiner Fähre, die der Überfahrt der preußischen Armee geschuldet sind, und moniert die ständige Fortdauer dieser Überfahrten.

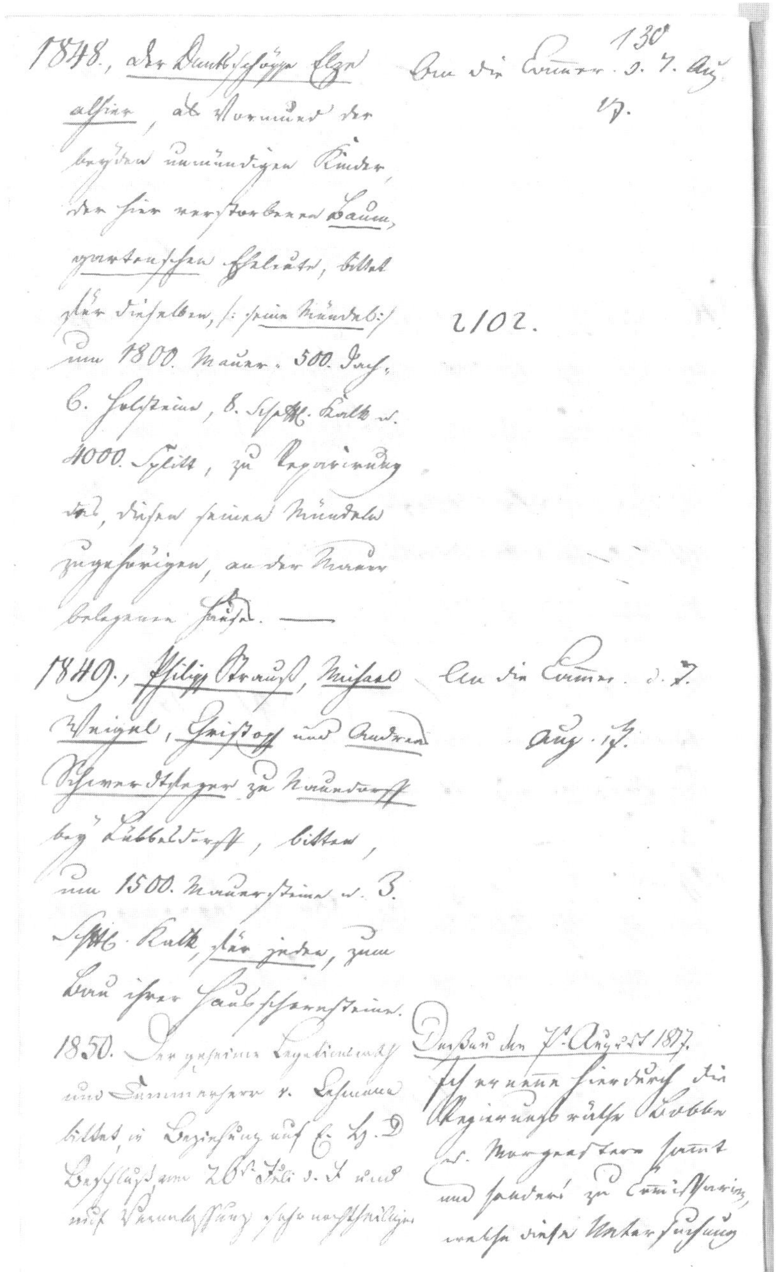

Abb. 2: *Protokolleinträge Nr. 1848–1850 vom 7./8. August 1817*

„[…] wie seine Fähre wegen vorjähriger Überfahrt der königl. Preus. Cavallerie und da ein solches auch noch anitzo fortwärete, ihr gestalt unbrauchbar geworden, das er sich solcher ohne Vermuthung grosen Schaden fast nicht mehr bedienen könnte“ (Nr. 10, Bd. 1).

Hinter jedem Gesuch an den Fürsten steckt ein Einzelschicksal, über dessen Verlauf Franz zu entscheiden hatte. Benötigte man im 18. Jahrhundert beispielsweise Bauholz (Nr. 2, Bd. 1), war man auf die Großzügigkeit des Landesherrn angewiesen. Als Witwe eines Handwerkers mit Pachtgrundstück konnte man gelegentlich in finanzielle Nöte geraten (Nr. 1, Bd. 1). Die Pacht wurde dann möglicherweise von Franz übernommen. Auch Grundstücksveräußerungen mussten dem Herrscher mitgeteilt werden:

„Der Rath zu Jessnitz stellet für, wie das Katharina Elisabeth Schnellin […] ihr daselbst habendes Budenhaus samt Zubehör an den Mauergesellen Christoph Gräfen vor 42 Rt. verkauft und fraget unterthänigst an, ob sothaner Kauff Obrigkeit wegen confirmiert werden soll“ (Nr. 16, Bd. 1).

Eine weitere Problematik ist die der Schutzgesuche. Da wären zum einen die der Juden, die im 18. Jahrhundert kein Bürgerrecht innehatten, sondern sich nur unter den Schutz eines Landesherrn begeben konnten,[8] und zum anderen Händler und „Dienstleister“, wie etwa Apotheker (Nr. 14, Bd. 1). Man musste auf die Gunst des Herrschers hoffen. Gewährte er die Genehmigung, konnten weitere Schritte zur Übersiedlung oder Verheiratung unternommen werden, verweigerte er sie, stellte sich die Frage nach der weiteren Existenz.

Gerade im Jahr 1759, als der Siebenjährige Krieg noch in vollem Gange war, hatten viele Anhalt-Dessauer beschädigte Hütten, fehlerhafte Fähren oder baufällige Läden. Zur Reparatur all dieser Dinge benötigte man Baumaterialien aller Art, und diese waren zur Zeit des Krieges nicht im Überfluss vorhanden. Erstaunlich ist, dass nicht einfach nur Holz verlangt wurde, sondern präzise kalkuliert wurde, was genau benötigt wurde. Ein anschauliches Beispiel ist die zweite Anfrage vom 15. Oktober 1759:

„Gottlieb Schmidt aus Rehsen bittet unterthänigst, ihm zum Bau des von seinen Vater käufflich angenomenen Hauses samt Zubehör nachstehende BauMaterialia als:

9 Eichen zu Schwellen, jede 14 Ellen lang
5 Balkenhöltzer
20 Ziegelsparren
30 Strohsparren
6 Bittstäme
10 Stäme zu Stackholtz
4.000 Mauersteine

5.000 Dachsteine und
58 hohle Steine
gnädigst zu schenken“ (Nr. 2, Bd. 1).

Die Steine wurden ihm nicht gewährt, aber ein Besichtigungstermin wegen des Holzes vorgeschlagen.

Fürst Franz entschied keineswegs nach Lust und Laune. Er scheint einen genauen Überblick darüber gehabt zu haben, was in seinem Land vorrätig war und an was es mangelte. Er kannte anscheinend seine Bewohner, wusste, was ihm Nutzen brachte und wem er helfen konnte. Die Bitte eines Waisenkindes musste er abweisen. Dieses bat um die Aufnahme in das städtische Waisenhaus; da jenes aber restlos überfüllt war, empfahl ihm Fürst Franz, sich doch auf der Warteliste einzuschreiben, da das die einzige Möglichkeit wäre (Nr. 17, Bd. 1). Bei fehlenden Pachtgeldern oder Zinsen verwies er den Bittsteller jedes Mal an die Kammer oder direkt an deren Direktor. In drei Fällen aus dem Jahre 1759 ist dies „von Brenckenhoff“.[9] Im Jahre 1817 ist es dann immer nur „Die Kammer“.

Eine Anfrage 1759 bezüglich eines Schutzbriefes für Juden beantwortete Franz bei schon ansässigen Vorfahren positiv (Nr. 3, Bd. 1), bei Neuzuwanderung dagegen negativ mit der Bemerkung: „Ich will keine Juden mehr haben, also könt ihr keinen Schutzbrief bekommen“ (Nr. 4, Bd. 1). Fürst Franz half bei Streitereien (Nr. 5, 1759), konnte aber einem anderen nicht ein einziges Pferd zur Verfügung stellen (Nr. 7, 1759). Für eine verwitwete Frau dagegen vereinbarte er sogar einen Termin mit Hofrat Rode, damit dieser sie in finanziellen Anlagemöglichkeiten beriet (Nr. 15, 1759). Franz bestätigte Verträge mit Dessauer Müllern und deren Mühlbetrieb (Nr. 18, 1759) und die Möglichkeit, Klage gegen einen Grafen zu erheben, weil dieser eine Rechnung nicht beglichen hatte (Nr. 19, 1759). Der Landesherr wies aufsässige Wirtshausbesitzerinnen zurück, die behaupteten, ihre Steuer wäre viel zu hoch und falsch berechnet (Nr. 20, 1759).

In den beiden untersuchten Tagen des Jahres 1817 finden sich Anfragen bezüglich einer Haftentlassung (Nr. 1847, 1817) oder auch die Bitte, Streitigkeiten einer Handwerkerinnung mit einem Handwerker zu lösen (Nr. 1851, 1817). Der Fürst nahm zwar in den letzten Tagen seines Lebens nach wie vor die Pflicht wahr, die Kabinettsprotokolle zu bearbeiten, aber er verwies beinahe alle Bittsteller an die Kammer. Hauptsächlich handelte es sich bei den weitergeleiteten Anfragen um Bitten zwecks Baumaterialien.

Zu vermuten wäre, dass in der Kammer diese Anträge nochmals auf ihre Möglichkeit der Vergabe geprüft und ausgeführt wurden. Es stellt sich die Frage, ob die Kammer im Verlauf von beinahe 60 Regierungsjahren ihre Kompetenzen erweitern konnte oder sich ihr Aufgabenbereich geändert hat. Gab es hier eventuell einen vertrauten Beamten des Fürsten, der diese Anfragen gesondert bearbeitet hat? Es wäre ebenso denkbar, dass Franz zu diesem Zeitpunkt (1817) schon nicht mehr selbst auf die Protokolle reagiert hat, sondern bereits sein Nachfolger damit betraut wurde. Das ließe sich allerdings nur mit einer Schriftkontrolle über die Jahre hinweg untersuchen. Da aber Franz keiner schwerwiegenden Krankheit im Alter unterlag, kann man annehmen, dass er sich diesen Kontakt zu seinem Volk nicht nehmen ließ.

Fallbeispiele

Anhand einiger Beispiele soll nun genauer untersucht werden, in welcher Form die Bitten vorgetragen wurden, welche sprachlichen Merkmale sie hatten und was man aus ihrem Inhalt über das Fürstentum Anhalt-Dessau erfahren kann.

„Des Soldaten beym Anhalt-Lüneburg. Regiment George Christoph Stieterichs Ehefrau Dorothea Magdalena aus Cörmigk bringet unterthänigst an, wie ihr vom Amte Gröbzig anbefohlen worde, die rückständigen Lehnsgelder á 17 [Reichstaler] 14 [Groschen] abzuführen und bittet demüthigst, ihr von sothanen rückständigen Lehnsgeldern, da ihr Mann als Soldat im Felde stehe und sie 4 unmündige Kinder zu ernähren habe, etwas in Gnade zu erlassen" (Nr. 8, Bd. 1).

Für den behandelten Zeitraum ist festzustellen, dass Frauen selten als selbständige Personen genannt werden. Zumeist erscheinen sie als die Frauen ihrer Männer, die Töchter ihrer Väter (Nr. 4, 1759) oder Witwen von verstorbenen Arbeitern (Nr. 1, 1759). In diesem Fall wird die Bittstellerin als Ehefrau eines Soldaten vorgestellt.

Weiterhin wird an diesem Antrag ein Teil des fürstlichen Beamtenapparates sichtbar. Erst nachdem das zuständige Amt Gröbzig fehlende Lehnbeträge bemängelt hat, meldet sich Frau Dorothea Stieterich um Unterstützung beim Fürsten. Vermutlich gab es einen lokalen Beamten, der dann Kontakt mit der jeweils höher gestellten Behörde aufnahm.

Zudem kann man aus genanntem Fall etwas über die Militärorganisation entnehmen, inklusive der einzelnen Regimenter. Im Beispiel haben wir es mit dem Anhalt-Lüneburgischen Regiment zu tun. Darüber hinaus könnte man die statistische Anzahl der Kinder in Familien der unteren Schichten ermitteln. So ist hier die Rede von vier Kindern, es gibt auch Beispiele mit zwei oder drei unmündigen Kindern.

Auch ein Rückschluss auf Umgangsformen im 18. Jahrhundert oder eine typische Kanzleisprache ist möglich. So findet man in beinahe jeder Anfrage von 1759 die Worte „unterthänigst" und „in Gnade". Man bringt etwas „unterthänigst" an, stellt etwas „unterthänigst" vor oder „fräget unterthänigst" an, ob einem etwas „in Gnade" geschenkt, „in Gnade" erlassen oder „in Gnade" bestätigt wird. Ein anderes häufig benutztes Formmerkmal ist der heute eher ungewöhnliche Gebrauch des Genitivs, um Beziehungen von Personen zueinander zu erklären: „Des Soldaten Stieterichs Ehefrau" oder „Des Artis Inspectoris Tietzens Sohn" (Nr. 11, 1759). Zeichen der Demut werden verlangt und sind üblich. So „bittet" man um etwas, man weist nach, dass man sich bisher gut benommen hat, oder man zeigt sich „demüthigst":

„Und wie er bei e[ue]r. hochfürst. durch[laucht] hohen Vorfahren sich als ein treuer alter Unterthan jederzeit aufgeführet, so wolle er hoffen und unterthänigst bitten, das er dabey gnädigst geschützet werden würde" (Nr. 21, Bd. 1).

Der Bittsteller wird häufig latinisiert und als „Supplicant" bezeichnet. „Ermaldter" oder „sothaner" sind damals übliche Begriffe und sind mit unserem heutigen Amtsdeutsch vergleichbar. Das Latinisierte findet sich sehr häufig, vor allem in den frühen Protokollen. Zu nennen wären hier nur die Begriffe „interim", „Verbal Iniurien", „iustificieren" oder „confirmieren". Häufig umständlich formulierte Sätze machen das Verständnis heute wie damals schwer. Der Schreiber einer Kanzlei scheint umso besser zu sein, je mehr Information er in einen einzigen Satz hineinarbeiten kann. Die meisten der untersuchten Supplikationen bestehen nur aus einem einzigen Satz. Eines der Schutzgesuche eines Juden ist hierfür ein gutes Beispiel:

„Der Schutzjude Aaron Levi alhier stellet unterthänigst für, wie sein zweyter Sohn sich alhier zu besetzen und des SchutzJuden Samuel Jonas Tochter aus Kirritz mit welcher er über 1000 Rt. an baaren Gelde und Geldeswerth erhielte, zu heyrathen, gesonnen, das Ende dann auch derselbe bereits interim 17d Sept. unterthänigst um Schutz gebeten, darauf aber den 1t dieses zur gnädigsten Resolution erhalten hätte: daß, da dieses Jahr bereits so viele SchutzBriefe ausgegeben, gedachter sein Sohn sich in einen andern Land niederlassen müste" (Nr. 3, Bd. 1).

Die Antworten des Fürsten Franz bestehen dagegen aus halben oder nur kurzen Sätzen. Im oben erwähnten Beispiel des Soldaten Stieterich und seiner Frau heißt es wörtlich: „Meldet euch bey den Kamer Director von Brenckenhoff." Manchmal antwortet der Fürst auch nur mit einzelnen Wörtern: „kan", „wird accordiert", „Hiermit bin zufrieden", „dieses ist gut" oder Ähnlichem.

Von insgesamt 29 Anfragen sind in den drei untersuchten Tagen 14 positiv und 7 negativ von Franz beschieden worden. Wenn man davon ausgeht, dass die acht an die Kammer weitergeleiteten Anfragen einen positiven Beschluss (also Auszahlung oder Auslieferung) beinhalten, haben 75 % der Anfragen einen positiven Ausgang, mindestens aber 50 %.

In Bezug auf die Kammer bleiben einige Details unklar: Muss man persönlich in der Kammer erscheinen oder nimmt die Antwort auf die Anfrage den gleichen Weg zurück, über den sie zum Fürsten gelangt ist? An dieser Stelle sind noch einige Dinge ungewiss, beispielsweise auf welchem Weg der Bittsteller über den Ausgang seiner Anfrage benachrichtigt wurde. Denkbar wäre eine Art Kommissar, wie es ihn in den Gerichten des Landes gab,[10] oder auch eine festen Termin, an dem der Supplikant wieder in seinem zuständigen Amt erscheinen musste. Interessant wäre herauszufinden, ob die gegebenen Anweisungen des Fürsten auch tatsächlich ausgeführt wurden oder ob es „unwillige Stellen" gab, die beispielsweise die Herausgabe von Holz verweigerten. Ähnlich spannend ist die Frage nach der Übermittlung bestätigter Gelder. Wurden sie eventuell direkt an den Gläubiger weitergeleitet oder lag es in den Händen des Supplikanten, seine Gelder dann selbst zu verwalten? Einen Aufschluss über diese Fragen könnte die Kabinettskorrespondenz[11] geben, die allerdings noch weitgehend unbearbeitet ist.

Protokolle am Regierungsanfang und Regierungsende – ein Vergleich

Abschließend soll ein Vergleich zwischen den weit auseinander liegenden Tagen gemacht werden. Was hat sich formal geändert bis 1817? Hat sich thematisch ein Umschwung vollzogen? Was sagt uns die Schrift? In den Protokollen wird zunächst sichtbar, dass sich die feine Kanzleischrift der ersten Jahre sehr zum Unleserlichen entwickelt hat. Es fällt ebenso auf, dass es im Jahr 1817 keinen bestimmten Tag zur Bearbeitung der Protokolle gibt, im Jahr 1759 ist es immer der Montag gewesen. Stattdessen erscheint unter den einzelnen Entscheidungen das jeweilige Datum, woraus man schließen könnte, dass sich der Fürst nach Zeit und Notwendigkeit den Lösungen gewidmet hat. Auffallend in den späten Protokollen sind Nummern neben den Supplikationen. Vermutlich handelt es sich dabei um Aktennummern oder ehemalige Fälle bzw. Hinweise für ein laufendes oder abgeschlossenes Verfahren.

Während in den ersten Jahren noch sehr auf den Ausdruck geachtet wird, verliert sich dieser Anspruch in späteren Jahren oder ist zumindest stark reduziert:

1759: „Der Schneidergesell Johann George Sachsenburger aus Wörlitz *bittet unterthänigst* ihm [...] die Wanderjahre, um Meister werden zu können, *aus Gnade* zu schencken" (Nr. 6, Bd. 1, Hervorhebungen der Autorin).

1817: „Philipp Strauss, Michael Weigel, Christoph und Andreas Schmerdtseger, zu Naundorf bey Lübbesdorf, bitten um 1.500 Mauersteine u. 3. Schffl. Kalk, für jeden, zum Bau ihrer Hausschornsteine" (Nr. 1849, Bd. 94).

Es findet sich kein „unterthänigst", „in Gnade" oder „ermaldter Supplicant" mehr. Stattdessen werden in den späteren Jahren Namen, Orte und die Anfänge der Protokolle unterstrichen. Es geht nach wie vor auch um Baumaterialien oder zu erlassende Zinsen oder Pachten. Im Jahr 1759 treten Missstände noch häufig durch den Krieg auf, was auch in den Anfragen angegeben wird. In den beiden Tagen des Jahres 1817 allerdings finden sich eher Anfragen nichtmaterieller Art: Man bittet vermehrt um Straferlass (Nr. 1847, 1817), die Richtigstellung eines Gerüchts (Nr. 1850, 1817), den Eingriff in einen abgewiesenen Antrag an eine Innung (Nr. 1851, 1817) oder um Auszahlung der ersparten Rente (Nr. 1846, 1817). Wenn im Jahr 1759 noch an die Person des Kammerdirektors von Brenckenhoff direkt weitergeleitet wurde, ist es im Jahr 1817 nur noch die Bemerkung „An die Kammer". Man kann also Veränderungen inhaltlicher, formeller und sprachlicher Art feststellen. Und dass der Todestag des Fürsten in keiner Weise ersichtlich ist, kann als reibungsloses Funktionieren und Übergeben seiner Regierung an seinen Nachfolger gedeutet werden.

Nach dieser ersten Auswertung der fürstlichen Kabinettsprotokolle stellen sich weitere noch ungeklärte Fragen: Inwieweit hilft uns diese „Daueraudienz auf Papier"[12] weiter, den Charakter des Fürsten zu erhellen? War Fürst Franz eher absolutistisch oder eher egalitär? Es bleibt offen, inwieweit Entscheidungen des Fürsten der realen Situation angepasst waren. Auch sein Gemütszustand bei der Erfüllung der Pflicht bleibt unklar. So ist nicht bekannt, ob Fürst Franz einige Bittsteller kannte und diesem oder jenem zu- oder abgeneigt war. Oder hat er immer nach bestem Gewissen und den bestehenden Möglichkeiten gehandelt? All diese Fragen können an dieser Stelle noch nicht geklärt werden. Dafür ist eine weiter reichende Untersuchung der Kabinettsprotokolle und der Kabinettskorrespondenz unabdingbar.

IV

Eva Schroth

Politisches Programm oder persönlicher Geschmack? Die Glasmalereien im Gotischen Haus

Das Gotische Haus im Wörlitzer Park erhielt seinen Namen 1789, 16 Jahre nachdem Fürst Franz damit begonnen hatte, das ehemalige Wohnhaus seines Gärtners durch ein neues zu ersetzen.[1] Unter Beteiligung Georg Christoph Hesekiels (1732–1818) und von Friedrich Wilhelm von Erdmannsdorff (1736–1800) beeinflusst, entstand zunächst ein Baukörper mit quadratischem Grundriss.[2]

Der Wunsch des Fürsten, gotisierende Architekturelemente in sein Gartenreich zu integrieren, war unter anderem durch dessen Bildungsreisen nach England in den Jahren 1763/64 und 1766 entstanden. Dort hatte er den Landsitz Sir Horace Walpoles in Strawberry Hill, ein Manifest des *Gothic Revival*, besucht.[3]

Abb. 1: *Die Fassade des Gotischen Hauses von der Kanalseite aus gesehen*

Mit dem Gotischen Haus schuf Franz im Jahre 1773 etwas völlig Neuartiges, existierte doch zu dieser Zeit in Deutschland lediglich ein einziges neugotisches Bauwerk, das Nauener Tor in Potsdam.[4]

Zehn Jahre nach seiner dritten Englandreise 1775 ließ der Fürst das Gotische Haus durch einen Anbau im Stile der englischen Tudorgotik erweitern.[5] Grund hierfür war eine große Sammlung von Glasgemälden, die Franz unter anderem während seiner Schweizreise im Jahre 1783 durch die Vermittlung des Züricher Theologen Johann Caspar Lavater (1741–1801) erworben hatte.[6] Die 214 Kabinettscheiben waren im Zeitraum von ca. 1490 bis ca. 1695 von bedeutenden schweizerischen, aber auch deutschen, flämischen und französischen Glasmalern geschaffen worden. Hatten sie ursprünglich Kirchen-, Gemeinde-, Zunft- und Schützenhäuser, Gasthöfe sowie bürgerliche Privathäuser geschmückt,[7] so wurden sie nun durch die Maßwerkfenster des Gotischen Hauses auf neue Weise wirkungsvoll zur Geltung gebracht.

Diese Glasgemäldesammlung des Fürsten ist, obwohl es sich um eine der bedeutendsten des 18. Jahrhunderts außerhalb der Schweiz handelt,[8] bis zum heutigen Zeitpunkt kaum erforscht. Zwar sind uns interessante Äußerungen von Carl August Boettiger (1760–1835)[9] und August von Rode (1751–1837)[10] erhalten, doch sind sie eher allgemeiner Art und liefern uns keine Detailinformationen über die Sammlung. Eine systematische Inventarisierung der Glasgemälde wurde erst im Jahre 1885 durch Johann Rudolf Rahn[11] und über 50 Jahre später durch Marie-Luise Harksen[12] vorgenommen. Auch die wenigen neueren Forschungsergebnisse zur Glasgemäldesammlung des Fürsten können nicht zufrieden stellen.

Es gibt zwar einige informative Aufsätze von Reinhard Alex[13] und Heiner Lück[14], doch erheben beide Autoren nicht den Anspruch, die Glasgemäldesammlung in ihrer Gesamtheit zu erfassen. Drei Publikationen beschäftigen sich in größerem Rahmen mit den Motiven der Glasmalereien. Aufschlussreich ist vor allem die von Maiken Umbach im Jahre 2000 veröffentlichte Studie *Federalism and Enlightenment in Germany*.[15] Umbach stellt die Identitätssuche der deutschen Kleinfürsten innerhalb des Alten Reiches in den größeren Kontext der Aufklärung und betont vor allem die Vorbildfunktion Englands. Mit der Suche nach einer „deutschen" Identität beschäftigt sich auch Michael Niedermeier in seiner 2002 erschienenen Publikation *Revolutio germanica: die Sehnsucht nach der „alten Freiheit" der Germanen*.[16]

Am spannendsten sind wohl die Tagebuchaufzeichnungen des illegitimen Sohns des Fürsten, Franz von Waldersee, von der Schweizreise im Jahre 1783. Sie wurden 2004 von Anna Franziska von Schweinitz veröffentlicht.[17] Von Schweinitz betont vor allem die politische Dimension der Glasmalereien.

Abb. 2: *Die Tudorfassade des Gotischen Hauses bei Nacht*

Zwar bieten uns alle drei Publikationen interessante Antworten auf die Frage: Warum hat Fürst Franz die Glasgemälde in das Gotische Hause integriert? Doch reichen diese Erklärungen nicht aus: Da sie alle von einem einzigen Motivationsgrund des Fürsten ausgehen, erfassen sie nicht die Problematik in ihrer gesamten Komplexität.

Die Glasgemälde sind ein Teil der Innenausstattung. Deshalb müssen wir uns fragen: Wofür nutzte Fürst Franz das Gebäude?

Das Gotische Haus: die Funktion

Das Gotische Haus, dessen Architektur und Innenausstattung in Kontrast zum reinen Klassizismus und Allegorieprogramm des Wörlitzer Schlosses stehen, diente dem Fürsten wohl primär als Wohnsitz. An diesem Ort lebte er auch in einem morganatischen Verhältnis mit der Gärtnerstochter Luise Schoch (1770–1813) und ihren drei Kindern.[18] Dürfen wir der Literatur Glauben schenken, so war das Gotische Haus für den Fürsten ein Ort der Ruhe, eine Art „privates Refugium".[19] Wie der Weimarer Schulrat Carl August Boettiger berichtete, konnte das Gebäude nur mit persönlicher Genehmigung des Hausherrn besichtigt werden.[20]

August von Rode interpretierte: „Zufrieden, in seinem Werke sich selbst der Mitwelt gezeigt zu haben“ – ein eindeutiger Hinweis auf die Fertigstellung des Wörlitzer Schlosses –, „fasste er den Entschluss, sich aus derselben gleichsam zurückzuziehen, um in der Mitte seiner ruhmvollen Vorfahren mit der Vorwelt sich selbst zu leben [...]“[21]

Konnte Fürst Franz im Gotischen Haus etwa so sein, „wie er wirklich war“?

Auch die große Kunstsammlung des Hauses, die vor allem aus altdeutscher Kunst bestand,[22] scheint Ausdruck dieses Wunsches zu sein. Nach Reinhard Melzer handelte es sich bei dieser Sammlung des Fürsten nicht um eine repräsentative Kunstkammer, sondern um Kunstwerke, die mehr „seinen historischen und philosophischen Neigungen entsprachen“. Es waren „Gegenstände seiner Liebe und Sammelleidenschaft“.[23]

Die Glasmalereien

Die in die großen Maßwerkfenster eingepassten Glasmalereien prägen das ästhetische Erscheinungsbild des Gotischen Hauses ganz entscheidend. Sie setzen sich zu riesigen Wänden bunten Lichts zusammen, die eine besinnlich-düstere Stimmung erzeugen.

Entsprachen auch sie den „historischen Neigungen“ des Fürsten, waren Ausdruck seiner persönlichen „Sammelleidenschaft“? Tat Fürst Franz es Horace Walpole gleich, der eine Vielzahl von Glasgemälden in die Maßwerkfenster seines Landsitzes hatte einbauen lassen; wollte er den *Gothic Revival* in sein kleines Fürstentum bringen? Oder verfolgte der Fürst andere Ziele, als er die Glasgemälde in seine Sammlung integrierte?

Der repräsentativste Raum des Gotischen Hauses ist der durch eine dreiteilige Tonne überwölbte Rittersaal.[24] Er wird durch ein großes fünfgliedriges Maßwerkfenster beherrscht. Zu beiden Seiten schließen sich das Geistliche und das Kriegerische Kabinett an, deren Raumeindruck ebenfalls durch große Maßwerkfenster geprägt ist. In diesen Räumen befinden sich die Glasgemälde, die im Folgenden zur Debatte stehen.

Die Motive der Glasgemälde lassen sich nach mehreren Kategorien ordnen. Mindestens 80 Scheiben zeigen biblische Legenden und Personen des Alten und des Neuen Testaments. Hiervon befinden sich 40 Stück im Südost- und Südwestfenster des Geistlichen Kabinetts, eine stattliche Anzahl ist auch im Turmzimmer zu bewundern.

Abb. 3: *Das große Maßwerkfenster des Rittersaals*

Der Apostel Judas Taddeus

Ein besonders eindrucksvolles Beispiel ist die Figurenscheibe des Apostels Judas Taddeus. Dieses Glasgemälde befindet sich im Geistlichen Kabinett, einem schmalen Raum, der – wie der Name schon andeutet – vorwiegend für Bilder religiösen Inhalts bestimmt war.

Die in das Südostfenster des Geistlichen Kabinetts eingepasste Scheibe mit den Maßen 77,5 x 40 cm gehört zum Credo-Zyklus, einer Serie von zwölf Apostel-Darstellungen, die 1511 in der Werkstatt des Glasmalers Lukas Zeiner (um 1450–ca. 1519) entstand. Sie stammt aus der Kirche von Maur am Greifensee bei Zürich[25] und wurde im Jahre 1783 von Johann Caspar Lavater erworben.[26]

Abb. 4: *Figurenscheibe des Apostels Judas Taddeus*

Gezeigt ist der würdevoll aufgerichtete Apostel, der einen violetten Umhang mit moosgrünen Ärmeln trägt. Er steht vor einem schmuckvoll gestalteten mittelblauen Damasthintergrund. Um ihn herum legt sich ein gewundenes Spruchband, das auf seinen Namen Judas Taddeus und das Entstehungsjahr des Glasgemäldes verweist. Von künstlerischer Raffinesse zeugen auch die Ranken, Granatäpfel und Tiere, die die oberen Ecken schmücken. Winzig klein kniet im linken unteren Bereich der geharnischte Stifter. Durch das beigefügte Wappen kann er als der eidgenössische Söldnerführer Freiherr Ulrich von Hohensax identifiziert werden.[27] Auch weil das Glasgemälde nichts von seiner leuchtenden Farbigkeit einbüßt hat, ist es ein wunderschönes Exempel Schweizer Glasmalerei zu Beginn des 16. Jahrhunderts.

Schweizer Historie

Neben religiösen Glasfenstern findet man im Gotischen Haus auch einige Figurenscheiben, die explizit auf die Schweizer Geschichte Bezug nehmen. Besonders bedeutsam ist dabei die Thematik der schweizerischen Eidgenossenschaft. Im Nordostfenster des Kriegerischen Kabinetts beispielsweise

Abb. 5:
Rundscheibe mit dem Rütli-Schwur

befindet sich an exponierter Stelle eine Figurenscheibe, die den Schwur der drei Eidgenossen darstellt. Es handelt sich um ein patriotisches Motiv, das sich auf mehreren Fenstern des Hauses wieder findet.[28]

Die Rundscheibe mit dem Durchmesser von 51 cm wurde 1572 von dem Glasmaler Josias Murer (aktiv etwa 1557–1580) geschaffen.[29] Dargestellt sind die drei Urkantone Uri, Schwyz und Unterwalden, die 1291 das Bündnis gegen die Habsburger geschlossen haben. Damit begann der Kampf der Eidgenossen um die politische Unabhängigkeit vom Heiligen Römischen Reich. Der legendäre Rütli-Schwur im Jahre 1291 bekräftigte die Verbindung der drei Urkantone, die sich gegen die Herrschaft der habsburgischen Vögte auflehnten.[30] Zusätzlich zum Schwur der drei Eidgenossen sehen wir im Hintergrund die Apfelschuss-Szene des Schweizer Volkshelden Wilhelm Tell.[31]

Auf diesem Glasgemälde wird die Schweizer Konföderation zum Prototyp eines föderalistischen Staates. Hatte diese Konföderation Vorbildcharakter für den Fürsten?

Wappen- und Standesscheiben

Neben historischen Figurenscheiben befinden sich im Gotischen Haus auch mindestens 70 Wappen- und Standesscheiben. Die Wappenscheiben zeigen ein oder mehrere Wappen einer bestimmten Familie oder eines bestimmten Ortes.[32] Auf den Standesscheiben sind die Wappen der Stände, also der Alten Orte der Eidgenossenschaft, dem Wappen des deutschen Reiches zugeordnet. Dies symbolisierte die Reichsfreiheit der eidgenössischen Stände.[33] Hatten zunächst nur Magistrate Wappenscheiben für Kirchen oder andere öffentliche Gebäude gestiftet, so weitete sich die Sitte der Scheibenschenkung vor allem im 16. Jahrhundert immer mehr aus. Vor allem Standesscheiben als Ausdruck des nationalen Bürgerstolzes waren sehr beliebt.[34]

18 ganz besondere Schmuckstücke befinden sich im Maßwerkfenster des Rittersaales.[35] Sie zeigen die Bannerträger der „Alten" Orte der Eidgenossenschaft sowie die der „zugewandten" Orte und befreundeten Städte. Die aus dem ehemaligen Züricher Schützenhaus stammende Folge wurde zwischen 1572 und 1575 ebenfalls von Josias Murer oder dessen Werkstatt geschaffen.[36] Die einzelnen Scheiben haben jeweils ein Maß von ca. 60 x 30 cm.

Abb. 6: *Das Nordfenster des Kriegerischen Kabinetts mit der Rundscheibe des Rütli-Schwurs*

Betrachten wir die Standesscheiben von Solothurn und Unterwalden etwas näher. Mit stolzer, raumgreifender Gebärde halten zwei geharnischte Landsknechte die Wappenfahnen der genannten Stände in die Höhe. Im Hintergrund spielen sich zwei Szenen ab: Während die Standesscheibe Solothurns den Triumph der Eidgenossen in der Schlacht bei Dornach im Jahre 1499 darstellt,[37] erzählt die Unterwaldener Scheibe vom Kampf des eidgenössischen Helden Arnold (von) Winkelried mit dem Drachen.[38]

Abb. 7: *Zwei Bannerträger im Maßwerkfenster des Rittersaals: Solothurn und Unterwalden*

Die Schweizreise des Fürsten

Die Tatsache, dass der Fürst seine Initialen in die schildartigen Felder des oberen Rundfensters einfügen ließ, führt uns zu einer besonderen Frage: Gab es eine Verbindung zwischen der Schweizer Geschichte und Franzens eigener politischer Haltung? War ihm die Eidgenossenschaft Vorbild für das Aufbegehren der kleinen Fürstenstaaten gegen die Großmacht Habsburg?[39]

In diesem Zusammenhang ist vor allem die durch Franz von Waldersee dokumentierte Schweizreise des Fürsten im Jahre 1783 aufschlussreich. Nach

Anna Franziska von Schweinitz soll sie dem Fürsten vor allem dazu gedient haben, geheime politische Verhandlungen bezüglich des Fürstenbundes zu führen.[40] Während der Reise hatte der patriotisch gesinnte Johann Caspar Lavater eine entscheidende Mittlerfunktion inne: Als eine Art Reiseleiter machte er den Fürsten und seine Begleiter[41] nicht nur mit der Schweizer Kultur bekannt, sondern zeigte ihnen auch all jene Orte, die für die Geschichte der Eidgenossenschaft bedeutsam waren.[42] Wir sollten uns daran erinnern, dass es auch Lavater war, der den Ankauf der Glasgemälde größtenteils organisierte! Half er damit dem Fürsten, eine Verbindung zwischen der Schweizer Geschichte und dessen eigener politischer Haltung zu knüpfen?

Für die politische Dimension der Glasgemälde spricht auch eine Figurenscheibe, die sich im Fenster des Esszimmers befindet und den Schwedenkönig Gustav Adolf II. in herrschaftlicher Pose zu Pferde zeigt.[43] Die Scheibe mit den Maßen 74,5 x 56 cm stammt von einem deutschen Meister aus dem Jahre 1635. Im unteren Bereich sehen wir eine Rollwerkkartusche, die Gustav Adolph II. als den heitersten unter den mächtigen Herrschern rühmt[44] – es handelt sich um eine Heroisierung des protestantischen Schwedenkönigs, der im Dreißigjährigen Krieg die kaiserlichen Truppen bezwang.

Die Glasmalereien als politisches Programm?

Verweilen wir noch kurz bei der Diskussion um die politische Bedeutung der Glasmalereien: Für eine politische Dimension spricht sich auch Maiken Umbach aus. Als Beispiel zitiert sie Cobham's *Temple of Liberty* in Stowe[45]: Dieser im Jahre 1741 von James Gibbs errichtete Bau, den Fürst Franz während seiner Englandreisen gesehen hatte, war der „Freiheit“ geweiht.[46] Der gotische Stil dieses Sandsteinbaus ist zu verstehen als Anspielung auf die altüberkommenen Wurzeln der in England praktizierten Freiheit – sie wurde im Kontrast zu der in Frankreich herrschenden absolutistischen Regierungsform gesehen.[47]

Der *Temple of Liberty* hatte also eine politische Funktion, war ein Symbol der patriotischen Opposition. Muss die Tatsache, dass er zur Inspirationsquelle für das Gotisches Haus wurde, jedoch gleich einen inhaltlich-politischen Transfer bedeuten? Spricht dies nicht vielmehr für den modernen Zeitgeist des Fürsten, der auch in ästhetischen Geschmacksfragen ein Vorreiter seiner Zeit sein wollte? Fast alle Gebäude des Gartenreiches stellen mehr oder minder lose Zitate von Bauwerken dar, die der Fürst auf seinen Reisen gesehen hatte. Vielleicht wollte er mit dem Bau des Gotischen Hauses – und den Glas-

Abb. 8: *König Gustav Adolf zu Pferde: Motiv im Fenster des Esszimmers*

malereien – zeigen: „Seht her, das habe ich in England gesehen! Seht her, ich bringe den *Gothic Revival* in unser kleines Fürstentum!“[48]

Sicher hätte der Fürst auch andere englische Vorbilder für den Bau des Gotischen Hauses auswählen können. Dass er gerade den *Temple of Liberty* als Inspirationsquelle wählte, zeigt, dass er sich mit dem Gedankengut der patriotischen Opposition in England identifizierte. Auch die Schweizer Eidgenossenschaft mag dem Fürsten ein Vorbild für sein eigenes kleines Fürstentum gewesen sein. Doch müssen die Glasmalereien deswegen gleich zum politischen Programm avancieren?

Leider ist uns nicht überliefert, wer das Gotische Haus besucht hat. Es ist anzunehmen, dass es kein rein „privates Refugium“ war – sonst hätte es der Fürst nicht an einer so zentralen Stelle des (öffentlich zugänglichen) Gartens bauen lassen. Doch wer konnte den politischen Inhalt der Glasmalereien entziffern?

Auch die Glasgemäldesammlung selbst in ihrer Gesamtheit spricht nicht für ein politisches Programm. Wie schon erwähnt bestand die Sammlung aus mindestens 80 religiösen Figurenscheiben – die Anzahl der Glasfenster, die Szenen aus der Schweizer Geschichte darstellen, ist im Verhältnis dazu vergleichsweise gering. Wir können nicht sagen, was für ein Verhältnis der Fürst zur Religion hatte. Genauso wenig können wir behaupten, er habe die Glasgemälde im Sinne eines politischen Programms in die Maßwerkfenster des Gotischen Hauses einbauen lassen.

Auch Lavaters Einfluss darf nicht unterschätzt werden: Durch ihn erhielt der Fürst die Möglichkeit, eine prächtige Glasgemäldesammlung preisgünstig zu erwerben. Warum hätte Fürst Franz dieses Angebot abschlagen sollen?

All dies spricht gegen ein politisches Programm der Glasgemälde im Sinne einer geplanten und gewollten Außenwirkung. Sicher ist, dass sich der Fürst mit dem politischen Gedankengut, das die Glasmalereien vermittelten, identifizierte: Indem er die Glasgemälde in sein Haus integrierte, schuf er sich eine Art Wunschwelt, in der er sich selbst in seinen Gedanken bestätigte. Diese Gedankenwelt wurde noch durch ein anderes Element genährt: die Begeisterung des Fürsten für die Vergangenheit, für den historischen Wert der Dinge.

Um das zu verstehen begeben wir uns noch einmal in den Rittersaal. Dort begegnen wir wieder Gustav Adolf oder besser – dessen Mitstreiter, dem Herzog von Sachsen-Weimar: Im Rittersaal befand sich zu Franzens Zeiten die Rüstung des protestantischen Feldherrn, der auf Seiten des Schwedenkönigs im Dreißigjährigen Krieg gekämpft hatte und nach dessen Tod das Kommando übernahm. Diese Rüstung war ein Geschenk Carl Augusts von Sachsen-

Weimar an den Fürsten. Hatte dieser etwa im Gotischen Haus eine passende Würdigung seines berühmten Vorfahren gesehen, war es für ihn eine Art „Tempel der Geschichte“?

In der Tat – so kann das Gotische Haus durchaus bezeichnet werden. Schon die Bezeichnungen „Rittersaal“ sowie „Kriegerisches“ und „Geistliches Kabinett“ sprechen dafür, dass es sich hierbei um Retrospektionsräume handelte. Allein im Rittersaal wurden 37 Familienporträts zur Schau gestellt, die die genealogische Tradition des Fürsten verdeutlichten.[49] Zeugt dies nicht von Interesse am historischen Wert der Dinge? War das Gotische Haus für den Fürsten, wie Reinhard Alex treffend formuliert, eine „Stätte der Zwiesprache mit der Geschichte“, ein Ort, an welchem eine „sentimentale Versenkung in die venerable Zeit des Mittelalters“[50] heraufbeschworen werden konnte?

Zumindest Zeitgenossen wie Carl August Boettiger hatten daran keinen Zweifel: „Schon der Eintritt ins Vorzimmer unten verkündet, was man hier zu erwarten habe [...] Dies versetzt gleich in die rechte Stimmung: du wandelst hier unter lauter Denkmälern altteutscher Vergangenheit!“[51]

Michael Niedermeier beschreibt in seiner Publikation *Revolutio germanica* eine neue Art der Auseinandersetzung mit der Vergangenheit, die schon im 16. Jahrhundert einsetzte. So kam es im Umkreis Luthers zu einer neuen Geschichtsdeutung, die die Genealogie der Germanen eng mit der der Sachsen und Askanier verknüpfte[52] und damit der Geschichte des Hauses Anhalt bzw. Sachsen eine völlig neue Dimension gab.

Sollten nun die Glasmalereien mit ihrer Darstellung der Schweizer Geschichte ebenso wie die restliche Ausstattung des Gotischen Hauses eine „sentimentale Versenkung“ in eine vergangene intakte Welt heraufbeschwören?

Schluss

Wie gezeigt wurde, gibt es zahlreiche Erklärungen, warum Fürst Franz die Schweizer Glasgemälde in sein Gotisches Haus integrierte – eine einzige mag da sicher nicht ausreichen. Es ist wohl vielmehr ein Zusammenwirken all dieser verschiedenen Gesichtspunkte, die den Fürsten antrieben.

Alle Erklärungsversuche bewegen sich – und das ist außerordentlich interessant – in einem Spannungsfeld, das durch zwei Gegenpole erzeugt wird: das Private und das Öffentliche.

Waren die politischen Gedanken und Wünsche des Fürsten denn so „öffentlich“, dass er aus ihnen gleich ein politisches Programm machen musste?

Auf der anderen Seite: War das Gotische Haus für den Fürsten wirklich so privat, wie es in der Literatur dargestellt wird?

Es sei dahin gestellt, wie groß der wirkliche Raum für das Privatleben eines Fürsten im 18. Jahrhundert war. Interessant ist vor allem die Frage, wie bewusst Fürst Franz die Öffentlichkeit seiner eigenen Person instrumentalisierte. Das Gebäude liegt an einer zentralen Stelle des Gartens und wird durch zahlreiche Sichtachsen in Szene gesetzt.[53] Gleichzeitig betonen die Maßwerkfenster mit ihren Glasmalereien in eindrucksvoller Weise den kulissenhaften Charakter des Hauses. War dieser Ort der „sentimentalen Versenkung in vergangene Zeiten“ nicht vielleicht doch eine Art Schaubühne, auf welcher die Gedanken- und Wunschwelt des Fürsten präsentiert wurde?

V

Nadine Breitschuh/Kristin Eusert/Ines Tornack

Mode in Anhalt-Dessau zur Zeit des Fürsten Franz

Gesellschaftliche Funktion von Kleidung

Die Kleidung diente seit jeher nicht nur dem Schutz vor Kälte und Witterung, sondern ihr kam zudem auch die „Funktion einer gesellschaftlichen Ordnungsvorstellung" zu.[1] Der Kleidung wurden Merkmale wie Ranganspruch und Ehrvorstellung zuerkannt.[2] Jedoch ließen auch Farbe, Schnitt und Verarbeitung Rückschlüsse auf die sittliche Gesinnung des Trägers zu. Des Weiteren verwies die Kleidung auf die Zugehörigkeit zu Geschlecht, Alter, Stand und Gruppe.[3] Sie konnte auch Ausdruck von Nationalgefühl und Patriotismus sein, wie z. B. der Kilt bei den Schotten oder die Kokarde und der Rock in den Farben der Französischen Revolution.

Voraussetzung der „sozialen Auszeichnung durch Kleidung" war, dass die Kleidung gesellschaftlich akzeptiert und von anderen Mitgliedern der Gesellschaft getragen wurde. Durch standesgemäße Kleidung wurde die Zugehörigkeit zu einer bestimmten Gesellschaftsschicht bestätigt.[4] Jedoch wurde die Zugehörigkeit zu einer Gruppe nicht durch die Kleidung allein manifestiert, sondern ebenso durch den *Habitus* und die Sprache der jeweiligen Person.[5] Die Kleidung wurde somit „Ausdruck sozialer Ungleichheit."[6] Beispielsweise bei mittelalterlichen Feierlichkeiten bei Hofe und hohen Kirchenfesten kam die differenzierte hierarchische Staffelung der Kleidung zum Ausdruck. Sie informierte den jeweils anderen über den aktuellen Stand der gegenseitigen Beziehungen. Beispielgebend waren hier bestimmte Gewandstücke von hohem Symbolgehalt, wie bestimmte Mantelformen, „die Amtsgewalt und Rangstellung" dokumentierten.[7] Das Ablegen des Mantels wurde in diesem Kontext als Demutsgestus interpretiert.[8] Der Symbolgehalt eines Gewandes wirkte über die gesamte Kommunikationssituation hinaus und „blieb als handlungsleitender Orientierungspunkt kontinuierlich im Blickfeld der Beteiligten."[9] Um die distinktiven Merkmale rechtlich und dauerhaft zu fixieren, wurden bereits im Spätmittelalter Kleidungs- und Luxusordnungen eingeführt, in denen „der Zusammenhang von Kleidern und sozialer Hierarchie festgeschrieben und reglementiert" wurde.[10] Die Kleiderordnungen ermöglichten den Obrigkeiten, der „Verschwendungssucht" ihrer Untertanen entgegenzuwirken und die sichtbaren Standesunterschiede aufrechtzuerhalten. Sie verboten zum einen die Einfuhr verschiedener Stoffe, um die eigene Produktion voranzutreiben, zum anderen aber auch das Tragen von Modeartikeln für Angehörige bestimmter Stände.[11] Diese Kleiderordnungen hatten ihre Gültigkeit bis um 1800.

Mode und Kleidung im Fürstentum Anhalt-Dessau

Wie aus den Gesetzessammlungen und Verordnungen, die für das Fürstentum Anhalt-Dessau zur Amtszeit des Fürsten Franz erlassen worden sind, hervorgeht, gab es eine solche Kleiderordnung für das Fürstentum nicht.[12] Da aber seit Generationen eine enge und verwandtschaftliche Beziehung zum preußischen Königshaus bestand, ist zu vermuten, dass sich das Fürstentum Anhalt-Dessau an dessen Kleiderordnungen orientierte. Nur die Kleidung bei Trauerfeierlichkeiten wurde durch das Dessauer Trauerreglement vom 18. Oktober 1750 festgelegt. Fürst Franz ließ dieses am 24. April 1769 erneuern.[13] Das Trauerreglement, welches nach Stand und Rang unterschied, legte genau fest, wie lange und in welcher Form jeder Einzelne im Fürstentum zu trauern hatte. Zum Beispiel durfte der übliche Trauerflor um den linken Arm oder die schwarze Einfassung am Halstuch der Frauen getragen werden.[14] Zudem gestattete das Trauerreglement das Tragen von schwarzem Tuch, wollenem Zeug, schwarzen Degen und Schnallen oder Krepp auf den Hüten. Adligen Witwen war es gestattet, ihr Gesicht durch einen herabhängenden Schleier zu verhüllen.[15]

Die Schüler des Dessauer Philanthropins trugen Uniformen. Sie kleideten sich in weiße Röcke mit hellblauem Brustlatz, um ihre Zugehörigkeit zu dieser Erziehungsanstalt zu demonstrieren und sich als eine eigenständige, gebildete Gruppe von der übrigen Bevölkerung Dessaus abzuheben.[16]

Originale Kleidungsstücke aus der Zeit des Fürsten Franz sind nicht mehr erhalten. Um Rückschlüsse auf die Mode in Anhalt-Dessau zu gewinnen, müssen wir daher andere Wege gehen. Einen ersten Hinweis gibt uns eine Kleiderrechnung vom 19. Dezember 1770.[17] Sie enthält die Nachricht vom 30. August 1770, man habe Stoff „à la Dauphine", „une étoffe blanche a trois saisons", sowie gestreifte chinesische Seite und „doubleface Satin" gekauft. Weiter wurde am 31. August 1770 für ein Fräulein von Ahlimb rotgrundiger Stoff mit Blumengirlanden gekauft und am 1. September 1770 ein weißes Satinkleid und verschiedene Bänder.[18] Auch ein Tagebucheintrag vom 7. November 1783 der Fürstin Luise (1750–1811) erwähnt einen Kleiderkauf in Straßburg.[19] Um über diese einzelnen Hinweise hinaus die Mode in Anhalt-Dessau in den Kontext der Mode der Zeit zu stellen, müssen wir zunächst einen weiten Horizont in den Blick nehmen.

Der Begriff *Mode*, entlehnt aus dem Französischen „à la mode", wurde erst im 17. Jahrhundert in Deutschland gebräuchlich.[20] Er leitet sich vom lateinischen Wort „modus" für Art und Weise ab und meint „im engen Sinn die jeweils vorherrschende Art, sich zu kleiden".[21] Im 18. Jahrhundert umfasste er jedoch nicht mehr nur die Form und den Wandel von Kleidung und Einrichtungsgegenständen, sondern auch den Lebensstil sowie Sitten und Gebräuche.[22] Ebenso erfuhr der Begriff *Luxus* eine semantische Ausweitung und war nicht „mehr allein als Verschwendung, Prunksucht oder Aufwand negativ besetzt".[23] Da die Mode sich durch „Kurzlebigkeit" und „raschen Wandel" auszeichnet und nur von Wohlhabenden getragen werden kann, ist sie ein Teil des Luxus.[24]

Das Journal des Luxus und der Moden

Einen guten Überblick über die Mode um 1800 bietet das *Journal des Luxus und der Moden*, das von dem Verleger Friedrich Johann Justin Bertuch (1747–1822) und dem Maler Georg Melchior Kraus (1737–1806) zwischen 1786 und 1827 in Weimar herausgegeben wurde.[25] Das *Journal des Luxus und der Moden* war eines der erfolgreichsten Modejournale, die in großer Zahl um 1800 erschienen waren. In der Gunst der Leserschaft und mit einer Auflage von zeitweilig 2.250 Exemplaren war es konkurrenzlos. Das Journal wurde in ganz Europa gelesen.[26] Es vermittelte in „Wort und Bild die neue Kleidung und ermöglichte deren preiswerte Nachahmung"[27] und war somit die „erste illustrierte Zeitung Deutschlands".[28] Es erfreute sich vor allem bei weiblichen Lesern großer Beliebtheit und diente als „Kurzweil, gesellschaftliche Anleitung sowie modische Anregung".[29] Wie alle Journale dieser Zeit stellte auch das *Journal des Luxus und der Moden* „Mode und Geschmack in den Kontext von Geschmacksbildung", da es „Kunst und Mode miteinander verband".[30] Das Journal erschien monatlich (insgesamt in 42 Bänden), jedoch im Verlauf seiner Erscheinungszeit unter wechselnden Titeln und Herausgebern. Bis zum Jahr 1787 lief es unter dem Titel *Journal der Moden*, dann bis 1815 unter der Bezeichnung *Journal des Luxus und der Moden*. Der letzte Band erschien 1827 unter dem Namen *Journal für Literatur, Kunst und geselliges Leben* und spiegelte die breite Fassung des Begriffes Mode wider.[31]

Wie viele andere Modejournale jener Zeit versuchte auch das *Journal des Luxus und der Moden* seinen Lesern die ökonomischen Aspekte nahe zu bringen[32] und beschränkte sich nicht nur auf die Beschreibung und Darstellung von Einrichtungsgegenständen sowie männlicher und weiblicher Kleidungsstücke. Auch bezog es Themen wie Gartenkunst und Landschaftsgestaltung, Reisebeschreibungen und politische Ereignisse mit ein und ging somit weit über die Vorstellung eines Modejournals nach heutigem Verständnis hinaus.[33] Bertuch versuchte mittels seines Journals auch Einfluss auf die deutsche Gewerbeförderung und die Ausbreitung des Luxus im eigenen Land zu nehmen und so die deutsche Wirtschaft zu fördern. Er kritisierte die Vormachtstellung Frankreichs und Englands in der Konsumgüterproduktion und sprach sich für eine „Belebung der deutschen Industrie" aus.[34] Mit der Herausgabe des *Journal des Luxus und der Moden* festigte Bertuch seine Stellung als Verleger. Zuvor hatte er bereits 1782 eine Manufaktur zur Herstellung von künstlichen Blumen für „Hutschmuck und Wohnungsdekoration" in Weimar errichten lassen.[35] Diese Unternehmung war Bertuchs Beitrag zur geforderten Belebung der deutschen Produktion.[36]

Zu den weitreichenden Beziehungen Bertuchs gehörte auch Fürst Franz von Anhalt-Dessau. Die erste Begegnung mit dem Fürsten fand vermutlich während der Gründungsfeierlichkeiten der *Buchhandlung der Gelehrten* 1781 in Dessau statt.[37] Seine Zufriedenheit über diese Bekanntschaft drückte Bertuch in einem Brief an seinen Freund Johann Heinrich Merck (1741–1791) aus, in dem er den Fürsten als „vortrefflichen Mann" schildert.[38] Aus dieser Begegnung entwickelte sich eine Freundschaft, die über 30 Jahre dauerte. Die enge Beziehung, welche Bertuch nach Anhalt-Dessau unterhielt, zeigt sich nicht zuletzt dadurch, dass Bertuch bereits zwei Jahre vor der Erstveröffentlichung der *Beschreibung des Fürstlich Anhalt-Dessauschen Landhauses und englischen Garten zu Wörlitz* von August Rode (1751–1837) im ersten Band seines Journals über die 1782 in Wörlitz errichtete Rousseau-Insel berichtete.[39] Sowohl das Journal als auch die darin beschriebene Mode waren Fürst Franz bekannt. Bertuch seinerseits verfolgte die Gestaltung und Entwicklung des Wörlitzer Gartenreiches über drei Jahrzehnte und berichtete regelmäßig im Journal darüber.[40] Zudem war er der *Buchhandlung der Gelehrten* und der *Chalcographischen Gesellschaft* eng verbunden. Bemerkenswert ist auch, dass Bertuch in die „privaten Geschäfte" und „persönlichen Staatsangelegenheiten" des Fürsten einbezogen wurde. Fürst Franz korrespondierte mit Bertuch auch über „diskrete Privatangelegenheiten", so etwa über seine Verbindung mit der Gärtnerstochter Luise Schoch. Bertuch gehörte somit zum engsten Vertrautenkreis des Fürsten von Anhalt-Dessau.[41]

Französische Vorbilder

Wie aus Bertuchs *Journal des Luxus und der Moden* hervorgeht, wurde die erste Hälfte des 18. Jahrhunderts noch vom barocken Stil im Zeichen des französischen Absolutismus beherrscht. Der Hof von Versailles wurde zum modischen Vorbild für die europäische Welt. Allein das Tragen französischer Kleidung wies bereits auf die Zugehörigkeit zu einer höheren Klasse hin. Die charakteristischen Kleidungsunterschiede der einzelnen europäischen Länder verschwanden zugunsten der französischen Mode, so dass man auch in modischer Hinsicht von einem „französischen Europa“ sprechen konnte.[42] In der zweiten Hälfte des 18. Jahrhunderts vollzog sich ein deutlicher Wandel vom französisch-barocken zum englisch-bürgerlichen Stil, der auch in Anhalt-Dessau sichtbar wurde.

Abb. 1: *Der Vergleich der Kleidung von 1701 und 1801 im „Journal des Luxus und der Moden“ zeigt einen deutlichen Wandel*

Noch zu Beginn des 18. Jahrhunderts trugen Frauen des Adels breite Reifröcke. Diese Festmode des Rokoko entstand bereits in der zweiten Hälfte der Regierungszeit Ludwig XIV. von Frankreich (1638–1715) und dauerte nahezu vierzig Jahre an. Die Festrobe der Damen lässt sich in drei Hauptteile gliedern, die Taille und zwei Röcke. Die Taille, welche von einer trichterförmigen Korsage in Form gebracht wurde, ließ Unterarme und Hals frei. Zusammen mit der Korsage trug sie die Last der Röcke. Abgerundet wurde das Ensemble meist von Diamantenkolliers. Diese Erscheinung verlieh der Dame Würde und Ansehen. Hierzu trug auch die lange Schleppe bei, deren Länge je nach Stand vorgeschrieben war.[43] Die blauen, grünen oder rosafarbenen Reifröcke, welche entweder aus Brokat, Damast oder Seide gefertigt waren, bestanden aus fünf Reihen Reifen, die sich nach oben verengten und durch

Wachstuch miteinander verbunden waren. Ab den 1740er Jahren wurden sie tonnenförmig, oval oder elliptisch, indem sie vorn und hinten flach zusammengedrückt wurden.[44] Daneben gab es das Negligé, ein Kleid, welches für den Alltag bestimmt war. Taille und Rock bildeten hier das Kleid zusammen und gab ihm die Form eines Kegels.[45]

Abb. 2: *C. F. R. Lisiewski: Fürst Franz im blauen Rock (1757)*

Männer hingegen, deren Kleidung noch lange nach dem Tod des Sonnenkönigs in ihrer Form beibehalten wurde, trugen meist einen Rock aus Seide mit tiefen Taschen und kleinen Knöpfen bis zu den Knien – der Vorläufer des Fracks.[46] Das Negligé oder auch englischer Anzug für den Alltag gab es ebenso für die Männer.[47]

Um 1700 hatte sich auch die Perücke, anfangs noch blond, hellbraun oder schwarz, später weißgrau, durchgesetzt. Nach 1715 wurde die Perücke nicht mehr hoch aufgetürmt, sondern die Überfülle der Locken wurde an den Seiten gekürzt oder in einen Haarbeutel gesteckt, der im Nacken sitzend mit einer Schleife geschlossen wurde. Das Seitenhaar flog in offenen Locken oder wurde zu festen einfachen oder doppelten Rollen gedreht, die an den Schläfen anlagen.[48] Alle Frisuren sowohl bei Männern als auch bei Frauen waren mit dickem Reismehl gepudert. Das graue Haar verwischte die Altersgrenzen und gehörte zum „guten Ton".[49]

Wie auf dem Bild (Abb. 2) zu sehen, trug auch der junge Fürst Franz eine solche gepuderte Frisur im Stil einer Perücke mit Seitenrollen. Dazu kleidete er sich in einem hellblauen samtenen Rock mit weißen Verzierungen und Knöpfen.

Englischer Einfluss

Ein Wandel vollzog sich in den 1760er Jahren. Der barocke, französische Modestil wurde zunehmend vom deutlich schlichteren englisch-bürgerlichen Stil abgelöst. Die gepuderten Perücken wurden bedingt durch die Philanthropen und deren Reinheitsgrundsätze allmählich abgelegt.[50] Der Rock verlor zunehmend an Umfang und wurde auf dem Rücken zu drei großen Bauschen gerafft. Die Kleider wurden insgesamt kürzer.[51] Die schlichtere englische Kleidung passte sich zudem besser den weiblichen Proportionen an und spiegelte das „englische Leitbild von Privatheit, Bequemlichkeit und Funktionalität" wider.[52]

Die Frisuren der Damen entwickelten sich jedoch entgegen der Röcke, sie nahmen an Proportionen zu. Ab den 1760er Jahren wurde das Haar über der Stirn hoch toupiert und fiel hinter den Ohren in langen Locken meist nach vorn.[53] Frauen trugen ab 1787 die Haare zu einem Chignon oder ins Gesicht gezogen, gewöhnlich mit zwei Seitenlocken, mitunter auch offen auf dem Rücken (*à la conseilliére*). Hüte kamen in Mode, welche außerordentlich groß waren und zu jedem Anlass getragen wurden, mit Ausnahme zur *grande parure* – der Galakleidung. Es waren häufig Strohhüte mit hohem Kopf und farbigen Bändern, die hinten zur Schleife gefasst wurden und deren Enden über den Hut herabhingen. Häufig schmückten Federn die Hüte, so etwa die *Follette*, eine große farbige Schwungfeder, die der Farbe des Kleides entsprach. Neben den Hüten trug man, z. B. zur *grande parure*, Hauben mit Bändern und Blumen.[54]

Abb. 3: *C. F. R. Lisiewski: Fürstin Luise (Ölgemälde um 1769)*

Das Gewand, die *Robe longue*, bestand aus einem Rock aus Mousseline oder Atlas. Dazu trug man eine Schürze (*fourreau*) aus Kammertuch und einer Schärpe aus Flor. Die Hüften umspannte eine wadenlange Schleife. Die Schuhe waren aus rosa oder weißem Atlas mit Bändern oder Blumen in grün und lila gehalten. Die *Robe chemise* – ein blass lila Negligé mit Taille und einem doppelten Kragen – wies einen starken Bauch kurz über der Taille mit gelb-schwarz gestreiften Bändern auf.[55]

Auch die Fürstin Luise kleidete sich in diesem bürgerlichen Stil. Wie Abb. 3 zeigt, trug sie ein einfaches seidenes Gewand in silber-grau, ähnlich der *Robe longue*. Ihr Haar wird nur durch ein schlichtes Perlenband am Hinterkopf gehalten.

In England wechselte die Mode saisonbedingt in Sommer- und Wintermode. Die englische Mode, welche für hochwertige Produktion stand, war durch reiche Blumenverzierung aus gemalter ostindischer Seide gekennzeichnet.[56] Große Hüte bedeckten das Gesicht. Die Schuhe (*Pattens*) verfügten über eine starke hölzerne Sohle mit Vertiefung für den Absatz. Handschuhe waren am Umschlag geschlitzt, mit Zwickel und meist in schwefelgelb gehalten.[57] Auch bei den Männern wurde der Hut beliebt. Dieser war dreieckig, besaß jedoch keinen hohen Kopf, aber eine Hinterkrempe. Ab 1800 kam der runde Hut in Mode. Der Reithut besaß zudem ein schwarzes Band mit Stahlschnalle. Um den Hals trug der Herr eine englische dicke Halsbinde aus Mousseline oder ein weißes dreieckiges Halstuch aus Batist mit einer Schleife unter dem Kinn. Den Frack trug man – nach englischer Mode mit knappen Ärmeln, einem Kragen und vielen Taschen – sich zu einem Rock öffnend (vorne kurz, hinten lang) mit Knöpfen auf der Brust als Alltags- und Geschäftskleidung. Darunter wurde eine Modetracht anstatt einer Weste getragen, was ebenfalls dem neuen Stil entsprach.[58] Die Weste, die in England als *new market* bezeichnet wurde,[59] reichte bis zum Hosenbund und war in dunklen Farben wie grün und violett gehalten. Die Hosen waren schwefelgelb, knapp und eng anliegend. An den Seiten hafteten entweder drei silberplattierte Knöpfe, gelbe Bänder oder Schnallen. Die Strümpfe waren oft weiß oder grau, in der Regel aber grün oder violett gestreift. Die Schuhe hatten nun schwarze Bän-

Abb. 4: *Kopie von Wilhelm Hartkopf nach Anton von Maron: Fürst Franz im englischen Stil (1766)*

Abb. 5: *J. F. August Tischbein: Friedrich Wilhelm von Erdmannsdorff (Gemälde von 1796)*

der statt der Schnallen und abgestufte eckige Spitzen. Über dem Frack trug man einen Oberrock in scharlachrot mit schwarzem Samtkragen. Abgerundet wurde das Ensemble durch einen Degen oder einen Stock (aus Bambus oder anderem Rohr) mit einem Knopf aus Elfenbein oder Gold.[60]

Bereits seit 1766, nach seiner zweiten Englandreise, kleidete sich auch Fürst Franz in diesem Stil. Dieser ist im berühmten Gemälde von 1766 (Abb. 4) zu erkennen. Auf diesem trägt er einen scharlachroten Oberrock. Sowohl Hose als auch Weste sind in schwefelgelb gehalten. In der rechten Hand hält er einen dreieckigen Hut und seine Taille ziert ein goldfarbener Degen (siehe auch den Umschlag dieses Buches).

Auch der Architekt des Wörlitzer Gartenreiches und enger Freund des Fürsten Franz, Friedrich Wilhelm von Erdmannsdorff (1736–1800), trug den englischen Stil (Abb. 5). Auf einem Gemälde von 1796 ist er im dunkelblauen Frack mit hoch stehendem Kragen und einem safrangelb-gestreiften Halstuch mit Rüschen dargestellt.

Stoffe aus Dessau

Obwohl Bertuch große Sympathien für die englische Kultur und den englischen Stil besaß, berichtete er doch in seinem Journal ausführlicher über die französische Mode und befand sich in einem ständigen „Konkurrenzkampf zwischen englischer Funktionalität und französischer Eleganz".[61] Er bewirkte somit eine modische „Zweiteilung Deutschlands": Hier kleidete man sich im Alltag eher „englisch“, während man bei Hofe die französische Kleidung bevorzugte.[62]

Wie aus der Beschreibung der Kleider und der Gemälde hervorgeht, reichten die vorherrschenden Stoffe und Farben – orientiert an der englischen Mode – von Atlas über Taft, Flor bis hin zu Seide in den Tönen blass-lila, violett, nacré-rot, dunkelgrün, weiß und schwefel- bis kanariengelb. Weiter wiesen diese Gewänder reiche Verzierungen mit Streifen- und Blumenmotiven auf.[63]

Diese nun sind identisch mit den Stoffmustern, welche aus der Dessauer Seidenmanufaktur von Anton Winter erhalten geblieben sind.[64] Deren Gründungsgeschichte geht aus verschiedenen Briefen Anton Winters an die „Fürstlich-Anhaltische-Kommission“[65] hervor. In diesen hatte Anton Winter, ein Seidenzeug- und Florfabrikant aus Znaim/Mähren, gebeten, sich am 19. November 1795 in Anhalt-Dessau ansiedeln zu dürfen.[66] Winter war zuvor ein Dreivierteljahr in Leipzig ansässig gewesen und besaß bis dahin drei Manufakturen, wovon nur eine mit der Produktion von Taft betraut war.[67] In seinem Brief bat er den Fürsten, sich in Dessau mit einer weiteren Seidenmanufaktur etablieren zu dürfen. Er begründete dies mit der Schaffung von Arbeitsplätzen und dem Anlernen von Kindern an Webstühlen. Wie Berliner und Londoner Fabrikanten wollte er die Rohseide aus Turin und Rovereto beziehen. Um sein Vorhaben verwirklichen zu können, bat Winter den Fürsten um einen finanziellen Vorschuss von 500 Talern, den er auch erhielt. Dies geht aus einem weiteren Brief vom 10. Dezember 1795[68] hervor, in dem Winter seine Ausgaben offen legte und dem Fürsten bereits 250 Taler Rückerstattung gegen Quittung anbot. Mit den übrigen 250 Talern finanzierte er die Errichtung des ersten Gebäudes der Manufaktur sowie Inventar und Materialien zur Seidenproduktion. Die Kosten umfassten zudem die Anstellung und das Anlernen von Arbeitskräften.

Nach der Errichtung der Seidenmanufaktur bat Winter um Aufschub der Rückzahlungsaufforderung, die auch von der „Fürstlich-Anhaltischen-Kommission“ bewilligt wurde.[69] Zur Bewilligung des Geldvorschusses könnten in der Akte vorhandene Bescheinigungen seines Vermieters, des Gassenmeisters Christian Gottlieb Haenig in Leipzig, in dessen Haus Winter zur Untermiete wohnte, beigetragen haben. Diese Bescheinigungen weisen Anton Winter als rechtschaffenen und schuldenfreien Bürger aus.[70] Die Akte gibt jedoch keinen Aufschluss darüber, welchen Umfang die Seidenmanufaktur hatte oder für welchen Zweck die Stoffe produziert worden sind. Wie bereits erwähnt, entsprechen die noch vorhandenen ca. 30 Stoffmuster der Mode des 18. Jahrhunderts. Und es lässt sich nur vermuten, dass die Stoffe auch am fürstlichen Hof verbreitet waren.

Fazit

Fassen wir zusammen. Im Verlauf des 18. Jahrhunderts vollzog sich in der Mode ein deutlicher Wandel, vom barock-französischen Stil hin zum schlichten bürgerlich-englischen. Diesen Wandel beschreibt der Verleger Johann Justin Bertuch, Freund und Vertrauter des Fürsten Franz, ausführlich in seinem *Journal des Luxus und der Moden* und gibt somit einen guten Überblick über die Kleidung, Stoffe und Farben der Zeit. Diese lassen sich auch im Fürstentum Anhalt-Dessau anhand der noch vorhandenen Stoffmuster der Seidenmanufaktur des Anton Winter nachweisen. Die Muster entsprechen sowohl stofflich als auch farblich der herrschenden Mode des 18. Jahrhunderts. Obwohl keine originalen Kleidungsstücke aus der Amtszeit des Fürsten Franz erhalten geblieben sind, lässt sich zudem an einzelnen Gemälden nachweisen, dass sich sowohl der Fürst als auch seine Gattin Luise bereits seit den 1760er Jahren im bürgerlich-englischen Stil kleideten.

VI

Linda Karohl

Die Grand Tour im Bild? Zum „Grand-Touristenporträt" des Fürsten Franz 1765/66

Die Grand Tour

Im Jahr 1765 trat der 25-jährige Fürst Franz seine Kavaliersreise, die *Grand Tour* an, die seit dem 16. Jahrhundert Bestandteil und Abschluss der Ausbildung junger Adliger war. Er tat dies in Begleitung von zwölf Personen, zu denen sein Vertrauter, der Architekt Friedrich Wilhelm von Erdmannsdorff, sein Bruder Johann Georg von Anhalt-Dessau und der Hofmeister Georg Heinrich von Berenhorst zählten.

Die Reise führte ihn durch Deutschland und Österreich nach Italien. Von dort beabsichtigte er, nach Frankreich, England und Schottland zu reisen, um schließlich 1767 wieder nach Dessau zurückzukehren. Von Dezember 1765 bis April 1766, wenn auch mit einer kurzen Unterbrechung, befand sich Fürst Franz in Rom, das seit dem ausgehenden 17. Jahrhundert zum Magnet antikenbegeisterter Söhne der europäischen Höfe geworden war.[1]

Über die Ankunft des Fürsten in Rom am 24. Dezember 1765 berichtet ein Brief des Kunstgelehrten Johann Joachim Winckelmann (1717–1768), der seit zehn Jahren in Rom lebte, den jungen Fürsten hoch schätzte und ihn bald zu den Kunst- und Kulturdenkmälern führen sollte: „Vor wenigen Tagen trat der regierende Fürst von Anhalt-Dessau, von allen unerkannt, in mein Tugurium (lat. Hütte, L. K.). [...] Es war des Abends, ziemlich spät, er kam von einer einzigen Person begleitet, zu Fuß zu mir, um unerkannt zu bleiben. Er reiset nach Art von alten Weisen, und ist der erste wahrhaft weise Fürst, den ich persönlich kenne; ich bin stolz über die Ehre die er mir erwiesen hat [...]".[2]

Während einer Grand Tour war es üblich und von den jungen Adligen geradezu ersehnt, sich in Rom porträtieren zu lassen und damit den Aufenthalt zu dokumentieren. Einer der angesehensten römischen Maler dieser Zeit war Pompeo Batoni (1708–1787), der sich einen regelrechten Ruf als Porträtist der „Grand-Touristen" erworben hatte.[3]

Das verlorene Porträt von Maron und die Kopie von Hartkopf

Auch Fürst Friedrich Franz ließ ein Bildnis malen, allerdings nicht vom Malerfürsten Batoni, sondern vom deutschen Maler Anton von Maron (1733–1808), der sich ebenfalls zu Studien in Rom aufhielt. Darüber berichtete Winckelmann am 1. März 1766, wenige Monate nach der Ankunft des Fürsten in Rom, in einen Brief an Martin Knoller[4]: „Herr Maron mahlet itzo das Bildnis des regierenden Fürsten von Anhalt-Dessau, eines der würdigsten Prinzen auf der Welt, und da es die ganze Figur ist, so wird sich derselbe um so viel Ehre machen."[5] Und ein halbes Jahr später, am 4. Oktober 1766 schrieb Winckelmann aus Rom an den Baron von Stosch über höchstwahrscheinlich eben dieses Porträt: „Heut geht des würdigen Fürsten von Anhalt Bildniß von hier über Hamburg ab, und es wird von Dessau unverzüglich nach Berlin an die verlobte Prinzessin übermacht werden."[6]

Dieses Gemälde ist leider nicht erhalten geblieben. Seit 1945/47 gilt es als verschollen,[7] ist aber durch eine Fotografie immer noch bekannt. Es handelt sich um das Bildnis *Fürst Leopold Friedrich Franz*[8], dass zuletzt 1932 durch Marie-Luise Harksen schriftlich als im „Besitze des Herzogl. Hauses Anhalt"[9] belegt ist. Nach August Rode, so Harksen, war das Bildnis, anders als Winckelmann schreibt, für den Speisesaal des Wörlitzer Schlosses bestimmt gewesen,[10] wo heute eine wenig kleinere Kopie (223 x 151 cm, siehe Abb. 4, Kap. V) von Wilhelm Hartkopf (1862–1918) als Gegenstück zum Porträt der Fürstin Luise hängt. Das Porträt der Fürstin hat der Maler Christian Friedrich Reinhold Lisiewski (1725–1795) geschaffen.

Anton von Maron zeigte den Fürsten in ganzer Figur auf einem Hochformat. Dieser steht inmitten einer antik anmutenden Landschaft. Im linken Bildhintergrund sind zwei Säulen mit Kapitellen zu sehen, die einen Architrav tragen. Eine zweite, ebenfalls nicht näher bestimmbare Säulenarchitektur ist im Hintergrund rechts zu erkennen. Die wahrscheinlich erfundene architektonische Umgebung ist auf Grund der Kompositkapitelle als römisch charakterisierbar.[11] Der Fürst steht in dieser Ruinenlandschaft und zeigt mit seiner rechten Hand, in der er zugleich einen Hut hält, auf die Säulen hinter sich.

Fürst Franz trägt einen *Frac* in leuchtendem Rot, der, so Katharina Bechler, im dritten Viertel des 18. Jahrhunderts in Europa weit verbreitet war und dem englischen Reitkleid, dem *Frock*, entspricht.[12] Zudem kleiden den Fürsten ein weiß-goldenes Wams, helle Kniebundhosen und schwarze Schuhe mit Schnallen. Den Körper leicht nach hinten vom Betrachter weggewandt, blickt er sinnierend über diesen hinweg. Seine linke Hand stützt er in die

Hüfte; darunter ist sein Degen erkennbar, der zum Teil durch den knielangen *Frac* verdeckt wird.

Das augenfälligste Detail, das das Original von Maron von der erwähnten Kopie von Hartkopf unterscheidet, ist die Physiognomie des Fürsten. Bei Maron erscheint das Gesicht des Fürsten viel breiter. Darin gleicht es dem eines dritten Bildnisses des Fürsten. Dieses gibt ihn interessanterweise in derselben Kleidung, jedoch in anderer Umgebung wieder.

Das Porträt des unbekannten Malers

Abb. 1: *Anton von Maron/Johann Georg Ziesenis?: Bildnis des Fürsten Franz (Ölgemälde, 1766/1769)*

Dieses dritte Bildnis befindet sich heute im Germanischen Nationalmuseum in Nürnberg, wohin es 1934 von der Familie von Waldersee gegeben wurde.[13] Ausgeführt ist es ebenfalls in Öl auf Leinwand, es misst 126 x 95 cm (Abb. 1, siehe auch Umschlag). Obwohl dieses Porträt in keiner zeitgenössischen Quelle erwähnt ist, könnte es ebenfalls während der Grand Tour geschaffen worden sein. Wie auf dem Bildnis von Anton von Maron trägt Franz den englischen Gesellschaftsanzug, bestehend aus *Frac* und dem bis zur Hüfte durchgängig geknöpftem Wams.

Fürst Franz ist hier von den Knien aufwärts porträtiert. Seinen Körper dreht er ebenfalls leicht vom Betrachter weg und lehnt sich dabei mit seinem linken Arm an die breite Öffnung eines Kraters, also eines Krugs aus Bronze oder Ton, wie man ihn in der Antike seit den Zeiten Homers zum Mischen von Wasser und Wein verwendet hat. Die Wandung des Kraters zeigt zwei Eroten, die mit einer Ziege spielen. Eine um den Gefäßkörper sich windende Weinranke und ein verzierender Relieffries sind ebenfalls erkennbar.[14] In der rechten Hand hält er einen Dreispitz und stützt diese zugleich in seine Hüfte. Der Degen befindet sich auch auf diesem Gemälde an des Fürsten linker Hüfte und schiebt dabei die leuchtend rote Jacke ein wenig zurück. Rechts hinter ihm ist ein leicht drapierter Stoff oder Vorhang sichtbar.

Bisher ist nicht geklärt, von welchem Künstler dieses dritte *Bildnis des Fürsten Leopold III. Friedrich Franz von Anhalt-Dessau* geschaffen worden ist. Es ist nicht signiert und auch die stilistischen Merkmale erlauben keine eindeutige Zuordnung.

Katharina Bechler nimmt mit Karin Schrader[15] und Friedrich-Franz Kuntze[16] an, dass auch dieses Bildnis von Anton von Maron 1766 in Rom gemalt worden sei.[17] Erhard Hirsch dagegen schreibt es dem Maler Johann Georg Ziesenis (1716–1776) zu.[18]

Demnach hätte Fürst Franz sich zweimal in ähnlicher Pose und antiker Umgebung als Grand-Tourist porträtieren lassen. Wenn das erste Porträt für die Verlobte bestimmt war und dann im Speisesaal hing, für welche Person, für welchen Raum, welches Schloss könnte das zweite Porträt bestimmt gewesen sein?

Daher werden nun die Argumente für und wider Maron bzw. Ziesenis zitiert, um dann den Augenmerk auf einen Umstand zu richten, der die Problematik zwar nicht löst, aber einerseits zu ihrer Klärung beitragen könnte, andererseits einen weiteren Forschungsansatz präsentiert.

Erhard Hirsch stützt seine Annahme, Johann Georg Ziesenis habe das zweite Bild gemalt, auf folgenden historischen Umstand: „Ziesenis' Aufenthalt" ist „in Dessau aktenkundig für den Sommer 1769 in den Hofmarschallakten Hannovers bezeugt, wo Ziesenis seit 1760 Hofmaler war."[19] Demnach würde auch nicht 1766 als das Entstehungsdatum des Porträts in Frage kommen. Vielmehr könnte das Gemälde erst 1769 geschaffen worden sein, als Fürst Franz sich wieder in Dessau aufhielt.

Katharina Bechler dagegen geht von der Annahme aus, solch ein Porträt könne nur auf der Grand Tour gemalt worden sein. Hinsichtlich einer Urheberschaft durch Ziesensis erklärt sie: „Das Porträt [...], das die Familie von Waldersee 1934 dem Germanischen Nationalmuseum übergab, konnte in den Briefen Winckelmanns nicht eindeutig ermittelt werden. [...] Ein Besuch von Ziesenis in Rom, wo das Porträt mit der antiken Vase wahrscheinlich entstand, ließ sich in Winckelmanns Briefen nicht nachweisen."[20]

Nun legt die Tatsache, dass sich Ziesenis im Sommer 1769 in Dessau aufhielt, ein Porträt nahe, doch muss dies nicht der Fall sein. Andererseits lässt die Tatsache, dass ein Porträt von Ziesenis in den Briefen Winckelmanns nicht nachweisbar ist, die Zuschreibung an Maron ebenso wenig zu. Eine sichere Zuschreibung aufgrund historischer Belege können weder die Briefe Winckelmanns noch die Hofmarschallakten Hannovers erbringen. Auch hilft der Umstand nicht weiter, dass nicht nur Erhard Hirsch, sondern auch ältere Wissenschaftler das zweite Bildnis Johann Georg Ziesenis zuweisen,[21] so z. B. Heinrich Zimmermann, der es 1934 in einem Artikel über die Neuerwerbungen des Germanischen Museums ebenfalls ohne eine nähere Begründung tat.[22]

Realität oder Fiktion? Die Zuordnung der Porträts

Bei genauerer Betrachtung und über den kunsthistorischen Vergleich kann man der Lösung der Zuschreibung und damit auch der Datierung und womöglich auch der Funktion des Bildnisses etwas näher kommen.

Katharaina Bechler weist nämlich in ihrem Artikel über das *Bildnis des Fürsten Leopold III. Friedrich Franz von Anhalt-Dessau* darauf hin, dass die Form des Kraters, an den sich der Fürst lehnt, starke Ähnlichkeit zu „antiken Marmorkrateren" aufweist, „wie etwa dem Krater Borghese".[23] Dadurch, dass der Krater und die Darstellung darauf bislang nicht identifiziert werden konnten, ist auch die Bedeutung des Bildes nicht klar und das Bildnis selbst ziemlich ungewöhnlich. Denn es ist auffällig, dass der Großteil der Fürsten, Adligen und Antikenliebhaber auf den entsprechenden Porträts mit antiken Stücken dargestellt ist, die identifizierbar sind und auch heute noch einer Sammlung zugeordnet werden können. Dies hat Andrea M. Kluxen in ihrer 1989 erschienenen Publikation *Das Ende des Standesporträts – die Bedeutung der englischen Malerei für das deutsche Porträt von 1760–1848* belegt.

Kluxen berichtet auch, dass die Grand-Touristen während ihres Aufenthalts „Stadtansichten, klassische Skulpturen und Gemälde alter Meister"[24] gekauft haben. In der Regel wurden diese „Souvenirs" in die Komposition der Porträts mit eingebunden, um von dem Aufenthalt der Reisenden zu zeugen. Oftmals zeigte der Bildhintergrund eines solchen „Touristenporträts" identifizierbare Antiken in einer Landschaft, oder aber eine Teilansicht von Rom oder einen Innenraum eines bestimmten Gebäudes.[25] Diese Bildbeigaben sollten nicht nur das Antikeninteresse des Reisenden bezeugen, sondern auch die Grand Tour im Bild festhalten und bezeugen, wie dies auch heute noch viele Menschen tun: Sie lassen sich vor dem besuchten Gebäude oder neben dem betrachteten Kunstwerk en face fotografieren.

Das wohl bekannteste Bildnis, das in der Tradition solcher Grand-Touristenporträts steht, ist das Bildnis *Goethe in der Campagna di Roma* von Johann Heinrich Wilhelm Tischbein (1751–1829) aus den Jahren 1786/87.[26] Den Kopf bedeckt mit einem großen Künstlerhut, bekleidet mit einem gelbwei-

Abb. 2: *Pompeo Batoni: Bildnis des Herzogs Carl Wilhelm Ferdinand, Erbprinz zu Braunschweig (1769)*

ßen Mantel blickt Goethe nicht ganz sitzend und auch nicht liegend in die Ferne. Bei der Landschaft im Hintergrund handelt es sich um die Sabinerberge und um die Campagna di Roma, vor denen man das Grabmal der Caecilia Metella erkennt.[27]

Ein Vergleich des Bildnisses des Fürsten Franz mit einem anderen der zahlreichen Grand-Touristenporträts, mit dem *Bildnis des Herzogs Carl Wilhelm Ferdinand, Erbprinz zu Braunschweig* (Abb. 2) von Pompeo Batoni, vermag die charakteristischen Merkmale solcher Porträts noch besser zu verdeutlichen und zugleich Aufschluss über das „Kraterbildnis" des Fürsten zu geben. 1767 malte Batoni den Herzog Carl Wilhelm Ferdinand von Braunschweig (1735–1806). Dieser hatte 1766 – ein Jahr später als Fürst Franz – seine Grand Tour angetreten und war über England und Frankreich nach Rom gekommen, wo er sich seit Oktober 1766 aufhielt. Wie Fürst Franz von Anhalt-Dessau wurde er von Johann Joachim Winckelmann zu den Sehenswürdigkeiten der Stadt Rom geführt.

Batoni zeigte den Herzog auf einer 133 x 96 cm großen Leinwand in einem Dreiviertelporträt, wie er, den Kopf leicht nach rechts gewandt und lächelnd, sich mit seinem linken Arm an die Öffnung eines Glockenkraters lehnt.[28] Der Herzog ist in einen roten Rock gewandet, der reich mit goldenen Stickereien verziert ist. In Höhe seiner linken Brust ist der Schwarze Adlerorden zu erkennen, auch trägt er das Band des Hosenbandordens. Die Körperhaltung des Herzogs ähnelt stark der Haltung des Fürsten von Anhalt-Dessau. Carl Wilhelm Ferdinand stützt seine rechte Hand auf seine Hüfte, blickt leicht lächelnd nach rechts und lehnt sich an eine griechische Vase. Der Dolch, der sich an seiner Linken befindet, schiebt den *Frac* leicht zurück.

Sowohl die Körperhaltung der Porträtierten als auch die Komposition der beiden Bildnisse ähneln sich stark. Der Unterschied zwischen dem Porträt des Dessauer Fürsten und dem des Braunschweiger Herzogs zeigt sich nur in den antiken Bildelementen. Denn hinter dem Herzog befinden sich eine

Draperie, eine Säule und ein Gesims sowie mehrere Vasen, die auf einem Tisch direkt hinter dem Herzog stehen. Bei einer der Vasen handelt es sich um eine attische Amphore, die sich heute im Louvre befindet.[29] Ein ebenfalls abgebildeter großer Krater befindet sich heute im Museo Gregoriano im Vatikan in Rom.[30] Anders als bei dem Krater, an den sich Fürst Franz lehnt, handelt es sich bei den vorgenannten Vasen um existente Gefäße. Sie gehörten damals zur Vasensammlung des sächsischen Malers Anton Raphael Mengs (1728–1779), der ebenfalls in Rom lebte. Johann Joachim Winckelmann, bester Freund von Mengs, hat sie publiziert. Damit wird der Umstand, dass sich der Herzog in Rom aufhielt, bestätigt, während der Aufenthalt des Fürsten Franz durch den nicht identifizierten Krater nur suggeriert wird. So ist wohl das Porträt des Herzogs von Braunschweig ein typisches Grand-Touristenporträt, weil es den Aufenthalt des Herzogs in der ewigen Stadt belegt.

Resümee und Ausblick

Das Bild des unbekannten Meisters verweist nicht zwingend auf eine Fertigung in Rom während der Grand Tour von Fürst Franz. Auch das erst genannte, leider verlorene Porträt des Fürsten von Anton von Maron basiert wohl auf Fiktion; die ruinierten Säulen im Hintergrund sind offenbar Phantasiegebilde.

Letztlich verschiebt sich die Fragestellung. Es geht nun weniger um die Zuschreibung an einen bestimmten Künstler, sondern um das Wissen des einen oder der beiden Porträtisten, ihres Auftraggebers und seiner höfisch erzogenen Reisebegleiter – des Bruders Johann Georg, des Freundes Erdmannsdorff und des Hofmeisters Berenhorst – um einen genau bestimmten, vornehmlich in England gepflegten Porträttyp. Kannten Sie diesen Bildtyp und dessen notwendige Charakteristika?

Historiker, die endlich wieder beginnen, auch Bilder als historische Quellen zu schätzen,[31] und Kunsthistoriker, die nie aufhören werden, auf Authentizität und Originalität zu achten, bekommen auch in diesem Falle neue Probleme. Denn, ob ein Werk von diesem oder jenem Künstler geschaffen ist, ist ja nur eines der zahlreichen Rätsel, die Bilder aufgeben.

VII

Katja Magaschütz

Der Medienfürst. Wirken und Selbstdarstellung im Dessauer Intelligenzblatt

Das neue Medium

Als Herrscher im Zeitalter von Absolutismus und Aufklärung hatte Fürst Franz sämtliche Autorität der Staatsgewalt inne und konnte somit über alle Angelegenheiten des Kleinstaates persönlich verfügen. In einem kleinen Land wie Anhalt-Dessau spielte das Verhältnis von Fürst und Untertanen eine große Rolle. Die Medienlandschaft der Zeit, hier besonders die Gattung der periodischen Presse, ermöglicht einen Einblick in dieses Beziehungsgefüge.

Anfang des 18. Jahrhunderts hatte sich ein neues Medium in Deutschland etabliert, das so genannte Intelligenzblatt. Es bereicherte das expandierende Kommunikationswesen und stellte zugleich ein lokales Informationsmittel für alle Bevölkerungsschichten dar.[1] Hier wurden Daten und Informationen öffentlich bekannt gemacht. Intelligenzblätter beinhalteten neben Abdrucken von Kleinanzeigen auch Verordnungen und Edikte der Staatsgewalt und Policey. Das neue Kommunikationsmittel verbreitete sich schnell im Alten Reich.[2] Eine besondere Rolle spielte dabei das Intelligenzwesen im preußischen Staat. Die Intelligenzblätter standen hier unter der Obhut des Staates, begründet durch die Kabinettsorder Friedrich Wilhelms I. vom 6. Februar 1727.[3] Für alle preußischen Territorien waren ein Anzeigemonopol sowie ein Abonnementzwang festgeschrieben.[4] Kleinanzeiger durften dementsprechend ihre Angebote und Gesuche nicht in anderen Zeitungen oder Blättern veröffentlichen: „Gewollt war ein flächendeckendes Kommunikationsmittel zur Intensivierung von Handel und Wandel, eingebettet in eine merkantilistische Wirtschaftspolitik, der es um die Integration von disparat entwickelten Landesteilen und um die Förderung von Infrastruktur-, Agrar- und Gewerbeförderungsmaßnahmen ging.“[5] Das Intelligenzblatt eignete sich nicht nur als administratives Werkzeug, sondern vermittelte zugleich lokale Informationen an die Rezipienten.

Das Dessauer Intelligenzblatt

Fortführend stellt sich die Frage, inwieweit Fürst Franz dieses Medium genutzt hat, d. h. ob er sich auch selbst im Dessauer Intelligenzblatt dargestellt und dadurch auf dessen breite Leserschaft gewirkt hat. Im Hinblick auf den Status als absolutistischer Auftraggeber ist festzuhalten, dass Fürst Franz sich an die inhaltlichen und formalen Vorgaben des preußischen Intelligenzwesens gehalten hat. So lassen sich in den *Fürstlich Anhalt-Dessauischen wöchentlichen öffentlichen Nachrichten* typische Inhalte des oben beschriebenen Intelligenzwesens finden. Hierzu einige Beispiele:

Anhand von Preislisten konnten sich die Dessauer Bürger über die gegenwärtige Marktsituation informieren und Preise vergleichen.

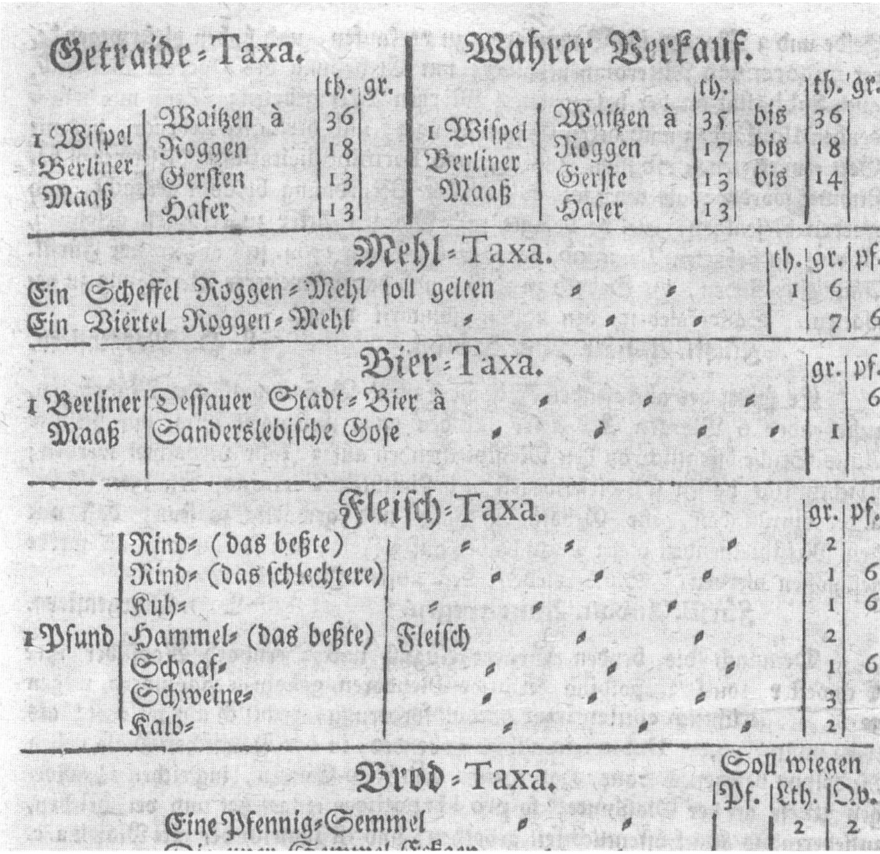

Getraide-Taxa.

		th.	gr.
1 Wispel Berliner Maaß	Waitzen à	36	
	Roggen	18	
	Gersten	13	
	Hafer	13	

Wahrer Verkauf.

		th.		th.	gr.
1 Wispel Berliner Maaß	Waitzen à	35	bis	36	
	Roggen	17	bis	18	
	Gerste	13	bis	14	
	Hafer	13			

Mehl-Taxa.

	th.	gr.	pf.
Ein Scheffel Roggen-Mehl soll gelten	1	6	
Ein Viertel Roggen-Mehl		7	6

Bier-Taxa.

		gr.	pf.
1 Berliner Maaß	Dessauer Stadt-Bier à		6
	Sanderslebische Gose	1	

Fleisch-Taxa.

			gr.	pf.
1 Pfund	Rind- (das beßte)	Fleisch	2	
	Rind- (das schlechtere)		1	6
	Kuh-		1	6
	Hammel- (das beßte)		2	
	Schaaf-		1	6
	Schweine-		3	
	Kalb-		2	

Brod-Taxa.

	Soll wiegen Pf.	Lth.	Qv.
Eine Pfennig-Semmel		2	2

Abb. 1: *Preisliste von 28. Januar 1764*[6]

Das Dessauer Intelligenzblatt beinhaltete neben den aktuellen Handelspreisen auch eine Vielzahl von privaten Anzeigen von Dingen die innerhalb und außerhalb der Stadt angeboten wurden.

„Den 5ten Mai, Vormittags um 11 Uhr, sollen auf der Cavalier Straße in der Frau Hofräthin Herrmann Hause, zwei achtjährige Mohrenköpfe[7], ein mit englischen Federn und eisernen Schwanhälsen versehener, zweisitziger englischer Stadtwagen, auch ein viersitziger mit rothem Plüsch ausgeschlagener Reisewagen, gegen gleich baare Bezahlung, in Golde, an den Meistbiethenden verkauft werden.“[8]

Wie in den weiteren Auszügen des Blattes erkenntlich wird, war auch das Abdrucken von Verordnungen, Warnungen und Hinweisen für die Bevölkerung und Behörden üblich und entsprach ganz dem Ideal des preußischen Intelligenzwesens:

„Da Uns sehr oft die Anzeige geschiehet, dass tolle Hunde herumlaufen, und zu befürchten stehet, dass Menschen und Vieh in Unglück und Schaden gesetzt werden möchten; diesen Übel aber nicht leichter und besser vorzukommen ist, als dass unsere Untertanen, besonders auf dem Lande, dahin angehalten werden, dass sie die große Anzahl Hunde, so sie zu ihrem eigenen Schaden und großen Kosten, ohne die mindeste Notwendigkeit halten, abschaffen müssen: So befehlen Wir hiermit gnädigst und ernstlich, dass die Gerichte, Magistrate und Richters besonders dahin Untertanen anzuhalten haben, ihrer Hunde abzuschaffen, und wenn ja jemand Hunde halten will, dass er solche in seinem Hofe oder Hause an Ketten legen muss […]“[9]

Die *Fürstlich Anhalt-Dessauischen wöchentlichen öffentlichen Nachrichten* wurden aber nicht nur als ökonomische Einrichtung genutzt, sondern erfüllten zugleich den Zweck, Tätigkeiten und Anordnungen der Verwaltung und des Fürsten Franz selbst öffentlich zu machen:

„Es ist bemerkt worden, dass die Richter verschiedener Orte, ja sogar einige Gerichtsobrigkeiten, diese wöchentlichen Nachrichten nicht allezeit gehörig abholen lassen […]; so kann dieser Nachlässigkeit hierin nicht weiter nachgesehen werden, deshalb hierdurch verfügt wird, dass jede Gerichts- Obrigkeit nicht allein vor sich, sondern auch vor alle diejenigen, welche der gnädigsten Verordnung nach diese öffentliche Nachrichten unter ihrer Gerichtsbarkeit zu nehmen schuldig, so viel Stück dazu erfordert werden, wöchentlich in der hiesigen Fürstl. Accise unfehlbar abholen zu lassen [...]"[10]

Ein besonderer Vermerk ist hier der direkte Hinweis auf den Abonnementzwang, welcher demzufolge auch in Dessau herrschte und verdeutlicht, dass sich Fürst Franz an das preußische Prinzip gehalten hat. Die streng reglementierten Vorgaben für preußische Intelligenzblätter boten dem Dessauer Herrscher allerdings einen nur sehr eingeschränkten Handlungsspielraum, vor allem in Bezug auf die Repräsentation der eigenen Persönlichkeit. Das Bild des Fürsten in der Bevölkerung und seine Wirkung auf die Leserschaft kann dadurch nur bedingt beleuchtet werden. Bei der Durchsicht des Pressematerials konnten allerdings einige Beispiele gefunden werden, die auf eine direkte Präsenz beziehungsweise gezielte Wirkung von Franz hinweisen:

„Auf hochfürstlichen Befehl ist unterm 20sten Dezember 1779 von Uns der nachdrückliche Befehl denen wöchentlichen Nachrichten zu jedermanns Wissenschaft und Nachahmung einverleibt worden, dass keiner der angedroheten Geld- oder dem Befinden nach Leibesstrafe sich unterstehen soll, auf dem Pflaster vor den Häusern in der Franz- Straße weder zu reiten noch mit Schubkarren zu fahren. Leider ist solcher aber schlecht befolget, vielmehr das Gegenteil davon zum öfteren verspürt worden [...]"[11]

An diesem Beispiel wird deutlich, dass Fürst Franz sich mit seiner Rolle als absoluter Herrscher identifiziert hat. Das Verbot für die gleichnamige Franzstraße könnte auf Engherzigkeit und Strenge des Fürsten schließen lassen, ist aber doch wohl eher als Maßnahme zur Ordnungshaltung innerhalb der Stadt anzusehen.

Der Fürst war zudem – ganz im Sinne der Aufklärung – um die Bildung seiner Bevölkerung sehr bemüht, so erließ er zum Beispiel im Jahre 1787 eine neue Schulordnung:

„Wir Leopold III. Friedrich Franz, von Gottes Gnaden Fürst zu Anhalt [...],
haben es seit mehreren Jahren eine Unsere angelegentlichsten Sorgen sein lassen, die sämtlichen Schulen Unseres Landes zu verbessern, weil von einer wohl eingerichteten Unterweisung der Jugend größtenteils ihre künftige Brauchbarkeit, Wohlstand und Zufriedenheit abhängt. Zu dem Ende haben wir nicht nur die nötigen Anstalten getroffen, wodurch für die Schulen brauchbare Lehrer vorbereitet werden können; sondern auch eine neue

Schulordnung entwerfen lassen, deren Befolgung den abgezielten Unterricht hinlänglich zu befördern im Stande ist."[12]

Die neue Schulordnung zeigt auf, dass der Fürst neben dem Interesse an einer wirtschaftlichen Weiterentwicklung das Ziel verfolgte, die Bildung zu befördern, und damit die gesellschaftliche Lage innerhalb des Kleinstaates insgesamt zu verbessern. Das einheimische Intelligenzblatt bot zur Verbreitung dieser Ideen und Neuerungen ein hervorragendes Forum.

Fürst Franz war darüber hinaus auch stets um die Verbesserung der sozialen Verhältnisse innerhalb seines Herrschaftsbereiches bemüht. Folgerichtig versuchte er auch die Situation der Ernährungslage in Anhalt-Dessau für seine Untertanen zu erleichtern. Im nachfolgenden Erlass von 1790 zeigt sich der Fürst als Wohltäter und kündigt die Senkung der Nahrungsmittelpreise an:

„Es ist schon immer mein Wunsch gewesen, dem gemeinen Mann die öffentlichen Abgaben von dem nothwendigen Nahrungsmittel, dem Brodte, erleichtern zu können. Die Umstände kommen meiner Neigung hierinnen jetzt zu Hilfe; und ich befehle hiermit meiner Fürstl. Rent- Kammer, an sämtliche Accis- Aemter die Verfügung zu erlassen, dass von dem Rocken und Gerste, so zum Hausbacken vermahlen wird, anstatt der bisherigen Mahl- Accise von 1 Gr. 6 Pf. vom Scheffel, hinführo nur Acht Pfennige vom Scheffel Mahl- Accise erworben werde, womit den 1sten März d. J 1790. der Anfang zu machen ist, wonach zu achten."[13]

Besonders interessant an der Veröffentlichung der Senkung der „Mahl-Accise" ist, dass es hierauf eine direkte Reaktion der davon betroffenen Bevölkerung gab. Einige Monate später erschien die nachstehende Erklärung des Dessauer Fürsten im einheimischen Intelligenzblatt:

„Verschiedene Dorfschaf[t]en und Gemeinden haben sich bei Mir schriftlich bedankt, dass Ich ihnen vergangenen Winter Arbeit gegeben, auch ihnen das Getraide für einen wohlfeilern Preis überlassen. Ich bezeuge hiermit diesen Dorfschaften und Gemeinden, dass ich ihre dankbare Gesinnung Mir sehr angenehm gewesen, und dass selbe Mich immer mehr veranlassen werden, zu der Beförderung ihres Wohlstandes, so viel es sich thun lässt, herzutragen. Indessen kann Ich auch nicht unterlassen mögten, für ihr eigenes Wohl durch Arbeitsamkeit und gehörige Sparsamkeit zu sorgen, weil wichtige Begebenheiten Meine eigene Umstände ändern können, so dass Ich dadurch außer

No. XLIII.

Auf Seiner Hochfürstl. Durchl. gnädigstem Befehl.

Fürstl. Anhalt-Dessauische wöchentliche

öffentliche Nachrichten.

Den 27sten October 1787.

Wir Leopold Friedrich Franz, von Gottes Gnaden Fürst zu Anhalt, Herzog zu Sachsen, Engern und Westphalen, Graf zu Ascanien, Herr zu Zerbst, Bernburg und Gröbzig, des Königl. Preuß. schwarzen Adler-Ordens Ritter, als regierender Landesfürst, haben es seit mehrern Jahren eine Unsrer angelegentlichsten Sorgen seyn lassen, die sämmtlichen Schulen Unsers Landes zu verbessern, weil von einer wohl eingerichteten Unterweisung der Jugend größtentheils ihre künftige Brauchbarkeit, Wohlstand und Zufriedenheit abhängt. Zu dem Ende haben Wir nicht nur die nöthigen Anstalten getroffen, wodurch für die Schulen brauchbare Lehrer vorbereitet werden können; sondern auch eine neue Schulordnung entwerfen lassen, deren Befolgung den abgezielten Unterricht hinlänglich zu befördern im Stande ist.

Da nun die erforderliche Vorbereitung der Schulverbesserung durch göttliche Hülfe so weit gediehen ist, daß sie in Unsern gesammten Schulen ausgeführt werden kann, (nachdem dies in mehrern einzelnen schon geschehen ist): so fügen Wir hiedurch allen Unsern getreuen Unterthanen zu wissen,

daß mit der allgemeinen Einführung und Befolgung der neuen Schulordnung auf bevorstehendes Neujahr der Anfang gemacht werden soll.

Damit aber jedermann, und besonders die Eltern, welche Kinder in die Schule schicken wollen, von der erwähnten neuen Schulordnung hinlänglich unterrichtet sind: so haben Wir befohlen, Folgendes, als die Hauptsache da-

Abb. 2: *Titelseite der Fürstl. Anhalt-Dessauischen wöchentlichen öffentlichen Nachrichten*

Stand gesetzt werde, sowie Ich wünschte, unterstützen zu können, Dessau, den 29.Sept.1790.

Leopold Friedrich Franz, Fürst zu Anhalt."[14]

Die Dankschriften der ansässigen Bevölkerung und gleichermaßen die Freude des Fürsten über die positive Rückmeldung stützen die Vermutung über ein gutes Verhältnis zwischen Herrscher und Beherrschten und demonstrieren außerdem, dass das Dessauer Intelligenzblatt auch zur Darstellung des Fürsten als wohlwollenden, aufgeklärten Herrscher beigetragen hat.

Fazit

Resümierend lässt sich festhalten, dass Fürst Franz sich ganz nach dem preußischen Vorbild an die inhaltlichen und äußerlichen Merkmale der Intelligenzblätter gehalten hat. Das Dessauer Blatt stand unter hochfürstlichem Befehl und besaß sowohl ökonomischen als auch administrativen Charakter; dies begünstigte den wirtschaftlichen Aufschwung im Kleinstaat. Die Nutzung des Intelligenzblattes ließ lokalpolitische Entscheidungen transparenter erscheinen. Der Bürger konnte somit informiert, aber auch ermahnt und zurechtgewiesen werden. Zugleich hatte Fürst Franz die Möglichkeit, sich selbst darzustellen: einerseits als autoritärer Landesherr durch Verordnungen und Verbote, andererseits auch als Wohl stiftendes und fürsorgliches Oberhaupt, was gewiss Nähe zur Bevölkerung geschafften hat. Aus den Inhalten der *Fürstl. Anhalt-Dessauischen wöchentlichen öffentlichen Nachrichten* geht hervor, dass Fürst Franz sich mit lokalen Problemen wie „Sauberkeit in den Straßen" und „Schutz vor Diebstählen" auseinander gesetzt hat und diese Angelegenheiten nicht als unwichtig betrachtete. Eher das Gegenteil ist der Fall. Das Dessauer Intelligenzblatt stellte demzufolge für den Fürsten ein Verbindungsglied zwischen Obrigkeit und Lebenswelt auf lokaler Ebene dar.

VIII

Alexandre Malakhov/Marie-Luise Welz

Wer klopft an Franzens Tür? Künstler, Krieger, Abenteurer und andere Besucher

Das Besucherbuch des Dessauer Schlosses

Unter den Beständen des Landeshauptarchivs Sachsen-Anhalt, Abt. Dessau befindet sich die handschriftliche Kopie[1] eines Besucherbuchs des Dessauer Schlosses vom Anfang des 19. Jahrhunderts, das auch als Fremden-Liste bezeichnet wurde und aus dem Besitz des ehemaligen herzoglichen Hauses stammt. Beim Schlossbrand 1945 wurde das Original vernichtet. Die Abschrift ist glücklicherweise bereits 1929 von Reinhold Specht angefertigt worden, der damals Archivrat am Anhaltischen Staatsarchiv in Zerbst war.

Im Vorwort wird die Entstehung erläutert: Die Fremden-Liste dokumentiert sämtliche Gäste, die im Laufe von 36 Jahren, genau vom 10. März 1770 bis zum 7. September 1806, von Fürst Franz am Hof empfangen worden sind. Der Hofmarschall Carl Emilaius von Glafey führte die Liste, indem er die Namen der Besucher auf einzelne Papiere schrieb, die nach seinem Tod von seinem Sohn Wilhelm von Glafey, dem herzoglichen Oberstallmeister, zusammengetragen und geordnet wurden. Dieser merkte zu seiner Arbeit an, dass sein Vater viele Namen anscheinend nicht richtig geschrieben habe. Dennoch habe er sie nicht korrigiert, weil ja „bey Anfertigung der Original-Listen wohl die Visiten-Charten vorgelegen haben müssen".

Auf das Vorwort des Oberstallmeisters folgt die Auflistung der Fremden in chronologischer Folge. Dies ist der umfangreichste Teil des Buches. In einem zweiten Teil sind in mehreren Tabellen alle Besuche summarisch erfasst. Die Berechnungen dazu stellte Glafey am 12. September 1835 an. In der ersten Tabelle zählt er die Fremden eines jeden Monats und addiert sie dann für das ganze Jahr. In eine zweite Tabelle sind allein die Jahressummen übertragen. Am Ende steht die Summe von 6.348 Besuchern. Zählt man alles nochmals nach, dann ergibt sich die abweichende Anzahl von 6.448, genau einhundert mehr, womit allerdings die Zahl der empfangenen Besuche und nicht die der Besucher gemeint ist. Den dritten und letzten Teil des Besucherbuches bildet ein Register aller erwähnten Personen. Dieses ist zwar nach dem Anfangsbuchstaben alphabetisch geordnet, aber nach dem ersten Buchstaben nicht konsequent fortgeführt. Zu jedem Namen findet man den Verweis auf die entsprechende Seite des Buches.

Namensanalysen

Um über die Besuche in Dessau und Wörlitz mehr als nur ihre bloße Faktizität aussagen zu können, wurden als Erstes die Informationen quantitativ erfasst.

Die Tabellen wurden folgendermaßen interpretiert: 1. Die Anzahl der Besucher steigt in der Zeit von 1770 bis 1806 stetig an. 2. Die Jahre 1790 (346 Besuche), 1800 (300) und 1802 (297) sind mit Abstand die Jahre mit den meisten Besuchen. 3. Die Jahre 1770 (65 Besuche), 1791 (33), 1793 (25) und 1798 (65) sind die Jahre mit den wenigsten Besuchern. In diesen Jahren sind jeweils in sieben aufeinander folgenden Monaten keine Besucher verzeichnet. 4. Die Monate Mai bis September sind in der Regel deutlich reicher an Besuchern als die Monate Oktober bis April.

Dagegen waren die Namen der Fremden-Liste nicht ohne erhebliche Schwierigkeiten auszuwerten. Vor allem das Fehlen der Vornamen sowohl in der chronologischen Liste als auch im Personenregister erschwerte unser Bemühen, die genannten Personen zu identifizieren. Dazu kamen die Unsicherheiten über die richtige Schreibweise der Namen. Wegen der fehlenden Vornamen war es in vielen Fällen, besonders in denen mit häufig vorkommenden Nachnamen, nicht möglich, die Person eindeutig zu identifizieren. Lediglich anhand der Lebensdaten war feststellbar, welcher Personenkreis dafür in Frage kommen könne. Dazu wurde ein Mindestalter von 20 Jahren als „handlungsfähiges“ Alter angenommen und die Suche auf Persönlichkeiten aus den Jahrgängen von 1750 bis 1786 beschränkt, weil ja die Liste im Jahr 1770 anfängt und 1806 endet.

Die im Register genannten Personen wurden nach ihren Namen in verschiedene nationale Kategorien eingeteilt. (Selbstverständlich existierten die Nationen, denen die Besucher im Folgenden zugeordnet sind, zur Zeit von Fürst Franz noch nicht in ihrer heutigen Form, aber der Verständlichkeit halber wurde dieseVerfahrensweise gewählt.)

Die Zuordnung der Namen zu einzelnen Nationalitäten birgt natürlich Risiken. Denn z. B. zunächst deutsch oder englisch wirkende Namen stellten sich in einigen Fällen als dänische (Ewald), als holländische (Goes), französi-

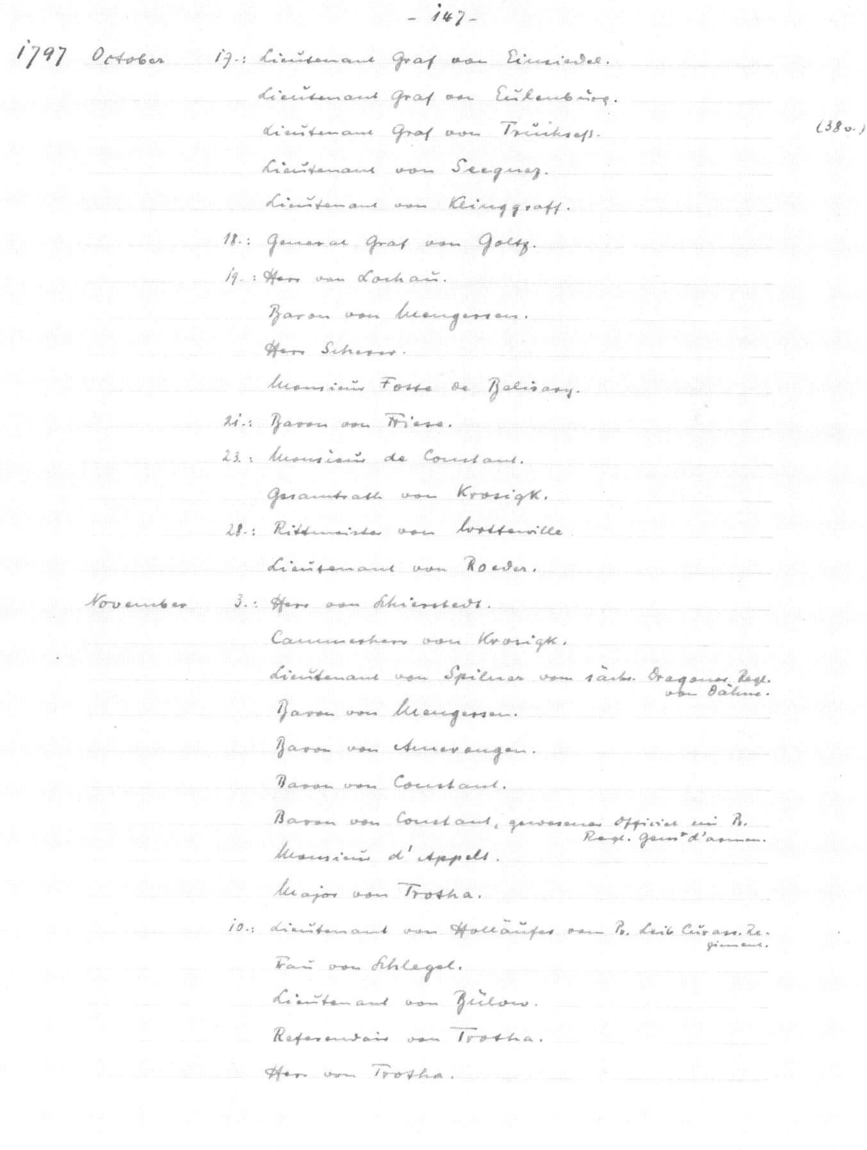

- 147 -

1797 October 17.: Lieutenant Graf von Einsiedel.
Lieutenant Graf von Eulenburg.
Lieutenant Graf von Truchsess. (38v.)
Lieutenant von Seegner.
Lieutenant von Klinggraff.
18.: General Graf von Goltz.
19.: Herr von Lochau.
Baron von Mengersen.
Herr Scherer.
Monsieur Fosse de Belisary.
21.: Baron von Friese.
23.: Monsieur de Constant.
Gesamtrath von Krosigk.
28.: Rittmeister von Wolterville
Lieutenant von Roeder.
November 3.: Herr von Ehrenstedt.
Cammerherr von Krosigk.
Lieutenant von Spilner vom sächs. Dragoner Regt. von Bähne.
Baron von Mengersen.
Baron von Amerongen.
Baron von Constant.
Baron von Constant, gewesener Officier im R. Regt. Gens d'armes.
Monsieur d'Appels.
Major von Trotha.
10.: Lieutenant von Hollaufer vom R. Leib Cürass. Regiment.
Frau von Schlegel.
Lieutenant von Bülow.
Referendair von Trotha.
Herr von Trotha.

Abb. 1: *Auszug aus der Kopie des Besucherbuches des Dessauer Schlosses*

sche (Larrey) usw. heraus. Als deutsch eingeschätzte Namen entpuppten sich als französisch, niederländisch etc. Dazu kommt: Wenn über Besucher gesprochen wird, so sind damit bis auf wenige Ausnahmen männliche Personen gemeint. Aufgrund ihrer gesellschaftlichen Rolle sind Frauen im Gästebuch kaum vertreten. Der größere Teil der Gäste ist adelig.

Nach Abschluss der Namensanalyse waren festzuhalten: elf Personen aus Russland bzw. dem russischen Sprachgebiet, dem entsprechend 15 Niederländer oder Flamen, 23 Spanier, Portugiesen oder Italiener, 26 Polen, 126 Franzosen oder Wallonen, 147 Engländer oder Amerikaner und 789 Deutsche. Zusammen ergaben sich 1.137 Besucher oder 6.448 Besuche.

Die 789 deutschen Besucher haben wir in verschiedene Gruppen aufgeteilt. 148 von ihnen sind Nichtadlige, insbesondere Schriftsteller, Philosophen und Künstler, 55 Personen sind königlicher Abstammung, „Prominente" oder auch Vorfahren späterer Prominenter, bis ins 20. Jahrhundert hinein. Fünfzehn Personen machten Fürst Franz ihre Aufwartung besonders häufig, das heißt dass sie mindestens 13 Mal zu Besuch waren. Der im Schloss häufigste Gast war ein gewisser Krosigk, der 40-mal zu Besuch kam – noch heute existieren in der Nähe von Halle (Saale) eine Ortschaft und ein Gut Krosigk.[2] Zum Vergleich: Die Anzahl der Besuche der anderen besonders häufigen Gäste lag zwischen 13 und 25.

Französische Gäste

Von 126 Personen, die dem Namen nach als Franzosen ausgewiesen wurden, konnten mit Hilfe des *Dictionnaire de biographie française* und der *Nouvelle Biographie Générale* 34 identifiziert werden. Sechs davon stellten sich als Schweizer, Engländer und Deutsche heraus. Von Beruf waren sie Philosoph, Antiquar, Wissenschaftler, Pädagoge, Schriftsteller, Philologe, Künstler. Es waren Geistliche, Staats- und Edelmänner darunter, vor allem aber Militärangehörige. Nur in den seltensten Fällen wurde in den biografischen Artikeln der Aufenthalt einer bestimmten Person in Deutschland erwähnt. Bei den Personen des Militärs handelte es sich dann ziemlich sicher um militärische Kampagnen.

Hinter zwei der französischen Namen verbergen sich möglicherweise besonders interessante Persönlichkeiten. Der Nachname „Constante de Rebeque" führte zu zwei Herren. Der erste, David-Louis-Constante de Constante de Rebecque (1722–1785), war ein Feldmarschall, in dessen Biografie keine Beziehungen zum deutschen Raum zu erkennen sind. Der zweite, Benjamin

Constante (1767–1830), war ein oppositioneller, liberaler Politiker und einer der wenigen Publizisten in Europa, der das parlamentarische System guthieß. Ab 1818 war er der Führer der liberalen Opposition in Paris. Zwischen 1802 und 1808 hat er eine Reise nach Deutschland unternommen und sich in Weimar aufgehalten. Er lernte dort Wieland, die Brüder Schlegel, Schiller und Goethe kennen. Goethe, Wieland und Schlegel stehen ebenfalls in der Besucherliste, und Benjamin Constante steht sogar auf der Seite des Besucherbuches, auf der auch einer der Brüder Schlegel vermerkt ist (S. 147). Somit ist sein Aufenthalt im Dessauer Schloss von sehr hoher Wahrscheinlichkeit.

Für einen zweiten französischen Namen – Lebrun – boten die Lexika insgesamt sieben mögliche Zeitgenossen des Fürsten Franz an. Darunter sticht wiederum Elisabeth Louise Vigée-Lebrun (1755–1842) hervor. Sie war die am meisten gefeierte Malerin ihrer Zeit, die an allen großen Höfen in Europa weilte, dort Familienportraits oder Portraits einzelner großer Frauen der Zeit malte. Ob sie vielleicht in Dessau zu Besuch war und ein Bildnis der Fürstin schuf?

Besuch aus England und der Neuen Welt

Diese Liste umfasst 147 Namen. Darunter sind gleichermaßen alle englischstämmigen Namen, derer Träger sich oft als gebürtige Kanadier oder Amerikaner erweisen, zu verstehen. Die beträchtliche Anzahl britischer Besucher sollte nicht wundern, verbrachte doch der Fürst selbst insgesamt etwa zweieinhalb Jahre seines Lebens in England und nannte er doch England seine zweite Heimat!

Unter den englischsprachigen Gästen fand sich auch der Name Browne, der in den einschlägigen biografischen Lexika Großbritanniens und der USA, allen voran in der *Encyclopedia Brittannica*, auf mindestens neun Personen verwies, deren Lebenslauf in etwa gleichem Maße auch nach Schloss Dessau führen konnte. Unter diesen Brownes fanden sich ein Reisender und Forscher, ein Jurist, ein Befehlshaber, zwei Graveure, ein Dichter, ein Geograf und Botaniker, ein Kleriker und ein Arzt, Schriftsteller und Übersetzer. Das militärische Anliegen Dessauer Politik lässt hinter dem Namen Browne auch einen gewissen George Count de Browne (1698–1792) vermuten, der als Teilnehmer zahlreicher Kriege für seine glänzenden militärischen Leistungen gerühmt worden ist. Von nicht geringerem Interesse für den Fürsten könnte aber auch ein Schützling der russischen Zarin gewesen sein: der Graveur William Browne (1748–1825) bzw. dessen Rivale John Browne (1741–1801).

Unter den Aufgefundenen sind eindeutig oder mit genügender Wahrscheinlichkeit einzelne Personen als identifizierbar anzusehen. Dazu zählt Sir William Hamilton (1730–1803), britischer Diplomat und Archäologe, Sohn von Lord Archibald Hamilton, dem Gouverneur von Jamaika. Von 1747 bis 1758 leistete er Armeedienste, von 1764 bis 1800 war er britischer Gesandter am neapolitanischen Hof beider Sizilien. 1772 wurde der Sammler antiker, heute hauptsächlich im Britischen Museum ausgestellter Kunstschätze geadelt. Hamilton war auch ein leidenschaftlicher Vulkanologe, dessen geowissenschaftliche Arbeiten „eine der Voraussetzungen für die Beratungen des Fürsten Franz über die Gestaltung der vulkanischen Formen im Gartenreich"[3] waren, und zu dessen Ehren 1791/92 die „Villa Hamilton" am Fuße des Wörlitzer „Vulkans" errichtet wurde.[4]

Zu den englischen Besuchern zählt Earl James, Graf von Morton, Präsident der Royal Society in London, derer Mitglied Hamilton war, Freund von Hamilton, mit dem er oftmals vulkanologische Probleme besprach. Auch Patrick Browne (1720?–1790) gehört dazu, der Verfasser der *Civil and Natural History of Jamaica* sowie der Kataloge *Birds* und *Fishes of Ireland*, nach Linnaeus (Carl von Linné) eingeordnet und klassifiziert. Auch Sir Humphry Davy (1776–1829), Naturforscher und Philosoph, und Joseph Billings (1758–?), Kapitän der russi-

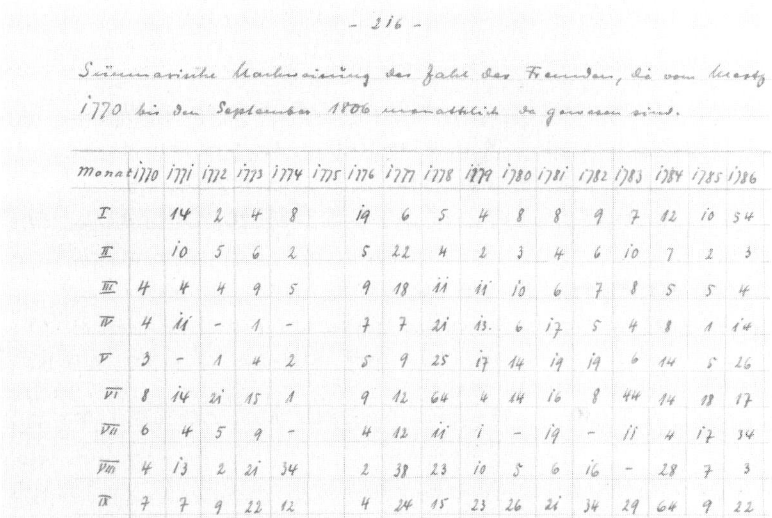

– 216 –

Summarische Nachweisung der Zahl der Fremden, die vom Mertz 1770 bis den September 1806 monatlich da gewesen sind.

Monat	1770	1771	1772	1773	1774	1775	1776	1777	1778	1779	1780	1781	1782	1783	1784	1785	1786
I		14	2	4	8		19	6	5	4	8	8	9	7	12	10	54
II		10	5	6	2		5	22	4	2	3	4	6	10	7	2	3
III	4	4	4	9	5		9	18	11	11	10	6	7	8	5	5	4
IV	4	11	-	1	-		7	7	21	13.	6	17	5	4	8	1	14
V	3	-	1	4	2		5	9	25	17	14	19	19	6	14	5	26
VI	8	14	21	15	1		9	12	64	4	14	16	8	44	14	18	17
VII	6	4	5	9	-		4	12	11	1	-	19	-	11	4	17	34
VIII	4	13	2	21	34		2	38	23	10	5	6	16	-	28	7	3
IX	7	7	9	22	12		4	24	15	23	26	21	34	29	64	9	22
X	6	6	4	14	6		-	-	13	21	5	7	17	5	12	13	11
XI	15	13	1	12	7		7	2	4	4	7	13	14	3	14	2	17

Abb. 2: *Summarische Erfassung im Besucherbuch*

schen Flotte, Entdecker, Teilnehmer an Cooks letzter, tragisch endender Entdeckungsreise, waren wohl unter den Dessauer Gästen. Auch William George Browne (1768–1813), englischer Reisender in Zentralafrika und im Mittelosten, erster Europäer, der Dar-Fur, das muslimische Sultanat des Bilad-as-Sudan, heute ein Teil des Sudans, beschrieb, könnte den Fürsten besucht und das erzählt haben, was er in seinem Buch *Travels in Africa, Agypt and Syria*, 1799 beschrieben hatte. Auf seiner Reise nach Samarkand wurde er von Wegelagern ermordet.

Unter den Besuchern kann auch der Philanthrop John Howard (1726–1790), der englische Reformator des Strafrechts und des öffentlichen Gesundheitswesens, gewesen sein. 1742 machte er eine Reise durch Europa, 1773 wurde er erster Grafschaftsbeamter. Er deckte die katastrophalen Sanitärzustände in den Gefängnissen auf und setzte sich mit der Tatsache auseinander, dass die Gefängnisbeamten keine besoldeten Offiziere, sondern Aufseher waren, die von den Insassen vergütet wurden. Das führte dazu, dass Gefangene, die vom Gericht freigesprochen waren, nicht entlassen wurden, weil sie die Vergütung nicht bezahlt hatten. 1774 überzeugte Howard das *House of Commons*, Gesetze zu erlassen, wonach die entlasteten Personen freigelassen und die Freilassungsgebühr abgeschafft werden konnten. Eine Gesundheitsfürsorge für Häftlinge galt es ebenfalls einzuführen. Howard machte weitere Reisen durch Schottland, Irland, Frankreich, Holland, Deutschland, die Schweiz und Russland. Dabei besuchte er häufig Gefängnisse. 1779 erwirkte er ein Statut, das die Einführung zweier Zuchthäuser vorsah, in denen durch Einzelhaft, Arbeit und religiöse Belehrung eine Besserung der Insassen und deren vorzeitige Entlastung erreicht werden sollten. Howard erforschte die Möglichkeiten der Vorbeugung gegen die Pest und andere Seuchen. Er starb bei der Behandlung von Fieberkrankheiten in einem Militärlager.

Höchstwahrscheinlich kam der Botaniker und Physiker Patrick Brydone (1741–1818) nach Dessau und Wörlitz. Nach einem Universitätsstudium hatte er kurze Zeit Armeedienst geleistet und sich dann der Erforschung der Elektrizität gewidmet. Seine Reisen in die Schweiz, nach Malta und Sizilien beschrieb er in einem Reisebuch, das zu seinen Lebzeiten acht Ausgaben erreichte und ins Französische und Deutsche übertragen wurde. 1772/73 wurde er Mitglied der *Royal Society*, schließlich auch noch Rechnungsprüfer der königlichen Post.

Der Geistliche Thomas Ashton (1716–1775) war vermutlich ein Gast des Fürsten. War er doch ein guter Bekannter von Horace Walpole, den der Fürst und sein Begleiter Berenhorst im berühmten neugotischen Hause zu Strawberry Hill 1764 besucht haben. Ashton war für seine glänzenden Predigten bekannt, war Pfarrer von Sturminster Marshall in Dorsetshire und ab 1752 in

St. Botolphs, Bishopsgate, London. 1762–1764 predigte er am Lincoln's Inn. Weitere Prediger und Geistliche waren John Thomas Becher (1770–1848) und Theophilus Browne (1763–1835), ein Unitarier.

Die beiden Antiquitätensammler und -händler Arthur Clifford (1778–1830) und David Elisha Davy (1769–1851) können ebenso Gäste des Hofes gewesen sein wie der Architekt Henry Holland (1745–1806). Zu diesem hatte Franz schon bei seiner Englandreise „intensive Kontakte gepflegt."[5] Das von Holland und Brown für Lord Clive geplante und errichtete Claremont Castle in Surrey ist oft mit dem Wörlitzer Schloss verglichen worden[6] und mag dem Fürsten für die Bauten seiner Wörlitzer Anlagen „wichtige Impulse gegeben haben".[7] Der Gärtner Lancelot Brown (1715–1783) mit dem Beinamen „Capability" (Fähigkeit, Begabung) war ein großer Meister des Entwurfs, dessen Werke aufgrund ihres natürlichen, ungeplanten Erscheinungsbildes unübertrefflich blieben. Brown verwendete weder gemeißelten Stein noch architektonische Formen, sondern nutzte lediglich den Rasen, die Spiegel stiller Wasser und etliche Arten von Bäumen. Er schuf schlichte harmonische Muster ohne sichtbare Symmetrie. Seine Zeitgenossen nannten ihn einen Dichter.

Philip Astley (1742–1814), der englische Kunstreiter und Theatermanager, der 1770 in London *Astley's Amphitheatre*, den ersten modernen Zirkus schuf, kann in Dessau gewesen sein. Als Reiter war Astley erstmals im Juli 1759 mit dem *British Dragoon Regiment* als Einzeldarsteller aufgetreten: mit einem Fuß stand er auf dem Pferdekopf, mit dem anderem auf dem Sattel und balancierte spielend mit einem Schwert. Er brachte andere Kunstreiter, Akrobaten, Seiltänzer, Luftakrobaten, Clowns zusammen und schuf die erste „Freak Show". Sein Amphitheater erlitt etliche Schäden, bis es 1794 der Prinz von Wales und Herzog von York unter seinen Schutz nahm. Seit 1772 hatte Astley viele Auftritte in europäischen Städten, insbesondere aber in Paris, wo er vor dem König und dem Hof spielte. Dort gründete er 1782 *The Astley Amphitheatre* und später noch achtzehn weitere zeitweilige Zirkusse in verschiedenen europäischen Städten.

Der Komponist William Billings (1746–1800), ein Amerikaner, dessen Werke zum festen Bestandteil der Folk-Tradition gehören, kann in Dessau willkommen geheißen worden sein. Billings propagierte die Befreiung von festgelegten musikalischen Formen. Sein patriotischer Hymnus *Chester*, den er auch selbst geschrieben hatte, wurde zur inoffiziellen Hymne der amerikanischen Revolution und *The Rose of Sharon* zu einem der beliebtesten Lieder unter den frühen amerikanischen Gesangsstücken. Zu Billings Freunden zählten viele Anführer der amerikanischen Befreiungsbewegung, so Samuel Adams und Paul Revere.

Auch John Browne (1741–1801), Graveur von Landschaften, Stecher nach Nicolas Poussin, Salvador Rosa, Peter Paul Rubens und Claude Lorrain, und William Browne (1748–1825), ein Graveur, der von Katherina der Großen zum Hofbildhauer ernannt wurde, können unter den Gästen in Dessau und Wörlitz gewesen sein.

Zu den Schriftstellern zählen folgende Herren: Richard Cumberland (1732–1811), der englische Dramatiker, der nach dem Besuch des *Trinity College* Privatsekretär des Grafen von Halifax in Newcastle war. 1761 wurde er Minister und erfüllte später weitere Ämter in der Regierung. Sein erster großer Erfolg war das Stück *Brothers* aus dem Jahr 1769, eine sentimental-komische Bühnenbearbeitung von Henry Fieldings Erzählung *Tom Jones*. Ein großes Ereignis im Theaterleben wurde sein *West Indian*, das 1771 vom Theatermanager David Garrick produziert wurde und sich bis zum Anfang des 19. Jahrhunderts auf der Bühne hielt. Schriftsteller war auch James Boswell (1740–1795)[8], schottischer Freund und Biograf von Samuel Johnson. Er war Meister der Loge *Cannongate Kilwinning*, lehnte aber das Angebot ab, zum Großmeister Schottlands nominiert zu werden. In der Schweiz führte er Gespräche mit Voltaire und Rousseau. Sein Können lag in spannenden Schilderungen, von denen man sich – wie viele Leser meinten – nicht mehr trennen konnte. Boswell schuf gnadenlose Selbstportraits voller psychologischer Kraft und Selbstkritik. Auch Charles Brocken Browne (1771–1810), Vater der amerikanischen Novelle, Verfasser von *Gothic novells*, der Edgar Allen Poe beeindruckte, kann in Dessau gewesen sein.

Besonders willkommen dürften in der anhaltinischen Residenz Politiker gewesen sein. So etwa Edward Lord Eliot (1727–1804), der in Begleitung von Philip Stanhopes durch Holland, Deutschland und die Schweiz gereist war und sich lange in Bordeaux bei Montesquieu aufgehalten hatte. Lord Eliot unterstützte ursprünglich die Torys, ab 1781 jedoch die Opposition. Eliot war einer der frühesten Gönner des Schriftstellers Reymonds und Mitglied des *Literary Club*. Er war ein hervor-ragender Kenner der englischen Geschichte.

Als Vertreter des Militärwesens kam womöglich George Browne (1698–1792), ein irischer *Soldier of fortune* (Söldner) an den Dessauer Hof. Er hatte am Siebenjährigen und am Türkischen Krieg (1788) teilgenommen, bei dem er in Kriegsgefangenschaft und in die Sklaverei geriet. Danach war er russischer Spion in Istanbul. In Begleitung von General (Franz Moritz Graf?) von Lacy unternahm er eine Finnlandexpedition. Browne war Feldmarschall unter Zar Peter III. und Befehlshaber im Dänischen Krieg. Doch wegen seiner Kritik an der Kriegspolitik Peters III. wurden ihm alle Ehren aberkannt und er selbst des Landes verwiesen. Kurze Zeit danach wurde er dennoch zum

Gouverneur Livlands ernannt und trat in den Dienst Katherinas II., der ganze 30 Jahre währte. Aus einem alten Militärgeschlecht stammte Sir Henry Clinton (1738–1795), der Kapitän-Leutnant von New York und 1760 Befehlshaber der englischen Truppen in deutschen Diensten während des Siebenjährigen Kriegs war. Im Unterschied zu seinen in den USA dienenden Kollegen vertrat er die deutsche militärische Schule. 1774 war er Beobachter der russischen Politik während der Kriegsvorbereitungen gegen die Türkei. Clinton wurde einer der bedeutendsten englischen Generäle während der amerikanischen Revolution: Als Feldherr der englischen Armee stand er 1775 bei Boston, 1776 bei Charlton, South Carolina und bei New York. 1778 wurde er der Oberbefehlshaber der englischen Armee in ganz Amerika, somit der Hauptgegner von George Washington und der Hauptverantwortliche für das Scheitern der New Yorker Kampagne. Danach wurde er Gouverneur von Gibraltar.

Auch Thomas Gage (1721–1787) war als Feldherr aller britischen Streitkräfte zunächst erfolgreich, erlitt jedoch eine Niederlage bei der Abwehr des amerikanischen Angriffs im revolutionären Massachusetts. Er hatte seine Militärkarriere in den französischen und englischen Kriegen begonnen, nahm an der erfolglosen Kampagne des Generals Edward Braddock teil, war aber 1759/60 in West-Pennsylvanien wieder siegreich, ebenso in der Operation gegen Quebec. 1760 wurde er Gouverneur von Montreal, 1761 Major-General. 1763 wurde er der Oberbefehlshaber der britischen Truppen in Nordamerika. Geduld und Anstand wurden ihm bei Verhandlungen insbesondere mit den Indianern nachgesagt. Dennoch unterschätzte er die bürgerliche Freiheitsbewegung und versorgte London mit wenig einfühlsamen Berichten aus der Kolonie. Nach der Bostoner Tea Party wirkte er an den Vergeltungsaktionen mit: Schließung des Bostoner Hafens bis zur Bezahlung der vernichteten Waren. Gage war verantwortlich für die Einquartierung englischer Soldaten in privaten Häusern und für den *Massachusetts Government Act*, durch den demokratische Institutionen von einer englischen Militärregierung ersetzt worden sind. 1775 verfasste er den Erlass zum Einmarsch der „Redcoats“, die in Lexington und in Concord Munitionsverstecke aufdeckten sowie den Wortführer der Aufständischen, Samuel Adams, gefangen nahmen. Die Reaktion darauf war der Beginn der amerikanischen Revolution.

Ein Abenteurer am Dessauer Hof

Zum Schluss sei ein möglicher Besucher erwähnt, der als Abenteurer in die Weltgeschichte eingegangen ist. Es ist der Graf von Saint-Germain, der sich auch Aymar und Marquis de Betmar nannte. Dieser Abenteurer wurde als der „Wundermann“ bekannt, weil er fast alle europäischen Sprachen beherrschte, Komponist und Geigenvirtuose war. Seine Kenntnisse der Geschichte waren groß, seine Leistungen im Bereich der Chemie beträchtlich. Von manchen wird er als Sohn der Witwe Karls II. von Spanien, Maria, von anderen als portugiesischer Jude bezeichnet. Er gab vor, 1.000 bis 3.000 Jahre zu zählen, Jesus und den zwölf Aposteln begegnet zu sein und über Zauberkräfte zu verfügen. Zeitweise Günstling der Marquise de Pompadour, rühmte er sich, geheime Färbemittel, Geheimverfahren für Metalle, ein Lebenselixier u. a. zu besitzen. Das brachte dem Grafen von Saint-Germain den Ruf eines Scharlatans ein. Doch nicht zuletzt seines gepflegten Äußeren und seines außergewöhnlichem Gedächtnisses wegen feierte er Triumphe an den Höfen Europas. Saint-Germains Aufenthalt im Jahre 1743 in England, seine Verhaftung als jakobitischer Spion und seine spätere Entlassung werden in einem Brief von Horace Walpole erwähnt. Nachdem er sich in den Streit zwischen Österreich und Frankreich eingemischt hatte, musste er der Feindseligkeit des Herzogs de Choiseul wegen Frankreich im Jahr 1760 verlassen. Zwei Jahre verbrachte er dann erneut in London und soll von dort aus beim Staatstreich gegen Zar Peter III., durch den Katherina II. auf den Thron gelangte, eine führende Rolle gespielt haben. Dann zog er nach Deutschland, besuchte mehrere Höfe und ließ sich schließlich in Kassel nieder, wo er sich dem Studium der Geheimwissenschaften widmete.

Fazit

Bereits die ersten, gewiss noch unpräzisen Forschungen zeigen ein unerwartetes Bild der Besucher bei Fürst Franz. Am überraschendsten sind die vielen englischen und unter Umständen auch amerikanischen Gäste, von denen gewiss einige zum Gegenbesuch nach Dessau und Wörlitz gekommen sind. Die meisten jedoch dürften zu jenem großen Kreis der deutschland- und insbesondere preußenbegeisterten Briten gehört haben, die ungeachtet des preußisch-britischen Bruchs von 1762 Berlin und Potsdam besuchten. Volker M. Schütterle hat in seinem 2002 erschienenen Buch über *Großbritannien und Preußen in spätfriderizianischer Zeit (1763–1786)* auf sie aufmerksam gemacht. Nahe liegt, dass so manch einer der damaligen Borussophilen aus England, Schottland und Nordamerika auch Dessau und Wörlitz besucht hat.

IX

Steffen Hoffmann

Zwei Kosmopoliten.
Der Weltreisende Johann Reinhold Forster und der Fürst

Einleitung

Gegenstand des Beitrags ist die Präsentation und Interpretation der Briefe Johann Reinhold Forsters an Fürst Franz. Dies geschieht durch die Auswertung der Originalbriefe Forsters an den Fürsten. Mit einbezogen sind hier bestimmte Briefe von Reinhold Forsters Sohn Georg, welcher sie, über den Fürst berichtend, an seinen Vater schickte. Dabei soll geklärt werden, ob es sich tatsächlich um Sympathien oder eher um eine Zweckfreundschaft gehandelt hat. Zu beleuchten sind hier neben den genannten Dokumenten auch die Lebensläufe, die vorangegangenen Umstände und die Ereignisse, welche die Briefe kontextualisieren. Dabei bleibt der untersuchte Zeitraum auf die Jahre 1775 bis 1783 begrenzt, denn nur aus dieser Zeit sind insgesamt drei Briefe, welche Reinhold Forster an den Fürsten schrieb, erhalten.

Wer war Johann Reinhold Forster?

Geboren wurde Johann Reinhold Forster am 22. Oktober 1729 im westpreußischen Dirschau als einziges Kind von Georg Reinhold Forster, dem späteren Bürgermeister des Ortes. Die Vorfahren der Familie gehörten dem schottischen Adel an, welche im 17. Jahrhundert nach Deutschland emigrierten.[1]

1748 kam Johann Reinhold Forster erstmals nach Halle, nachdem er drei Jahre das Joachimsthaler Gymnasium in Berlin besucht hatte und dort sein universelles Interesse an der Wissenschaft entfaltete. Zwar wollte der junge Mann nun Medizin studieren, aber die Umstände führten ihn zur Theologie.[2] Nach vollendetem Studium wurde Nassenhuben bei Danzig die erste Wirkungsstätte des jungen Pfarrers Forster. 1754 heiratete er seine Cousine Justina Elisabeth Nicolai und noch im selben Jahr wurde ihr erstes Kind Johann

Georg geboren, dem sechs weitere bis 1765 folgten. Gerade der kleine Johann Georg war es, der mit seiner ständigen Neugier die naturwissenschaftliche Begeisterung seines Vaters in diesen Jahren von neuem entfachte. In dieser Zeit muss auch sein recht intensiver Briefwechsel angefangen haben. Auch begann er mit dem Sammeln von Büchern. All diese Umstände, welche mit hohen Kosten verbunden waren, ließen ihn in chronische Finanzprobleme geraten. Und so lag es auf der Hand: Forster brauchte eine besser bezahlte Tätigkeit, welche ihm dazu noch die entsprechenden Freiheiten für seine naturwissenschaftlichen Interessen lies. Durch seine während des Siebenjährigen Krieges geschlossenen Kontakte nach Russland,[3] versuchte er zunächst dort eine Professorenstelle zu erhalten. Zwar erfüllte sich dieser Wunsch nicht, doch trat er 1765 gemeinsam mit seinem ältesten Sohn Johann Georg eine Reise zu den deutschen Kolonien an der Wolga an. Diverse Intrigen führten dazu, dass er Russland alsbald verlies und nun in England Fuß zu fassen begann.[4] Neben einer Lehrtätigkeit war Forster auch damit beschäftigt, Kontakte zum British Museum und zur *Royal Society* zu knüpfen, deren Mitglied er ab 1771 war.[5]

Im Jahr 1772 begann für Forster die vielleicht wichtigste Etappe seiner Karriere: Er nahm mit seinem Sohn Georg an der 2. Weltumsegelung von James Cook teil. Während dieser Reise konnte Forster über 220 bis dahin unbekannte tropische Pflanzen, 74 Fisch- sowie 114 Vogelarten wissenschaftlich beschreiben. Auch beschäftigte er sich mit den Bräuchen, Sitten und vor allem den Sprachen der Südseebewohner. Wichtig war ihm dabei der Vergleich mit anderen Ethnien. Darüber hinaus kam er mit der Expedition bis 71° südlicher Breite – so südlich wie noch nie ein Mensch gesegelt war. Allerdings stellte dieses Unterfangen, die Suche nach dem großen, bewohnten Südkontinent (Terra Australis) – dessen Existenz sich dadurch endgültig als Illusion entpuppte – eine harte Belastungsprobe für Forster dar. Denn was sollte ein Naturforscher, ein Botaniker und Zoologe in einer Eiswüste?[6] Nach seiner Rückkehr im Jahr 1775 erhielt er neben einigen anderen illustren Persönlichkeiten auch Besuch von einem deutschen Fürsten: Leopold III. Fürst Friedrich Franz von Anhalt-Dessau.[7]

Das erste Treffen

Fürst Franz weilte 1775 bereits das dritte Mal in England. Man muss bedenken, dass England zu jener Zeit eines der fortschrittlichsten und am weitesten entwickelten Länder der Erde war, wenn man gerade wirtschaftliche Aspekte sieht. Vor allem die Landwirtschaft und deren Verbindung zur Kunst waren es, welche den Fürsten bewogen, eine weitere Englandreise zu unternehmen. Er liebte den englischen Landschaftsgarten und lies ihn um sein Anwesen in Wörlitz entstehen. Das Ziel des Fürsten war es, dass seine Untertanen von seinem erworbenen Wissen profitierten. So war der Landschaftsgarten für jedermann zu besichtigen. Darüber hinaus förderte Franz die Bildung, egal ob Schulen, Theater oder Bibliotheken. Der Fürst war ein Mäzen, der mit seiner „Buchhandlung der Gelehrten“ Wissenschaftler unterstützte und ebenso zahlreiche Künstler um sich scharte. Selbstverständlich waren es nicht nur die Landschaftsparks, welche für den Fürsten und seine Begleiter so reizvoll an England gewesen sind. So suchte er auch nach Ideen und Anregungen für seine Politik der Aufklärung. Im Juli 1775, als der Fürst in England weilte, kehrten Johann Reinhold Forster und sein Sohn Johann Georg von ihrer Weltreise zurück. Man kann sich gut vorstellen, dass beide Naturforscher es kaum erwarten konnten, ihren opulenten Fundus an Sammelobjekten aus der Pazifikregion auszuwerten und zu publizieren.

Fürst Franz war es längst zu Ohren gekommen, dass beide Wissenschaftler wieder in England waren. So nutzte er die Gelegenheit, kontaktierte die beiden und bat um ein Treffen mit ihnen. Und obwohl kaum Einzelheiten dazu überliefert sind, darf man davon ausgehen, dass beide Seiten voneinander angetan waren – interpretiert man die spätere Korrespondenz. Mit diesem im positiven Sinne folgenreichen Ereignis bahnte sich, gleich welcher Interpretation man folgen mag, eine langfristige Beziehung der beiden Wissenschaftler mit dem Aristokraten an. Als erstes sehr eindeutiges Indiz für ein freundschaftliches Verhältnis darf die Schenkung einer Auswahl von Gebrauchsobjekten der auf ihrer Reise in den Pazifik besuchten Völker betrachtet werden. Jene Kollektion hat sich bis heute in Wörlitz erhalten. Es bedarf keiner expliziten Erklärung, weshalb ein solcher Fundus speziell von den Zeitgenossen als außergewöhnlich betrachtet wurde, wusste man doch kaum etwas von solch entfernt gelegenen Regionen der Erde. So scheint es ein großer Vertrauensbeweis an den Fürsten zu sein, auf solch exklusive Objekte zu verzichten. Auch übereigneten sie dem Fürsten und seiner Gemahlin Luise eine Karte, welche Reinhold und Georg Forster während ihrer Weltreise bei sich führten. In Wörlitz erhielt sie einen Rahmen mit der Inschrift:

„Zu London im Sommer 1776[8]

war es, wo ich die berühmten Forster, Vater und Sohn, kennenlernte. Noch beschäftigt mit dem Auspacken der von ihrer Seereise mitgebrachten Seltenheiten gaben sie meinem Gemahl einige von Otaheiti (Tahiti, S. H.) und mir diese Karte. Luise.“[9]

Die beginnende Korrespondenz

Johann Reinhold Forster war für seine direkte, oft ruppige Art im Umgang mit Menschen bekannt. Selbst vor Autoritäten wie Kapitän James Cook schreckte er diesbezüglich kaum zurück. So machte er sich natürlich nicht nur Freunde. Umso erstaunlicher liest sich sein erster Brief[10] an Fürst Franz:

„Durchlauchtigster Fürst,
Gnädigster Herr

Die entscheidenden Merkmahle Dero Gnade, mit welchen Ew. Hochfürstl. Durchl. mich während Ihres Aufenthaltes in London beehret, werden mir stets unvergeßlich bleiben; allein Herr Doctor Morgan[11] hat mich vor einiger Zeit überzeugt, daß Ew. Hochfürstl. Durchl. vorhätten, mir eine wirklich unverdiente Ehre anzuthun, indem HochDieselben willens wären mein Kopfstükk auf den grünen Stein von NeuZeland schneiden zu laßen, welchen HochDieselben geruheten von mir anzunehmen. Der Herr Doctor Morgan hatte auch wirklich Anstalt gemacht, meinen Profil zeichnen zu laßen, allein da vor einiger Zeit, meine Freunde verlangten, ich solte mein Brustbild in Wedgewood's und Bentley's Manufactur verfertigen laßen, und solches nun fertig geworden, so habe eines derselben dem Herren Dr. Morgan zugestellet mit Beigefügter Bitte es Ew. Hochfürstl. Durchl. mit ehester Gelegenheit zu übermachen, indem es zu dem Endzwekke bekwehmer ist, als ein gezeichnetes Profil.

Ich habe das feste Zutrauen Ew: Hochfürstl. Durchl.: werden gnädigst geruhen diese abermahlige Kleinigkeit anzunehmen. Ich würde mich nicht unterstanden haben, solches zu thun, wäre ich nicht von HöchstDerselben menschenfreundlicher Herablaßung und Huld völlig versichert gewesen, und wüste ich nicht zum voraus, daß sich Ew: Hochfürstl: durch Dero edlen und großen Gesinnungen von allen Fürsten Europens unterscheiden, und den schüchternen, gegen die Etiquette verstoßenden Gelehrten gütigst und herablaßend beurtheilen. In der Hofnung Vergebung und Nachsicht zu erlangen habe die Ehre mich stets zu nennen

London
No.16. Percy-Street
d. 21sten May
1776.

Ew: Hochfürstl: Durchl:
Meines Gnädigsten Herren
ganz unterthänigster Diener
Forster"

Abb. 1:
Porträt von Johann Reinhold Forster

Der klare Eindruck, den der Brief vom 21. Mai 1776 hinterlässt, beweißt das hohe Maß an Ehrerbietung welches Reinhold Forster für den Fürsten hatte. Und man spürt die Hoffnungen, die der Wissenschaftler in seinen adeligen Bekannten setzte. Gerade was seine berufliche Zukunft zu diesem Zeitpunkt betraf, scheint ihm der Kontakt nach Deutschland von ungeheurer Wichtigkeit gewesen zu sein. Zwar kommen in diesem Brief keinerlei konkrete berufliche Absichten zu Wort, doch dürfte Forster das Bewusstsein für diese Option im Hinterkopf gehabt haben. Die Beziehung des Naturforschers zu Fürst Franz war bei weitem nicht nur an England gebunden. Zwar fand die erste Begegnung in London statt, doch sollten für ihn noch zwei andere Orte von großer Bedeutung sein: die Stadt Halle und Wörlitz, die Sommerresidenz von Franz.

Verfolgt man die Entwicklung der Kontakte Reinhold Forsters zum Fürsten, so war es oftmals auch Sohn Georg, der als Vermittler und Diplomat diese Beziehung unterstützte und Vorteile daraus für seinen Vater erwirkte.

So besuchte Georg im März 1779 allein die Stadt Dessau und den Fürsten in Wörlitz und war davon äußerst angetan, wie er in den folgenden, an seinen Vater gerichteten Zeilen verlauten ließ:[12]

„In wenigen Tagen bin ich endlich wieder in Cassel, und gehe ruhig an meine Arbeit, mit einer Ueberzeugung, daß Fürsten doch wirklich Menschen seyn können, wenn sie nur wollen. Ein Satz der sich mir einmal nicht so gar überzeugend dargestellt hat. Jetzt bin ich wieder mit dem Geschlecht der Durchlauchtigkeiten so halb versöhnt, um der guten (ich setzte da eine Emphase drauf), um der guten Fürsten willen, die ich hier fast noch besser finde als damals in England. Und was sie an mir gethan, ist sicherlich nicht um mein selbst willen geschehen, denn so dumm und stumm, wie ich hier bin, war ich noch nie. [...]

Mein Herz können sie nicht ganz verkannt haben, sonst wäre es unbegreiflich, daß sie noch mit mir umgehen. Des Menschen Seele ist ein unbegreifliches Ding! [...]

Für das bischen Höflichkeit, das wir ihnen damals in London erwiesen, können sie sich nicht oft genug erkenntlich zeigen, und von den paar Lappen taheitischem Zeuge, die wir ihnen gaben, habe ich alle Tage hören müssen."[13]

Und Georg Forster konnte ebenso vom Fürsten berichten, mit welchem Respekt dieser sich äußerte und stets auf das Wohl seiner gewonnenen Freunde bedacht war:[14]

„Den andern Morgen führte mich also der Fürst in seine Bibliothek, gab mir Papier und Dinte und sagte: Ich möchte nicht wieder die Gelegenheit haben, Sie allein zu sprechen; meine Dankbarkeit habe ich Ihnen lange beweisen wollen, nehmen Sie dies als einen Beweis an (es waren 100 Louisdor), daß ich den Willen habe, Ihnen und Ihrem Hrn. Vater nützlich zu seyn. Sie wissen, meine Kräfte sind nicht groß, aber kann ich sonst durch meine Freunde in London noch etwas für sie bewirken, so sagen Sie's, ich habe mich zu allem verpflichtet."[15]

Eine Hilfe, die noch im selben Jahr das Leben von Reinhold Forster wesentlich verändern sollte.[16] Festzustellen ist, dass der gewählte Ton des Fürsten, welcher durchaus auch direkt ausfallen konnte, von Respekt geprägt war. So scheint sich der Fürst selbst in einer Situation von Schuld gegenüber den Forsters gesehen zu haben, konnte er ihnen doch wenig für ihre geschenkten Objekte zurückgeben. Er schien tatsächlich auf eine Gelegenheit gewartet zu haben, diese Schuld einzulösen.[17] Dieses latente Schuldbewusstsein sollte Forster alsbald schätzen lernen. Denn sowohl seine direkte Art im Umgang mit Menschen, selbst mit ihm vorgesetzten Menschen, als auch die Tatsache, dass sein Sohn Johann Georg 1777 – kurz vor Cook – einen ausführlichen Reisebericht über die unternommene Weltumsegelung ablieferte, sorgten dafür, dass die Forsters ihre aristokratischen Gönner in England verloren und schließlich durch ihre neuerlichen Finanzprobleme eine Rückkehr nach Deutschland planen mussten.

Neuanfang in Halle

Und genau hier war es wichtig, die richtigen Kontakte zu besitzen. Neben Herzog Ferdinand von Braunschweig war es Fürst Franz, der, auch mit Hilfe Friedrich des Großen, für Forster eine Stelle an der Friedrichsuniversität in

Halle erwirkte.[18] 1779 erhielt Forster den Ruf von Friedrich II., dort eine Professur für Naturgeschichte und Mineralogie anzunehmen.[19] 1780 trat er seine Stelle an. Karl Abraham Freiherr von Zedlitz, preußischer Justizminister und Leiter des geistlichen Departements, sah mit Forster eine gute Möglichkeit, den zu dieser Zeit angeschlagenen Ruf der Universität zu verbessern.[20]

Auch bekam Forster nun durch Zedlitz den Posten des Direktors des Botanischen Gartens Halle, welcher zu diesem Zeitpunkt noch nicht der Universität einverleibt war. Zwar war es Philipp Caspar Junghans, welcher den Garten im Grunde leitete, doch Forster konnte dank seiner Kontakte zahlreiche neue Pflanzenarten für diesen Garten organisieren. So war es nicht verwunderlich, dass Forster bald schon eine Vergrößerung des Gartens als nötig ansah. Dies war im Jahr 1783. Und auch hier nutzte er seine Beziehung zu Fürst Franz, welcher, zusammen mit seinem Architekten Friedrich Wilhelm von Erdmannsdorff, zu dieser Zeit den Landschaftsgarten nach englischem Vorbild in Wörlitz entstehen ließ.[21] Am 24. Mai des genannten Jahres entstand folgender, zweiter Brief[22] Forsters an den Fürsten:

„Durchlauchtigster Fürst, gnädigster Herr

Eure hochfürstliche Durchlaucht: nehme unterthänigst die Freiheit gegenwärtig das Verzeichnis der Pflanzen zu überreichen, welches der durchlauchtige Gärtner Loddiger zu Hackney bei London hier in Halle hat drucken lassen. Schon der Augenschein, zeigt den Vorzug den dies Verzeichnis von beinahe allen der Art hat; und der bekente Ehrlichkeit des Gärtners ladet alle deutschen Patrioten ein/ diesen rechtschaffenden Landsmann im Einkaufe von Pflanzen, den Vorzug zu geben.

Ich habe die Ehre mit der tiefsten Ehrerbietung mich zu nennen.

Halle, 24.May 1783. Ew: Hochfürstl: Durchl:“

Dieses kurze Schreiben scheint nur als Begleitung für ein dem Fürsten gesendetes Pflanzenverzeichnis gedient zu haben. Darauf deuten die Worte „gegenwärtig zu überreichen“ hin. Dann lobt Forster die Vorzüge dieses Verzeichnis. Am Ende zeigte er sich selbstbewusst und direkt, in dem er für den Gärtner um deutsche Kunden warb, welche ihrem Landsmann schon aus Patriotismus den Vorzug geben sollten.[23] Diesen Teil kann man auch als eine Art indirekte Aufforderung an Fürst Franz interpretieren, gleichfalls für seinen Bedarf bei Loddinger zu kaufen.

Keine zwei Wochen später schrieb Reinhold Forster erneut an den Fürsten. Wieder ging es um Pflanzen. Es ist leicht nachvollziehbar, dass es für Fürst Franz von großer Bedeutung war, über die richtigen Kontakte gerade bei der Erschaffung seines Landschaftsgartens und dem Erwerb spezieller Pflanzenarten zu verfügen. Und Forster, Oberaufseher des hallischen botanischen Gartens, war mit seinem enormen Wissen über exotische Pflanzen und seinen Kontakten nach England, aber auch nach Russland dafür der ideale Mann.[24]

Der Unterschied zwischen den beiden bestand wohl darin, dass Forster recht streng nach akademischen Maßregeln vorging.[25] So ist auch der dritte erhaltene Brief[26] zu interpretieren:

„Durchlauchtigster Fürst
Gnädigster Herr

Ew: Hochfürstl. Durchl: nehm die Freiheit zweierlei Tatarischen Maulbeersamen zu übersenden, den ich erst gestern mit der Post aus Zaritzin (heute Wolgograd, S. H.) in Rußland erhalten habe. Diese Inseln der Wolga, in welchen dieser Maulbeerbaum wächst, stehen jährlich im Mai, Junius und Julius überschwemmt. Die Kälte die sie ausstehen ist sehr gros, denn ob sie gleich im Sommer mehr Hitze als in Deutschland haben, so steht doch die Wolga vom November bis zum April mit Eis bedeckt; und da diese Bäume wild wachsen und deren Blätter doch eine so schöne Seide geben, die an Glanz und Feine der besten Turiner Seide gleich kommt, so wird dieselbe Art sich an feuchten Orten im leichten von Thon und Sand gemischten Boden, sehr gut für unser Clima zur Verbeßerung unser Seiden-Cultur schicken. Zu den Gegenden längst der Elbe, die jährlich überschwemmt werden, müsten diese Maulbeerbäume gut fortkommen. Die schöne Seide welche aus Ghilan und Moghan und Schirwan in Persien herkemmt, ist von solchen Seidenwürmern, welche diese Maulbeerblätter eßen. Es empfiehlt sich demnach die Cultur dieser neuen Maulbeerbäume, welche in diesem Theile Europas bisher gänzlich unbekannt gewesen, von selbst. Der patriotische Sinn Ew. Hochfürstl. Durchl. wird es mir also nicht ungnädig nehmen, daß ich eine jede Gelegenheit ergreife Hochdemselben die Ehrfurcht zu bezeugen, mit der ich nie aufhöre mich zu nennen

Ew. Hochfürsttl: Durchl:

Halle, den 6sten Jun.1783 ganz unterthänigster Diener
Forster“

Es fällt der akademische Anspruch Forsters auf, welcher sich in präzisen Beschreibungen der Lebensbedingungen der genannten Pflanzenart äußerte. Und es kommt stets Forsters Begeisterung für das Objekt zum Ausdruck, in dem er von deren Vorzügen berichtet.[27]

Eigenschaften, die Fürst Franz sicher sehr zu schätzen wusste – hatte letztendlich doch auch er einen akademischen Anspruch bei der Gestaltung seines Landschaftsgartens und seines kleinen Fürstentums. Auch er wollte Pflanzen als Beobachtungsexemplar anpflanzen, ähnlich wie Forster. Ihm ging es nicht um reine Unterhaltung jeder der hierher kam, sollte die Gelegenheit zum Lernen, zum Studieren haben. Nicht jeder Zeitgenosse brachte Forster solch hohes Maß an Anerkennung entgegen. Gerade seine Erfahrungen mit dem botanischen Garten in Halle dürften ihm nicht immer nur Freude bereitet haben. Dies bekunden Briefe, welche er an seinen Sohn oder auch an den preußischen König Friedrich Wilhelm II. schickte und in denen er über die Unstimmigkeiten, welche er gerade mit dem Universitätskanzler Carl Christoph von Hoffmann hatte, berichtete. 1787 kaufte die Universität den Garten, und Forster, der sich wohl stets unverstanden sah, gab seinen Posten im darauf folgenden Jahr auf.[28] All diese Indizien, allen voran sein besonders respektvoller Umgang mit Fürst Franz lassen das Bild entstehen, dass Forster in ihm einen Bruder im Geiste gesehen haben muss.

Johann Reinhold Forster, der 1790/91 Prorektor der Universität war[29] und neben der beschriebenen Korrespondenz zu Fürst Franz noch eine Vielzahl weiterer Kontakte zu bedeutenden Zeitgenossen aus Wissenschaft und Politik pflegte, starb am 9. Dezember 1798 in Halle.[30]

X

Lena Vogler

Luise und Franz – ein Fürstenpaar auf Reisen

Die Englandreisen von Fürst Franz

„In England kann man ein ordentlicher Mensch werden“[1]

Leopold III. Friedrich Franz

Das achtzehnte Jahrhundert war ein Jahrhundert der Aufklärung und der Anglophilie.[2] Das kontinentale Europa hat umfänglich kulturelle, wissenschaftliche, politische und wirtschaftliche Impulse von der Insel aufgenommen.

Gerade Leopold III. Friedrich Franz von Anhalt-Dessau ist ein hervorragendes Beispiel für die intensiven Rezeptionsvorgänge zwischen den Ländern – in diesem Fall dem Fürstentum Anhalt-Dessau – im Alten Reich und England. Der Fürst reiste insgesamt viermal nach England.[3] Die ersten beiden Englandreisen sind bereits gut erforscht. Diese Aufarbeitung erfolgte aufgrund der Reiseaufzeichnungen Friedrich Wilhelm von Erdmannsdorffs, der den Fürsten bei allen vier Englandaufenthalten begleitet hat, und der Zusammenfassung von Berenhorst, der einen wichtigen Bestandteil der Reisegruppe der *Grand Tour* 1765–1767 darstellte.[4] Die Quellen zu den folgenden Großbritannientouren von 1775 und 1785 sind noch kaum erschlossen, oder aber verschollen.

Politisch gesehen waren die beiden ersten Englandaufenthalte wohl auch die prägendsten für den jungen Fürsten. Auf ihnen wird er die meisten Reformanregungen erhalten haben. Besonders wichtig für die deutsche Kultur war die Übernahme des Landschaftsgartens nach englischem Vorbild.[5] Dennoch sind die beiden weiteren Englandreisen für die Privatperson Franz nicht weniger bedeutend. Besonders bei der dritten Reise von 1775 kommen starke familiäre Aspekte hinzu, die bis jetzt in der Persönlichkeitsanalyse des Fürsten kaum berücksichtigt wurden, für eine Biografie aber unerlässlich sind.

Der Fürst als Privatperson

Die privaten Reiseunterlagen des Fürsten zählen zu den Kriegsverlusten des Zweiten Weltkrieges. Dennoch liegt uns in Form der Tagebuchaufzeichnungen der Fürstin Luise eine Quelle vor, die uns Franz als Familienmenschen näher bringen kann.[6]

Im Landeshauptarchiv Sachsen-Anhalt, Abt. Dessau existiert sowohl das Originaltagebuch der Fürstin aus dem Jahre 1775, als auch eine gekürzte Version aus dem Jahre 1870 von dem Archivrat Ferdinand Siebigk sowie je eine Zusammenfassung von Friedrich Matthisson um 1800 und von einer unbekannten Kanzleischrift um 1900.

In einer Fallstudie, die sich exemplarisch auf den Zeitraum vom 1. August bis zum 7. August 1775 bezieht, werden nun die genannten vier Quellen herangezogen und es wird versucht, aus ihnen Rückschlüsse auf den Fürsten zu ziehen. Schon in dieser kurzen Zeitspanne treten zahlreiche Facetten seiner Persönlichkeit zutage. So ist es möglich, einen Einblick in das weit gefächerte Interessenfeld des Fürsten Franz zu geben, um die Vielschichtigkeit seiner Person anzudeuten.

Die Reise von 1775

Zu dem Zeitpunkt, an dem die Quellenbearbeitung einsetzt, befanden sich Luise und Franz bereits seit ungefähr zwei Wochen auf Reisen. Zuvor waren die beiden von Dessau über die Niederlande nach England gereist. Lassen wir zunächst Matthisson zu Wort kommen:

„Wir bekommen die ersten Briefe aus Dessau und hatten den Abschiedsbesuch des Grafen Brühl. Wir verließen London und kamen abends in Marlborough an; hatten folglich 75 Meilen zurückgelegt. Sehr angenehm brachten wir einige Tage zu Bowood bei Mylord Shelburne zu, wo wir die liebreichste Aufnahme fanden. Außer seinen beiden Söhnen und ihrem Hofmeister fanden wir daselbst auch noch den Obersten Barry, den Major Carlton, einen Portugiesen Namens Magellan, Nachkömmling des berühmten Seefahrers und Herrn Morgan.[7] Unser gütiger Wirth fuhr mit uns nach Calne, einem Städtchen, wo der bekannte Physiker Priestley unter Lord Shelburnes Schutze damals wohnte. Dieser sanfte und sehr liebenswürdige Gelehrte, stellte vor uns mehrere Versuche mit verschiedenen Luftarten an. Der Lord reiste weiter nach Irland und wir nach Bath, wo wir in die für uns bereitete Wohnung der Herzogin von Kingston einzogen, der Fürst badete täglich und trank den Brunnen. Für mich hatte die Luft etwas sehr erdrückendes und ich war gar nicht wohl. Magellan besuchte uns."[8]

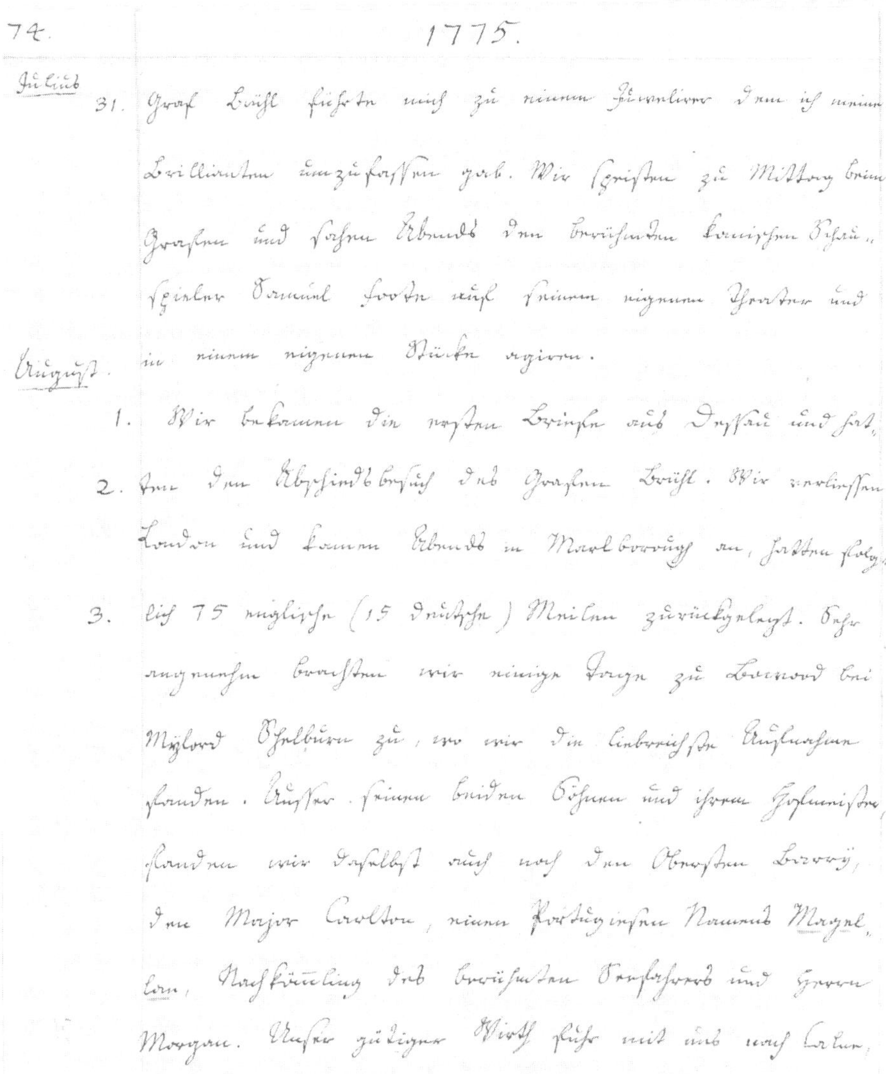

Abb. 1: *Auszug aus der Zusammenfassung des Tagebuchs von 1775 der Fürstin Luise von Friedrich Matthisson (um 1800)*

Im Vergleich zu der Abschrift von Siebigk haben wir hier eine stark gekürzte Zusammenfassung vorliegen. Die Abschrift des Archivrats[9] enthält weitergehende Informationen, die in die weitere Analyse mit eingeflossen sind.

Die ersten Briefe, die das Paar aus Dessau erhielt, stammten von dem sechsjährigen Erbprinzen Friedrich, der seine Eltern nicht auf der Reise begleitete. Die Fürstin berichtet, dass Friedrich selbst an seinen Vater geschrieben habe und die Briefe die beruhigendsten Nachrichten brächten. Luise als Mutter war sichtlich angespannt. Dabei ist zu berücksichtigen, dass sie erst 25 Jahre alt war und sich wohl zum ersten Mal in England befand. Ihren Ehemann wird die Reise mit seinen 35 Jahren vielleicht nicht mehr so sehr beeindruckt haben, Luise hingegen scheint die Landschaft und ihre Umgebung geradezu in sich aufzusaugen. Es ist zu vermuten, dass der Fürst sich über die Briefe seines Sohnes ebenso gefreut hat.

Als der Fürst und die Fürstin die Briefe erhielten, haben sie entweder bei dem Grafen Brühl gewohnt, oder zumindest in engem Kontakt mit diesem gestanden. Der Graf begleitete Luise zu einem Juwelier, der einen Brillianten neu einfassen sollte.[10] Wahrscheinlich handelt es sich um Hans Moritz von Brühl, der als Botschafter in England lebte. Interessant in diesem Zusammenhang ist die Verwandtschaft des Grafen: Sein Onkel war der bekannte sächsische Premierminister, Heinrich Reichsgraf von Brühl. Hans Moriz von Brühl wurde 1739 in Wiederau, einer kleinen Stadt in der Nähe von Dresden, geboren. 1764 wurde er zum sächsischen Botschafter ernannt und nach England versetzt.[11] Dort verstarb er 1809, ohne das Land häufig verlassen zu haben.

Abb. 2: *Samuel William Reynolds nach James Northcote: Hans Moritz von Brühl (Gemälde von 1803)*

Die Beziehung des Grafen und des Fürsten sowie ihre jeweiligen Ambitionen harren noch einer näheren Untersuchung. Es ist zu vermuten, dass das fürstliche Ehepaar hier nicht nur einen privaten Besuch getätigt hat, sondern dass auch intensive politische Gespräche geführt wurden.

Auf der Fahrt von London nach Marlborogh führte der Reiseweg des Fürstenpaares über Windsor, wo sie von einem schweren Unwetter heimgesucht wurden. Dieses verwehrte der Fürstin den erwarteten Anblick der bis dahin noch unbekannten Umgebung.[12] Luise hatte sich offensichtlich mit Hilfe von Literatur auf diese Reise vorbereitet, zumindest erwähnt sie den bekannten Schriftsteller Alexander Pope. Erdmannsdorff erwähnt in seinen Reiseaufzeichnungen für den Fürsten aus dem Jahre 1763/64 dessen berühmtes Gedicht *Windsor Forrest*, welches „eine der schönsten Beschreibungen [ist,] die es in dieser Geschmacksrichtung gibt".[13] Das zentrale Moment hierbei ist jedoch, dass sich die reisebegeisterte Luise wahrscheinlich mit Unterstützung von Franz auf die Reise vorbereitet hat. Franz tat dies möglicherweise, um Luise seine Faszination für dieses Land näher zu bringen, so wie er es zehn Jahre später mit seinem Sohn Friedrich tat.[14] Natürlich ist es aber auch denkbar, dass Luise von sich aus alles über die ungewohnte Umgebung erfahren wollte und autonom gehandelt hat.

Die Beziehungen zu Lord Shelburne

In Marlborough nächtigte das Fürstenpaar in einem vornehmen Gasthaus, bevor es am nächsten Tag weiter nach Bowood reiste. Bowood House war zu diesem Zeitpunkt der Landsitz des angesehenen Lord Shelburne, welcher es zuvor eingeladen hatte. In den drei Tagen, die sie auf Bowood verweilten, trafen Luise und Franz neben den beiden Söhnen Shelburnes den Obersten Barry und den Major Carlton. Besonders interessant war allerdings, dass sich die Männer beim Zusammentreffen in Bowood am Abend auf Englisch unterhielten und nicht, wie unter Adligen damals üblich, auf Französisch. Dies spricht einerseits für die anglophile Haltung des Fürsten Franz, andererseits konnte so Luise ihr Gefühl für die anfangs noch fremde Sprache entwickeln.[15] Der Lord, dessen bürgerlicher Name William Petty lautete, war eine zentrale Figur der britischen Innen- und Außenpolitik.

Um der bis heute im Prinzip unbekannten Beziehung zwischen dem Lord und Fürst Franz nachzugehen, wurde die Kuratorin des Landsitzes Bowood House in die Recherchen einbezogen, um herauszufinden, ob schon vor diesem Besuch ein Kontakt zwischen Franz und dem Lord bestand. Dies war etwa durch Luises Beschreibung der Gastfreundschaft Shelburnes zu vermuten. Von hier aus führte die Spur an die British Library, wo die Unterlagen der Familie Petty verwahrt werden. Bei diesen befinden sich insgesamt neun Briefe von „Leopold III. Frederic François Pierre, Duke of Anhalt-Dessau".

Bei einer Durchsicht der Briefe bestätigte sich die Vermutung, dass sich der Fürst und Lord Shelburne bereits vor dem Besuch von 1775 kannten. Die in London erhaltene Korrespondenz umfasst den Zeitraum 1769 bis 1786. Ihr Inhalt bezieht sich sowohl auf private, als auch auf politische Aspekte. Bisher sind noch nicht alle Briefe ins Deutsche übersetzt; sie sind fast ausschließlich auf Französisch verfasst worden und nur zwei zur Hälfte auf Englisch.

Anschließend galt es zu prüfen, ob auch im Landeshauptarchiv Sachsen-Anhalt, Abt. Dessau, Quellen zur Beziehung zwischen Franz und Shelburne nachweisbar sind. Tatsächlich befindet sich dort ein in französischer Sprache gehaltener Briefentwurf des Fürsten an Lord Shelburne. Er stammt aus dem Jahr 1800.[16] Dies lässt vermuten, dass zwischen den beiden Adeligen ein regelmäßiger Briefwechsel stattfand, der möglicherweise bis zum Tode Shelburnes 1805 andauerte.[17]

Wahrscheinlich haben sich der Lord und Franz auf der ersten, spätestens aber auf der zweiten Englandreise des Fürsten kennen gelernt, da der erste erhaltene Brief des Fürsten aus dem Jahre 1769 stammt. Franz spricht in diesem von der wundervollen Einrichtung der Häuser in England und in London.[18] Aber nicht nur in dieser Hinsicht wurde der Fürst von Shelburne inspiriert. Der Fürst holte sich in England auch agrarwirtschaftliche Anregungen.[19] So schrieb er in seinem Brief vom 1. Oktober 1775:

> "Milord,
>
> It has been an infinite satisfaction to me to receive Your obliging Letter from Dublin before my Departure from England, and as my own affairs will not allow me to stay a longer Time in this Country it is a great comfort to me to be informed by Yourself of Your good Health and Contentment. […] I am entirely of Your Opinion, Milord, in regard of what You have hinted to me of our being backward on account of Pasturage in Germany. Agriculture in itself is, I dare say, even in my little Dominions managed well enough as much as our Soil and Climate permit us. But the Breeding of Cattle Sheep and Horses could be vastly improved, so much the better as in many parts of Nature itself will aford [sic] there without the Help of Art as good pasture as we may desire. I shall certainly follow your advice by taking continual care in Encouraging this Branch of Husbandry, which even seems particularly advantageous to the Situation of my own Country."[20]

Diese Zeilen weisen daraufhin, dass sich Shelburne und Franz schon zuvor über landwirtschaftliche Probleme ausgetauscht hatten. Aus den erhaltenen Briefen – ob sie die gesamte Korrespondenz umfassen, lässt sich derzeit noch nicht sagen, es ist aber davon auszugehen, dass sie nur ein Auszug des langjährigen Briefkontaktes sind – lassen sich bereits zahlreiche gemeinsame Interessenfelder rekonstruieren und man kann schon erahnen, wie wichtig Shelburne für die Dessauer Reformen gewesen sein muss.

Abb. 3: *Samuel William Reynolds nach Sir Joshua Reynolds: William Petty, 1st Marquess of Lansdowne, d. i. Lord Shelburne (1764)*

Des Weiteren traf das Fürstenpaar auf dem Landsitz des Lord Shelburne einen Portugiesen namens Magellan, mit dem es noch mehrmals auf der Reise zusammentraf. Jean Hyacinthe de Magellan war ein international renommierter Naturphilosoph. Er wurde 1722 in Portugal geboren und nachdem er sich schon einen Namen in der internationalen Wissenschaft gemacht hatte, zog er 1763 endgültig nach England.[21] Magellan verband eine lebenslange Freundschaft mit dem bekannten Physiker Joseph Priestley, den das Fürstenpaar einen Tag später in Calne aufsuchte, um dort einer wissenschaftlichen Vorführung beizuwohnen. Priestley hatte im Jahr zuvor (1774) den Sauerstoff entdeckt.[22] Die eben erwähnte Präsentation war wahrscheinlich die Beweisdemonstration für die Existenz des Sauerstoffs. In jedem Falle kommt hier die aufgeklärte Seite des Fürsten zum Vorschein, die auch in einem großen Interesse für Gelehrte und Wissenschaft gründete.

Am 6. August reisten Franz und Luise weiter nach Bath, wo der Fürst seine körperlichen Leiden mit täglichem Baden behandelte. Bath war schon zu Zeiten der Römer ein bekanntes Kurbad und im 18. Jahrhundert kam die Überzeugung wieder auf, den Körper mit Wasser heilen zu können. Der Fürst hatte heiße Bäder schon auf seinen vorherigen Reisen, zum Beispiel in Matlock und Burton, genutzt.[23] Diese Reisestation zeigt die private Person Franz, der es anscheinend verstand, Berufliches und Privates so zu verbinden, dass er sich den neusten Erkenntnissen der Zeit, wie der Entdeckung des Sauerstoffs oder neuartigen Zuchtmethoden, widmen konnte und gleichzeitig Ausflüge mit seiner Frau unternahm, Heilbäder besuchte und sich mit Bekannten traf.

Schluss

Abschließend kann man festhalten, dass der Fürst wahrscheinlich aus mehreren Gründen nach England reiste. Er traf wichtige Gelehrte wie Joseph Priestley, Johann Reinhold Forster sowie dessen Sohn Georg. Des Weiteren wohnte das Paar bei wichtigen Politikern wie Lord Shelburne und wohl auch Graf Brühl.

Doch zeigt diese Reise auch, wie keine zuvor, die private Seite des Fürsten. Er reiste mit seiner jungen Frau nach England, schenkte ihr möglicherweise einen Brillianten und erhielt Briefe von seinem sechsjährigen Sohn. All dies sind Hinweise auf eine zu diesem Zeitpunkt noch glückliche Ehe eines aufgeschlossenen Mannes, der Geschäftliches und Privates erfolgreich zu verbinden wusste, und einer Frau, die sich ebenso wie ihr Ehemann für Wissenschaft und Kultur eines fortschrittlichen Landes interessierte.

XI

Jürgen Schmidt

Schöne und nützliche Verbindungen. Die Straßen in Anhalt-Dessau

„Das ganze Land ist voller Parke, die sehr schöne Prospekte bilden, desgleichen sieht man allenthalben Fruchtbäume in Alleen gepflanzt, die zu zierlichen Dörfern führen." Dieser Satz aus den englischen Reisebeschreibungen von Johann Wilhelm Archenholz könnte eben so gut auf das Fürstentum Anhalt-Dessau zutreffen. Denn nur allzu augenscheinlich war hier das englische Vorbild selbst an den mit Obstbäumen bepflanzten Alleen,[1] so dass Anhalt-Dessau neben der Schweiz und den Niederlanden auch auf diesem Gebiet zu den „aufgeklärtesten Völkern" gezählt wurde.[2] Der Ausbau der Straßen folgte den Ideen von John Metcalfe aus Knaresborough in Yorkshire (1717–1810). Dieser verbesserte die Straßen in England durch einen systematischen Aufbau des Straßenbetts und durch die konvexe Wölbung des Oberbaus.[3] Beides diente in erster Linie der guten Entwässerung. Sie war das A und O einer Straße, egal wie massiv sie konstruiert war.[4] Wie aus den Akten hervorgeht,[5] galt auch in Anhalt-Dessau der Wasserableitung ein Hauptaugenmerk bei der Trassierung und Unterhaltung von Straßen.

Handelswege

Anhalt-Dessau pflegte einen sehr umfangreichen internationalen Handel. England war ein Haupthandelspartner. Der „Hauptartikel der Landeserzeugnisse" war die Wolle. Sie machte „den größten Reichthum des Landes" aus.[6] Die „feinste und feine, oder die beste Mittelgattung ging über Hamburg nach England".[7] Neben Rohwolle wurden auch Accessoires zur Konfektionsherstellung im Land produziert. Hervorzuheben ist in diesem Zusammenhang die Knopffabrik in Jeßnitz, welche nicht unbedeutend war und ihre nach Art der englischen Patentknöpfe verarbeiteten Produkte ins Ausland lieferte.

Andere Exportprodukte waren „Getraide, – und hiervon vorzüglich Weizen und Gerste" und „Oelfrüchte". Als geringere Ausfuhrartikel zählten Obst,

Butter und Eier. Letztere wurden mit so genannten Eierkarren von Kleinkrämern über die Landstraßen transportiert.[8]

Aus England fanden „alle Colonial- und englischen Fabrik- und Manufakturwaren [...] bei freier Elbe“[9] den Weg nach Dessau. Alle Privatpersonen von einigen Vermögen, Kleinkrämer, Kaufleute und Handwerker pflegten halbjährlich über die Straßen des Fürstentums von der Leipziger Messe ihre Waren zu beziehen.[10] Neben dem fürstlichen Hof gab es in den Städten eine große Anzahl von Beamten, die ebenfalls in Maßen einen luxuriösen Haushalt führten. Feine französische Weine, Modewaren, Seide und Südfrüchte aus Spanien fanden über die Straßen ihren Weg ins Fürstentum.

Straßenverbindungen im Fürstentum

Der Dessauer Hafen war der Stapelplatz für viele vom Ausland zu beziehende und dorthin zu verschiffende Produkte. An die Bedeutung des Ortes erinnert heute noch der Name des beliebten Ausflugslokales „Kornhaus“ im Norden der Stadt. Nach hier und von hier musste ein Großteil der Handelsgüter schadlos über die Straßen gebracht werden. Der zweite wichtige Bezugspunkt war Leipzig mit seinen Messen. So lässt sich denn auch begreifen, dass die südliche Ausfallstraße aus der Stadt die wichtigste Verbindung darstellte. Mit ihrem neuen geradlinigen Verlauf war sie gewissermaßen die „Via Appia“ des Fürstentums.[11] Sie erforderte den größten Aufwand in der Unterhaltung. Über sie führte bis zum Abzweig nördlich der heutigen Autobahnanschlussstelle Dessau-Süd auch der Verkehr nach Halle. Der Wichtigkeit dieser Verbindung entspricht auch die Tatsache, dass die Verwaltungsbehörde für das Straßenwesen ihren Sitz im Forsthaus Haideburg hatte. Die Leitung unterstand dem Kammerdirektor von Raumer. Zahlreiche Akten tragen seine Unterschrift. Aus den Reiseunterlagen der *Grand Tour* ist bekannt, dass er über die Dauer des Aufenthaltes der anderen Reiseteilnehmer noch mindestens ein halbes Jahr zu Studien in England verbrachte. Aus der gemeinsamen Zuständigkeit seiner Kammer für Land-, Forstwirtschaft und das Straßenwesen lässt sich vermuten, dass seine Studien auch der Organisation[12] des Straßenwesens dienten.

Der Wegebau und die Organisation der Straßen lassen eindeutig englische Vorbilder erkennen. Das geht insbesondere aus der Akte „LHASA, DE, Abt. Dessau C 9 III nr. 8 – Acta, betr. die Erhaltung der Strassen und Wege und was dazu gehörig. 1799–1832.“ hervor. In Anhalt-Dessau gab es laut dieser Akte fünf Hauptverkehrsadern: 1. die Leipziger und Hallesche Straße, 2. die

Köthensche Straße, 3. die Landstraße in die Herrschaft Gröbzig, 4. die Straße bei Riesigk, 5. die Zerbster Straße nach der Elbe und 6. die Wege jenseits der Mulde.

Es ist auffällig, dass für die nach Wittenberg und Coswig führenden Verbindungen der Ausdruck Wege verwendet wird. Eine Ursache ist im Verlauf der Verbindung Berlin–Leipzig zu sehen. Reisende und Frachtfuhrwerke wählten den Weg über Wittenberg. Somit kam Dessau nicht in den Genuss des begehrten „Revenu", des Brückenzolls über die Elbe und Mulde. Die Bedeutung der anderen Straßen ergibt sich neben der Orientierung am Handelsplatz Leipzig vor allen Dingen aus dem Kommunikationsbedarf innerhalb der anhaltischen Fürstentümer. Zwei Fünftel der gesamten Bevölkerung lebte in Städten. Die günstigen Eigentumsverhältnisse im Fürstentum schlossen bei der Landschaftsverschönerung den Straßenbau ein. Für die Planung der langen, geraden Alleen mussten, entgegen den Verhältnissen in England, keine speziellen Gesetze für den Erwerb entsprechender Flächen erlassen und demzufolge auch keine Verhandlungen mit Grundstückseigentümern geführt werden. Gleiches traf auch für „Gewinnung, Beifuhr und Ankauf der für die Erhaltung und Herstellung der Strassen" nötigen Materialien zu.[13] Die Straßen wurden in zweierlei Hinsicht verwaltet.

Die Verpachtung der Ernte der Obstbäume

Die Ernte – nicht die Bäume![14] – wurde jährlich neu verpachtet. Nach englischem Vorbild waren die Straßen für die Verpachtung der Obsternte und für die Unterhaltung in verschiedene Distrikte aufgeteilt.[15] Für jeden Distrikt war die Anzahl der Bäume (nach Sorten geordnet) in den Akten exakt aufgeführt. Außerdem war der zu erwartende Gewinn nach Scheffel und nach den Sorten des Obstes genannt. Anhand dieser jährlich aktualisierten Zahlen hatte die fürstliche Kammer klare Vorstellungen darüber, wie hoch die Pacht mindestens ausfallen müsste. Zu einem festgesetzten Termin hatten die Pachtwilligen im Forstamt Haideburg vorzusprechen und ihr Angebot abzugeben. Die Pachtsummen bewegten sich zwischen 40 und 150 Talern pro Jahr. Die Summe entsprach somit einem vierteljährlichen bis jährlichen Einkommen eines gut verdienenden Beamten dieser Zeit.[16] In der Regel waren Beamte oder Handwerker die Pächter.

Verhinderte eine Dürre oder schlechtes Wetter eine gute Ernte, baten die Pächter um Rückzahlung oder Minderung der Pacht, so z. B. im Schreiben des Meisters Wolter aus Raguhn vom 17. August 1799.[17] Er hatte die Kirschen auf den Kleckewitzer Wällen[18] „gebachtet". Der Regen hatte die Kirschen zum „aufblatzen" gebracht. In der Folge waren sie dann von den Bäumen heruntergefault. Er bat „in ersterbender tiefster Devotion untertänigst um gnädigste Erhörung ihm von der bacht etwas zu schenken". Geschrieben hatte den Brief seine Tochter Johanna Marie - ein Hinweis darauf, dass viele Untertanen im Alter von Fürst Franz der Schrift nicht kundig waren.[19] Im Folgejahr suchte eine Dürre das Land heim. Der Obstpächter Schade und die Witwe Schochin aus Jeßnitz sprachen auf der Kammer vor und erbaten ebenfalls die Erstattung der Pacht. Daraufhin musste der Gärtner Schoch den Schaden vor Ort taxieren. In dieser Sache wurde dem Erbprinzen Friedrich in einem Bericht vom 30. August mitgeteilt, dass man „nicht der untertänigsten unzielsetzliche Meinung teilt" und den Vorschlag unterbreite, „ihnen nicht die gesamte Taxe, sondern höchstens den Schaden von 8, bzw, 5 Thaler gnädigst zu vergüten". Da dies aber eine Gnadensache sei, so müsse es dem Ermessen hochfürstlicher Durchlaucht überlassen werden „in dieser höchstselben Angelegenheit darüber zu bestellen geruhen". Da das Schriftstück keine weiteren Kommentare enthält und neben dem Kammerdirektor Raumer auch der Erbprinz unterzeichnet hat, ist davon auszugehen, dass dem Gesuch in formulierter Form entsprochen wurde. Aber auch in sehr guten Erntejahren wurden Gesuche auf Minderung der Pacht gestellt. So im Fall des Zerbster Bürgers Christian Luz. Wegen der guten Ernte im Jahre 1798 konnte er sein Obst nicht absetzen. Er sah sich daher genötigt, sein Obst nach Zerbst und noch weiter zu verkaufen. Er bat deshalb „untertänigst und in tiefster Ehrfurcht ersterbend als untertänigster Knecht ihm den Brückenzoll zu erlassen".[20]

Vergabe von Arbeiten zur Straßenunterhaltung[21]

Nicht unbedingt so von Wohlwollen geprägt wie in den vorgenannten Punkten ist das Bild bei der Vergabe von Unterhaltungsaufgaben für die Straßen. Die fürstliche Anhaltische Rentkammer befahl den für die Straßenabschnitte zuständigen Dorfrichtern,[22] die Handarbeiter in ihren Gemeinden zusammenzurufen und ihnen zu eröffnen, „daß die Instandhaltung an eigene Unternehmer accordirt werden solle, weshalb jeder der Lust habe, einen dergleichen Accord zu schließen". Die geneigten Untertanen konnten dann „auf der fürstlichen Kammer insistieren und in Unterhandlung treten". Meist geschah dies an einem Freitag, morgens um acht Uhr, so auch im Beispiel der „Cosathen"[23] Christoph Mitschner und Gottlieb Henneberg aus Alten am

10. Januar 1800. Allgemein wurden die Vorsprechenden befragt, ob sie im Stande wären, zur Erhaltung der Straße von A nach B einen bestimmten Abschnitt für eine bestimmte jährliche Summe in *Accord* (frz. Vertrag), d. h. in vertraglich fixierte Instandhaltung, zu nehmen, und zugleich benachrichtigt, dass sie versprechen mussten, „auf ein Jahr lang zur Instandhaltung des anaccordirten Theils der Straße alle erforderlichen Handarbeiten zu thun und dem gemäß nicht nur die ausgefahrenen Gleise und Löcher auszufüllen, sondern auch das Wasser abzuleiten und den angefahrenen Kies gehörig und in hinlänglicher Qualität und zur rechten Zeit auf zu bringen."[24]

Hauptarbeitsmittel für diesen Zweck war eine große Walze. Ein solches Arbeitsgerät schmückt auch das Titelkupfer der *Histoire des Grands Chemins de l'Empire Romain* von Nicolas Bergier.[25] Karl Dupin berichtet über den Einsatz einer solchen Walze in England: „Die Engländer haben nicht bloß Pfade und schmale Alleen, um zu Fuß in ihren Gärten und Parks umherzugehen, sie haben zum Gebrauch zu Pferd und Wagen für die Haupttheile ihrer Besitzungen breitere Wege, Promenaden (walks genannt), welche sorgfältig mit Sand überschüttet, und durch kleines Kies fester gemacht sind. Ungeheure eiserne Zylinder werden oft über diese Promenaden gewälzt, um sie weniger ziehend, dichter und gleicher zu machen."[26]

Neben den Ausbesserungsarbeiten an den Straßen waren die zuständigen Untertanen auch für die Kontrolle des Verkehrs zuständig. Sie mussten alle die „außer den Gleisen fahrenden Wagen" bei dem nächsten Dorfrichter anzeigen. Ebenfalls war auf „die fürstlichen Bäume an den Straßen fleißig acht zu haben". Nach englischem Zahlungsmodus sollten die Gewillten je nach Länge des Abschnitts zwischen 40 und 80 Talern „in monatlichen Ratis"[27] erhalten. Jeder Unterzeichner musste „sich aber gefallen lassen, das [die] fürstliche Kammer den geschlossenen Accord jede Woche wieder aufheben könne, aber daß er[28] selbst [nur] vor Ablauf des bestimmten Jahres [...] abgehen" durfte. In der Regel bekundeten die Interessenten das Einverständnis mit drei Kreuzen neben ihrem von den Amtsschreibern notierten Namen.[29] Die Verhandlungen konnten sich aber auch schwierig gestalten. Im konkreten Fall forderten die beiden oben genannten Interessenten eine Summe von 120 Talern auf ein Jahr. Als man ihnen daraufhin „die Unverhältnissmäßigkeit ihrer Forderung vorstellte und äußerte das ca. 75 Thaler das höchste sei was zu accordirt werden könnte, verstanden die sich redlich dazu mit 80 für jetzt zu frieden zu sein und auf ein Jahr die Probe zu machen. Vorgelesen, genehmigt und unterschrieben, Kammerdirektor Raumer."[30]

Natürlich lagen Mitschner und Henneberg mit ihren Forderungen nicht weit von dem tatsächlichen und bisherigen Aufwand entfernt. Was sie sicher-

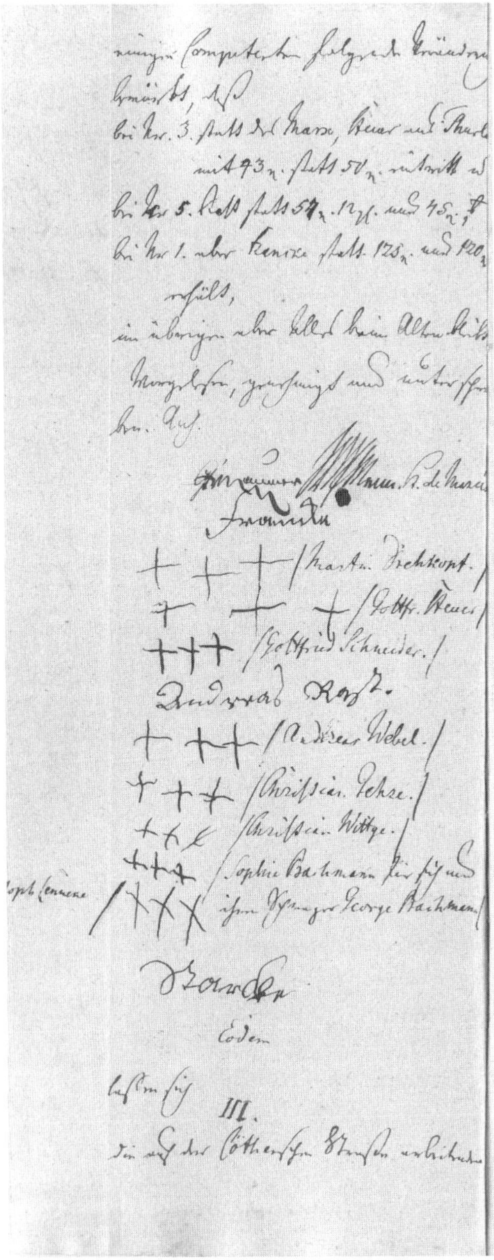

Abb. 1: *Accordliste mit „Unterschriften" für Arbeiten zur Straßenunterhaltung*

lich nicht wissen konnten, war, dass in den fürstlichen Kammerbüchern akribisch aufgeführt wurde, wie viel jeder Straßenabschnitt „haben sonst gekostet" und „ist gefordert jährlich". Die Leipziger Chaussee war, nach dem Unterhaltungsaufwand zu urteilen, die am meisten befahrene Straße. Der Abschnitt der beiden Genannten vom Hospital bis an die Landgrabenbrücke bei Alten verursachte üblicherweise Kosten von 143 Talern. Mit dem Accord wurden die Kosten zugunsten der fürstlichen Kasse auf besagte 80 Taler gedrückt. Insgesamt konnte durch diese Taktik die bisherige Gesamtsumme für die Unterhaltung aller Straßen im Jahre 1802 von 1.742 Talern auf 1.050 Taler gesenkt werden. Unter dem Posten „Kosten um so weniger" konnte die Summe von 692 Talern vermerkt werden.

Diese Kosten für die Unterhaltung der Wege lagen unter Hinzurechnung der Gewinnung und Lieferung des Materials etwas unter den Einnahmen aus der Verpachtung der Obsternte. Somit standen dem fürstlichen Finanzhaushalt die „jährlichen Einnahmen aus Zoll und Chausseegeldern" von ca. 3.000 Talern[31] im Fürstentum Anhalt-Dessau als ausschließlicher Gewinn zur Verfügung.

Resümee

Aus dem Voranstehenden lassen sich folgende Schlüsse ziehen.

1. Obwohl die Straßen nicht so spektakulär wie die Parkanlagen oder offiziellen Gebäude im Fürstentum ausfallen, gehören sie mit zu den (wirtschaftlich) wichtigsten Bauwerken. In schriftlicher Form fanden sich keine weiteren direkten Hinweise auf englische Einflüsse. Aus den Details der Verwaltungspraxis ließen sich diese jedoch erkennen.

2. Die Englandreisen dienten auch dem Aufbau und der Pflege wirtschaftlicher Verbindungen. An Hand der Straßen und der auf ihnen transportierten Produkte ist ein Bild weltoffenen Handelsgeistes zu erkennen. Die Idee der Aufklärung wirkte sich positiv auf die Wirtschaft des Landes aus. Der Unterschied zu der kameralistischen Handelspolitik Preußens ist augenscheinlich.

3. Die Schafherden im Wörlitzer Gartenreich sind nicht vordergründig als dekoratives Beiwerk arkadischer Landschaften zu interpretieren. Die Nützlichkeit der Tiere rangierte mit weitem Abstand vor ihrem Schönheitswert. Der Umfang der Tuchproduktion kennzeichnet die Herden als unabdingbare Basis der Wirtschaft in Anhalt-Dessau.

4. Die Kommunikation zwischen der fürstlichen Rentkammer und den Untertanen war der Form nach höflich, in der Sache aber absolutistisch. Ziel der Verhandlungen war es, nach Möglichkeit einen Vorteil zugunsten der fürstlichen Kasse zu erzielen.

XII

Jens Geiling/Doreen Pöschl

Der Fürst, dem kein Licht aufging. Die Dessauer Straßenbeleuchtung um 1800

Die Dessauer Straßenbeleuchtung um 1800 – auf den ersten Blick droht dieses Thema aus dem Rahmen zu fallen auf dem Weg zu einer Biografie für Leopold III. Friedrich Franz von Anhalt Dessau. Zieht man jedoch den Projektvorschlag „Wegen Anlegung und Erhaltung öffentlicher Laternen auf den Straßen der Stadt“[1] Dessau heran, welcher zwischen 1766 und 1775 erstellt worden ist, vergleicht diesen mit Angaben aus Dessauer Stadtchroniken und betrachtet außerdem die Straßenbeleuchtungsentwicklung in anderen Städten dieser Zeit, werfen sich einige Fragen auf, die im engen Zusammenhang mit der Regierungsweise und dem Wirken des Fürsten in Anhalt-Dessau stehen. Bevor diese Fragen gestellt werden, soll dieser Beitrag einen Einblick in diese Problematik bieten. Schauen wir zunächst auf die Entwicklung der Straßenbeleuchtung im 18. Jahrhundert.

Straßenbeleuchtung im 18. Jahrhundert

„Licht ins Dunkel bringen“ ist eine zentrale Metapher der Aufklärung und somit ein wichtiges Leitmotiv für einen Fürsten, der an sich den Anspruch eines aufgeklärten Regenten stellte. Im Sinne des Wortes bedeutete eine Beleuchtung der Stadt für eine urbane Gesellschaft eine entscheidende Veränderung. Durch das Beleuchten der Stadt bei Nacht begannen die Vorgänge des Überwachens und der gegenseitigen Überwachung.[2] Der Alltag erfuhr damit einen maßgeblichen Wandel. Auch Fürst Franz muss auf seiner Reise 1763/64, die ihn durch Weltstädte wie London, Amsterdam und Paris geführt hatte, die nächtliche Beleuchtung dieser Städte kennen und schätzen gelernt haben. Selbst Berlin hatte schon seit 1680 durch Öllampen auf Holzpfählen den Straßen bei Nacht einen schwachen rötlichen Schein geben können.[3]

1766, zwei Jahre nach der ersten Reise von Fürst Franz, lag der Projektvorschlag „Wegen Anlegung und Erhaltung öffentlicher Laternen“[4] in Dessau

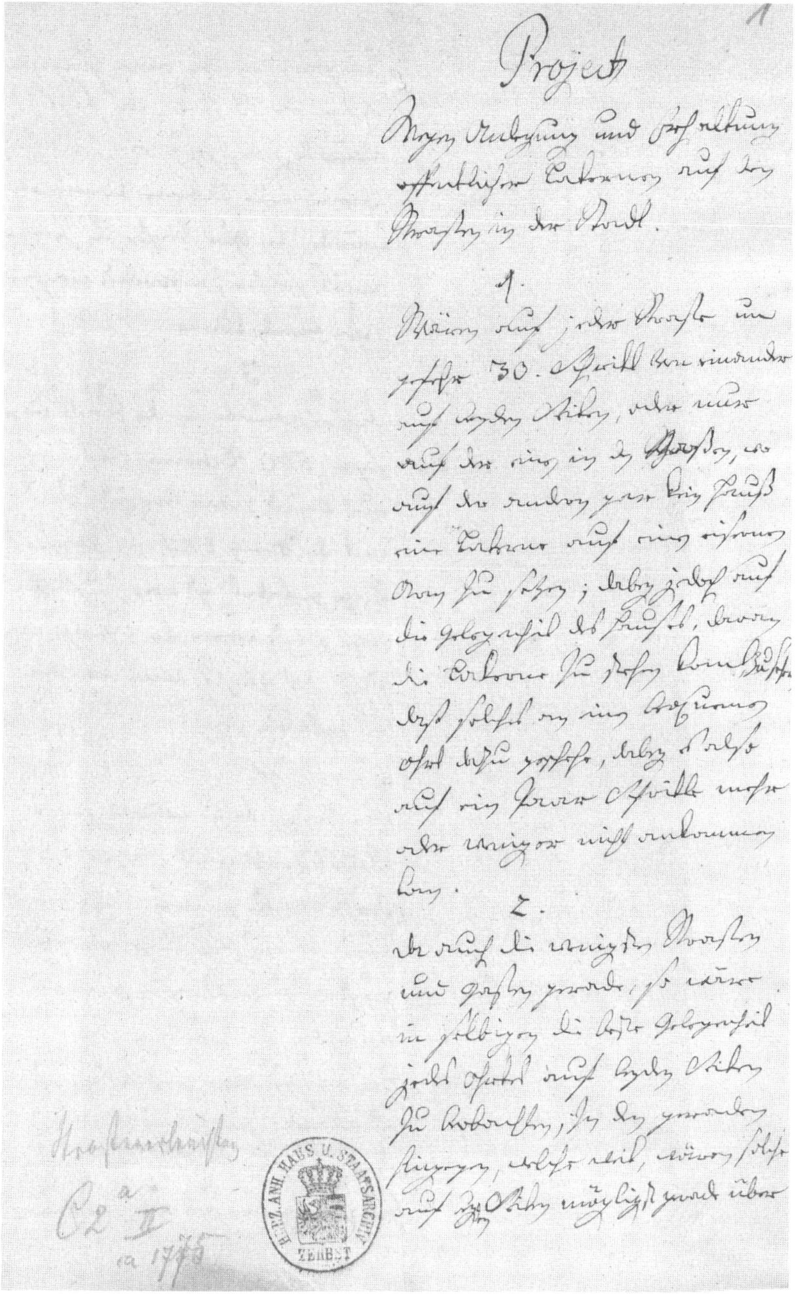
Project

Wegen Anlegung und Erhaltung öffentlicher Laternen auf den Straßen in der Stadt.

Abb. 1: *Projekt „Wegen Anlegung und Erhaltung öffentlicher Laternen"*

vor (Abb. 1). Diese Akte wurde noch vor Abschluss der Reise 1775 geschlossen. Offensichtlich sah der Fürst eine Notwendigkeit darin, ein Stadtbeleuchtungsprojekt in dieser Zeit anzustrengen, möglicherweise als direkte Reaktion auf seine Reiseerfahrungen.

Ob Fürst Franz dies aus rein praktischen Gründen in die Wege leiten wollte oder es auch als eine Metapher der Aufklärung betrachtete und sich zu dieser Zeit schon als aufgeklärter Fürst begriff, muss an dieser Stelle offen bleiben.

Das Projekt öffentlicher Straßenbeleuchtung in Dessau

Die Akte selbst umfasst neun Seiten und gliedert sich in 12 Absätze, darunter ein Promemoria über die für die Beleuchtung vorgesehenen Straßenzüge. Der unbekannte Verfasser schlug vor, in jeder Straße auf beiden Seiten, möglichst gegenüber, Laternen zu setzen.[5] Dabei sollte ein Abstand von 30 Schritten eingehalten werden.[6] Wenn dies in engen Gassen nicht möglich sei, sollte die Beleuchtung an den Häusern angebracht werden, und zwar so, dass sie noch zur Wartung zugänglich sei.[7] Insgesamt wurden 500 Laternen für die Stadt vorgesehen. Die Hauswirte sollten für den größten Teil der entstehenden Kosten selbst aufkommen. Ihre Eigenbeteiligung sollte durch die Länge und Breite der Häuser zur Straße ermittelt werden. Das Fürstenhaus hatte die Möglichkeit, selbst über die Notwendigkeit der Laternen an seinen Häusern entscheiden zu können.[8] Ein Kernpunkt ist, dass jeder Bewohner dazu verpflichtet werden sollte, die Laternen in Stand zu halten, egal ob Schäden mutwillig oder durch Witterung entstanden.[9] Die Bevölkerung hätte somit nicht nur die Installationskosten, sondern auch die Betriebs- und Verschleißkosten selbst zu tragen gehabt.

Neben anderen Punkten wurde ebenfalls festgelegt, dass Nachtwächter die Versorgung der Laternen zu übernehmen hatten, aber gleichzeitig auch eine Art Gebühr dafür erhoben werden sollte. Landesherrliche Beamte sollten das Geld eintreiben und dafür mit 24 Groschen jährlich entschädigt werden.[10] Ein Strafpassus besagte zugleich, dass, wer dieser Pflicht nicht nachkomme, zwei Taler Strafe zu zahlen habe. Selbst die Kosten der Handwerker für die Installation waren bei der Erstellung des Projektvorschlags schon ermittelt worden (Abb. 2).

Wie auch in anderen Städten zu dieser Zeit üblich, wurde festgelegt, dass bei Mondschein und in den Sommermonaten die Laternen nicht zu brennen hätten. Sollte der Mond vor Mitternacht jedoch durch Wolken verdeckt werden, hätten Nachtwächter dafür zu sorgen, dass die Laternen angezündet werden.[11] Sollten bei der großen Menge der anzubringenden Laternen Mehrkosten für die Stadt entstehen, wurde vorgesehen, diese wiederum auf die Hauswirte umzulegen, auch wenn man sich bewusst war, sich dadurch den Unmut der Bevölkerung zu zuziehen, da diese von vornherein gezwungen war, das gesamte Projekt selbst zu finanzieren. Der Verfasser rechnete schon zu dieser Zeit mit „viel Lamentieren"[12] seitens der Betroffenen und schlug vor, beim Schlachter für jeden Schlachtauftrag einen Groschen mehr für den Kunden zu berechnen, welcher dem Straßenbeleuchtungsprojekt zugute kommen sollte.

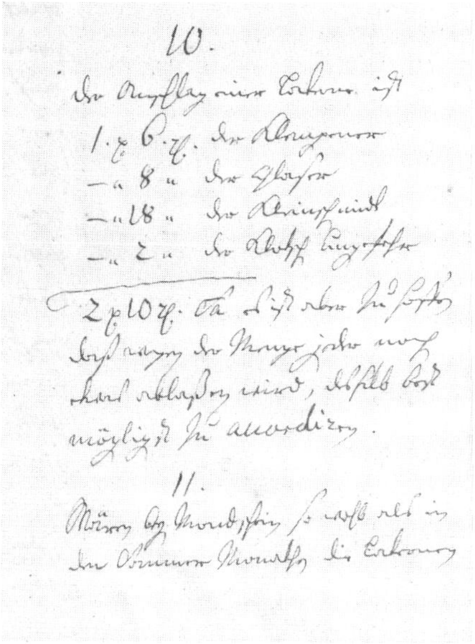

Abb. 2: *Kostenberechnung für Handwerker (Ausschnitt aus dem Projekt „Wegen Anlegung und Erhaltung öffentlicher Laternen")*

Das zum Ende angefügte Promemoria legte den genauen Abstand zwischen den Laternen, die betroffenen Straßenzüge und die Anzahl der Laternen fest (Abb. 3). Demzufolge war vorgesehen, den gesamten Stadtkern auszuleuchten. Im abgedruckten Stadtplan aus dem Jahre 1773[13] (Abb. 4) entspricht dies dem schraffierten Areal.

Dass dieses Projekt vor allem bei der Dessauer Stadtbevölkerung nicht sehr populär war, dokumentieren die Stadtchroniken von Ludwig Würdig und Bernhard Heese.[14] Würdig erwähnt, dass am 20. März 1779 die Straßenlaternen angebracht wurden. Sie waren zunächst nur auf dem Marktplatz zu finden und sollten vom 1. September bis 30. April den Platz in der Nacht beleuchten, wenn kein Mondschein war.[15] Fürst Franz war gezwungen, die bescheidene Anzahl von Pfahllaternen selbst zu finanzieren.[16] Er war demnach weiterhin überzeugt von diesem Projekt. Aber warum stellte man gerade im März Laternen auf? Sie wären theoretisch nur einen Monat in Betrieb gewesen und erst ein halbes Jahr später wieder angesteckt worden. Wollte Fürst Franz damit der Dessauer Bevölkerung ein Vorbild sein? Denn selbst auf die Bitte des Fürsten, sich (auf eigene Kosten) Stuben- oder Hauslaternen zu zulegen, sprachen seine Untertanen nicht an.

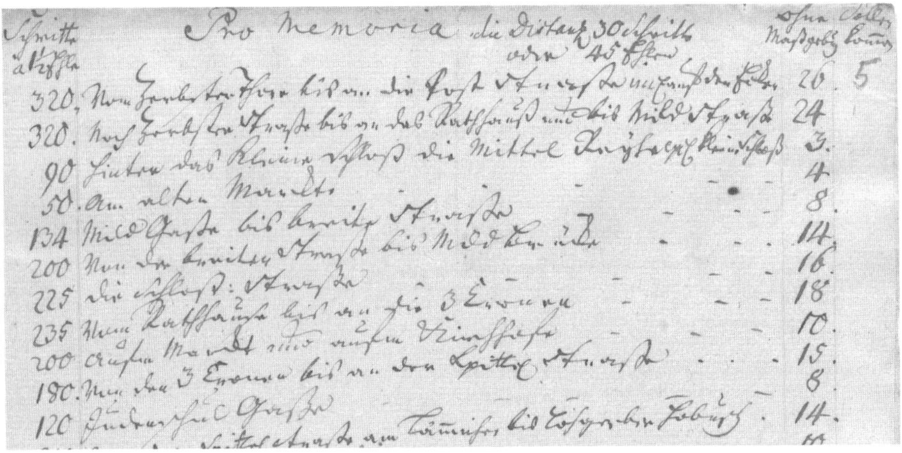

Abb. 3: *Promemoria aus dem Projekt „Wegen Anlegung und Erhaltung öffentlicher Laternen“ (Ausschnitt)*

Der Fürst engagierte sogar eigens für die Pflege und das Anzünden der Laternen die schon in der Akte erwähnten Nachtwächter, welche aus dem Militär stammten. Die Eigentümer mussten das Öl und die Dochte selbst liefern und bezahlen, wie im Projekt angedacht, und erst dann wurden die Laternen kostenlos angebrannt und vom Nachtwächter gepflegt.[17] Erst 1818 wurden die Pfahllaternen, welche mit Rüböl und regulierbarem Docht in den Dessauer Straßen durch ihr trübes rotes Licht nur als Orientierungshilfe dienten, durch Réverbèren ersetzt. Das heißt, in die herkömmlichen Laternen wurden Metallspiegel eingebaut.

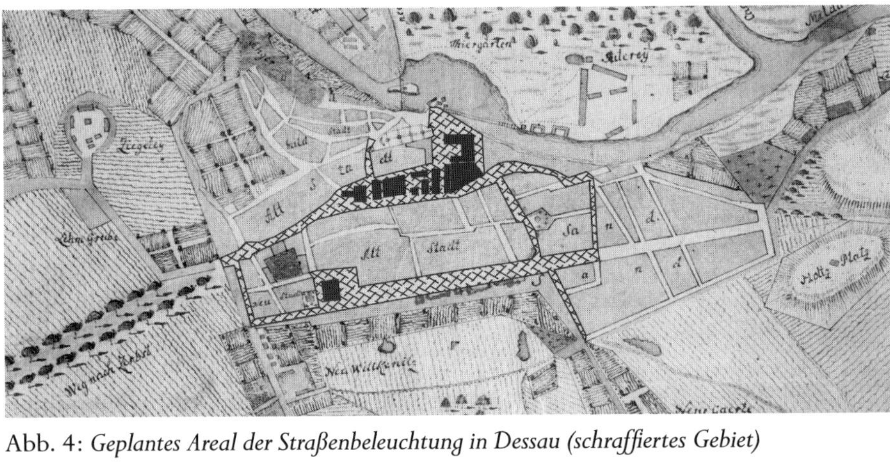

Abb. 4: *Geplantes Areal der Straßenbeleuchtung in Dessau (schraffiertes Gebiet)*

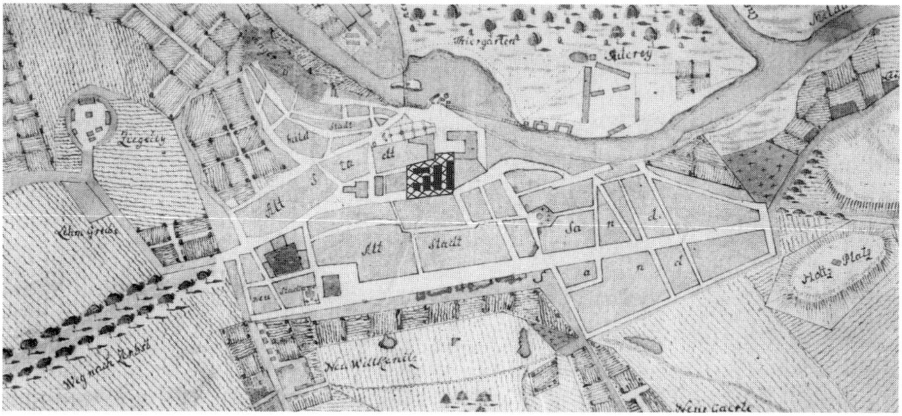

Abb. 5: *Tatsächliches Areal der Straßenbeleuchtung in Dessau (schraffiertes Gebiet)*

Eine bescheidene Anzahl von 40 – statt der ursprünglich vorgesehenen 500 – Laternen beleuchtete nun die Stadt (Abb. 5).[18] Dass diese Bilanz recht mager war, wird durch einen Vergleich mit anderen Städten sichtbar.

Straßenbeleuchtung in anderen Städten

Jahrhundertelang erschien die Nacht den Menschen als die Schattenseite des von Gott geschaffenen Lichts. Und so könnte vermutlich auch heute noch ein jeder ein Schauermärchen von der Nacht erzählen, in der wir im Hause bleiben sollten, weil uns draußen Fürchterliches drohe. Lange hat das Dunkle die Menschen zu Mythenbildungen angeregt. Die Nacht sei der Hort des Chaos, der Gespenster und Dämonen.[19] Vieles von dem mag heute überzogen erscheinen, jedoch die eigentliche Furcht vor der Nacht tragen wir immer noch in uns.

Bevor es kommunale Beleuchtungen gab, erließen die Stadtväter Verordnungen der Art, dass „wenn die Glocke neun geschlagen hat, soll niemand des Nachts ohne Licht angetroffen werden, der nicht einen besonderen Grund angeben kann, bei Strafe der Einkerkerung".[20] Vorschriften wie diese aus dem Jahr 1467 in England gab es in nahezu jeder Stadt. Wächter patrouillierten des Nachts mit Fackeln, die ihnen nicht nur selbst den Weg erhellten, sondern sie vor allem als Ordnungsmacht sichtbar von anderen unterschieden.

Erste Anfänge fest installierter öffentlicher Beleuchtungen sind im 16. Jahrhundert greifbar. Zum Beispiel wurde in Paris 1551 ein Dekret erlassen, wonach im November, Dezember und Januar des Abends Laternen im

Fenster des ersten Stocks jedes Hauses anzubringen seien, welche die Straße ausleuchten sollten.[21] Die nächsten Schritte hin zu einer zentral organisierten Beleuchtung wurden im 17. Jahrhundert vom absolutistischen Staat vorangetrieben. Dieser versuchte damit, die Kontrolle über die nächtlichen Aktivitäten zu erlangen. Die „Polizey", der diese Aufgabe übertragen wurde, regelte nun nicht nur nahezu jedes Detail des Alltags, sondern auch der „Allnacht".[22]

Von diesen Entwicklungen kann Fürst Franz nur durch Erzählungen oder Berichte gewusst haben. In seiner Jugend war die Stadt nachts noch vollends dunkel, denn in Dessau gab es vor 1779 keine Straßenbeleuchtung.[23] Bedeutende Städte wie Paris, London oder Berlin nannten bereits seit geraumer Zeit eine Straßenbeleuchtung ihr Eigen.[24] Selbst in unmittelbarer Nachbarschaft zu Dessau sind frühere Straßenbeleuchtungen nachweisbar, z. B. seit 1736 in Zerbst und seit 1764 in Coswig.[25] Auch im nahe gelegenen Magdeburg hatte man schon 1713 begonnen, im Rathaus über eine Straßenbeleuchtung zu verhandeln.[26]

Am Beispiel Magdeburg lässt sich zeigen, wie schwierig die Errichtung einer solchen Beleuchtung auch andernorts war. Nach ersten Beratungen 1713, als man den Beschluss zu Vorarbeiten und Erkundigungen in Berlin und Leipzig fasste, erstellte man erst 1747 einen Grundriss der Stadt, um eine Übersicht über die entstehenden Kosten zu erhalten. Der König lehnte jedoch einen Antrag auf Kostenzuschuss ab und so blieb Magdeburg weiter ohne nächtliche Beleuchtung. Erst am 25. September 1788 brannten in der Stadt zum ersten Mal die öffentlichen Laternen.[27] Auch im nicht weit entfernten Naumburg war der Beginn öffentlicher Beleuchtung durch den Streit über die Finanzierung solcher Unternehmungen gekennzeichnet. Der dortige Rat hielt eine Beleuchtung schlicht für unnötig, weil „alhier gemeiniglich des Abends bey Licht Zeit es auffm Marckte so stille ist, daß man offt in 1, 2 Stunden niemanden höret noch sehet."[28] Die Stiftsregierung in Zeitz allerdings sah das anders und so wurden tatsächlich einige Laternen in Naumburg errichtet. Da der Rat sich jedoch erfolgreich weigerte, die Rechnungen der Handwerker und das für die Beleuchtung notwendige Öl zu begleichen, konnten diese Laternen nur kurz die Straßen bei Nacht beleuchten. Erst 1806 wurde im Rat erneut über die Notwendigkeit einer Straßenbeleuchtung beraten und diese dann auch ab 1811 errichtet.

Die Anfänge öffentlich installierter Beleuchtung verdanken die Dessauer Fürst Franz. Als faktisch absolut regierender Fürst brauchte er Debatten wie in Magdeburg oder Naumburg nicht zu fürchten. Es ist zu vermuten, dass er die Idee zu einer öffentlichen Beleuchtung auf seinen Reisen bekam. Dabei waren ganz unterschiedliche Beobachtungen zu machen. In Paris gab es zum Beispiel die seit 1667 verbreiteten viereckigen, verglasten Kästen, in denen eine Kerze brannte. Davon waren in der zweiten Hälfte des 18. Jahrhunderts bereits etwa 8.000 Stück installiert. Im Gegensatz zu Paris, wo die Beleuchtung auf Anordnung des Königs durchgeführt wurde, setzte man in London auf ein halböffentliches System. Private Vertragsunternehmer übernahmen für einzelne Stadtteile die Beleuchtung. In Paris kontrollierte eine polizeiliche Überwachung die nächtliche Ruhe und Ordnung, während in London weniger gefürchtete Nachtwächter durch die Straßen gingen. Die fehlende Überwachung und Abschreckung durch entsprechende Polizeikräfte wurde in London durch mechanische Abschließung der Gebäude erreicht, d. h. es bildete sich eine Mentalität des Abschließens heraus, was in Paris weniger der Fall war.[30]

Das Scheitern des Dessauer Projekts

Wie detailliert Fürst Franz über die unterschiedlichen örtlichen Begebenheiten in den Nachtstunden unterrichtet war, wissen wir nicht. Es ist jedoch gut möglich, dass er zumindest das Augenscheinliche wahrgenommen hat oder diese Dinge unmittelbar im Dialog mit seinen Begleitern zur Sprache kamen. Aus den Archivquellen erfahren wir jedenfalls bereits von relativ frühen Plänen zu einer öffentlichen Beleuchtung in Dessau Mitte der 1760er Jahre.[31] Wir können annehmen, dass die Straßenbeleuchtung ein wichtiges Anliegen von Fürst Franz gewesen ist. Denn wenn wir Friedrich Reil, dem fürstlichen Biografen und intimen Kenner Dessauer Verhältnisse glauben schenken dürfen, so wollte sich der Fürst zuerst dem Notwendigen und Nützlichem, dem Materiellen und Leiblichen; dann dem Geistigen, Sittlichen und Religiösen zuwenden.[32] Und weiter haben wir bereits gehört, dass die Pläne durchaus umfangreicherer Natur gewesen sind. Allein die Umsetzung war wenig vollkommen – die Pläne blieben zunächst in der Schublade, bis dann 1779 einige Pfahllaternen auf dem Großen Markt installiert wurden.[33]

Auffallend ist eine gewisse Ähnlichkeit zu den Anfängen der Berliner Straßenbeleuchtung seit 1680, die ebenfalls Pfahllaternen kannte. Es handelte sich bei diesen um drei bis vier Meter hohe Holzpfähle, von denen ein Viertel bis ein Drittel im Boden steckte und auf deren oberem Ende die Laterne befestigt war. Erfunden vom holländischen Maler und Konstrukteur Jan van der Heyden, wurde sie bereits seit 1669 in Amsterdam eingesetzt. Auch in Berlin wurde Rüböl als Brennmittel verwendet und die Einwohner durch

Kurfürst Friedrich Wilhelm (1620–1688) angehalten, ihre Häuser selbständig zu beleuchten, wozu diese allerdings nicht in der Lage waren.[34] Fürst Franz wollte ebenfalls die Dessauer Stadtbevölkerung dazu anhalten, dass sie aus Eigeninitiative sein Vorhaben tatkräftig mit eigenen Laternen unterstützte. Jedoch erwiesen sich die Menschen nicht so hilfsbereit, wie es ihr Landesherr sich von ihnen wünschte.[35] Oberhofmeister von Berenhorst teilte daher 1783 in einer Bekanntmachung mit:

„Der wenige Antheil, welchen die Bürgerschaft der Stadt Dessau an der bloß zu ihrem Nutzen und Vortheil getroffenen Anstalt der Gassenlaternen bisher genommen hat, gereicht derselben zu keiner sonderlichen Ehre; es stehet zu erwarten, ob die erneuerten Beweise landesherrlichen Wohlwollens vermögend sein werden, sie zu ermuntern, auch ihrerseits Proben der Bereitwilligkeit zu geben, zum gemeinen Besten das Ihrige beizutragen, wenigstens werden diejenigen, so zwar Laternen vor ihren Häusern haben, solche aber selten oder gar nicht anstecken, hiermit ersuchet, dieselben lieber gänzlich hinwegzunehmen, damit man bei Tage sowohl als bei Nacht alle die erkennen möge, welche sich von jenem Beitrage zum Guten und Nützlichen ausschließen."[36]

Berenhorst sah einen eminenten Nutzen in der nächtlichen Beleuchtung von Dessau. Er wollte jedoch verhindern, dass sich Teile der Bevölkerung mit „falschen Federn" schmückten. Denn was nützte eine Laterne, die bei Nacht nicht angesteckt wurde? Berenhorst vertrat die Ansicht, dass nur diejenigen Laternen vor ihren Häusern anbringen sollten, die sie auch wirklich nutzen und nicht nur ihre Fassade damit schmückten, um womöglich dem Fürsten zu gefallen. Berenhorst versuchte die Dessauer mit zwei stilistischen Mitteln anzuregen: Eingangs mit sittlicher Ermahnung („keine sonderliche Ehre") und ausgangs mit Parteibildung: wer das Gute und Nützliche (mithin das Aufgeklärte) fördern wolle, möge sich zur Beleuchtung durchringen; die anderen sollten doch die Lampen lieber wieder abbauen. Geholfen hat es aber wenig.

Andererseits ist zu vermuten, dass die Bürger die Nacht noch nicht für sich entdeckt hatten. 1749 heißt es in einem Pamphlet: „Wenn diese öffentliche Dienstpflicht jemanden gleichgültig sein könnte, dann dem Handwerker. Von den Mühen des Tages erschöpft, ist er unfähig an den Vergnügungen der Nacht teilzunehmen."[37] Aber auch finanzielle Gründe, wie schon in Magdeburg oder Naumburg, haben eine grundlegende Rolle gespielt. Die ersten Regierungsjahre des Fürsten waren durch schwierige Umstände gekennzeichnet.

Nach seiner Bitte um Entlassung aus der Armee Friedrichs des Großen strafte dieser ihn mit hohen finanziellen Lasten. Häufig machten zudem Feuer und Überschwemmungen der Dessauer Bevölkerung zu schaffen und die Folgen des Siebenjährigen Krieges waren noch immer unbewältigt.[38] Reil schreibt: „Die öffentlichen Kassen waren erschöpft und das Privatvermögen seiner Untertanen zugrunde gerichtet."[39] Die Umstände mögen begründen, warum es in Dessau mit einer öffentlichen Beleuchtung nicht recht vorankam. Nach den Anfängen 1779 und noch einmal 1780 ist an der Stadtbeleuchtung in Dessau um 1800 nichts mehr erneuert oder erweitert worden.[40]

Schluss

Im Dessauer Kalender schreibt Ulla Jablonowski, dass die Folgen einer streckenweise fehlenden städtischen Politik in Dessau „Gleichgültigkeit, Anspruchsdenken und mangelnde Initiative bei den Untertanen" waren, „da ja der Landesherr für alles verantwortlich war".[41] Sollte sich dies etwa auch bei dem Stadtbeleuchtungsprojekt bemerkbar gemacht haben? Aber warum, wenn diese Gleichgültigkeit wirklich so vorherrschend war, hatte man dann teilweise versucht, durch „Laternenattrappen", wie es Berenhorst darstellt, dem Fürsten zu gefallen? Und warum half die Autorität des Fürsten andererseits nicht, eine einfache Straßenbeleuchtung zu installieren? Gab es neben den augenscheinlichen Gründen – den finanziellen Problemen – noch andere, nicht so offensichtliche Hindernisse, die es zu überwinden galt?

Erst nach dem Tode des Fürsten wurden modernere Einrichtungen geschaffen und Dessau systematisch mit Laternen beleuchtet. Welche Rolle dabei die Tatsache gespielt haben mag, dass die Laternen in Paris im Verlauf der Französischen Revolution 1789 in eine weniger rühmliche Rolle verwickelt waren, wissen wir nicht. Dort wurden nämlich nicht wenige Menschen an eben diesen aufgehängt.[42] Wir wissen aber, dass Fürst Franz die Revolution ablehnte, sie für unnötig und schädlich hielt.[43] Vielleicht wollte er mit ihren Gesichtern und Auswüchsen nichts zu tun haben, zu denen die Toten an den Laternen zweifellos zählten.

XIII

Pia Götze

Musik und Schauspiel in Dessau. Ein Einblick anhand der Theaterzettel

Die Leitidee der Epoche, den Menschen für ein vernunftbegabtes Wesen zu halten, welches sich selbst aufzuklären in der Lage ist, trug auch zu einem grundlegenden Wandel in der Musik- und Theaterwelt bei.[1] Im Folgenden wird das Verhältnis des Fürsten Franz und seiner Frau Luise zum Musik- und Theaterleben in Dessau, seiner Residenzstadt, erörtert. Dabei stehen alltagsgeschichtliche Aspekte im Vordergrund, die als Ergänzung zu weiteren Forschungen darüber dienen, ob und in welcher Form der Fürst in seiner Theaterpolitik aufklärerische Gedanken zuließ resp. förderte.

Deutsche Theaterlandschaft im 18. Jahrhundert

Viele Wandertruppen von Schauspielern und Musikern bestimmten im 18. Jahrhundert die Theaterlandschaft in Deutschland. So auch in Dessau, wie Hartmut Runge in seinen Dessauer Theaterbildern schon 1994 dargelegt hat.[2] Die „gute Gesellschaft" besuchte diese Aufführungen jedoch nicht. Dienten sie doch der Volksbelustigung auf den Märkten. Schauspieler wurden gering geachtet und waren meist verarmt. Aufführungen am Hofe gehörten zur Seltenheit und wurden nur ausgewählten Schauspielern gewährt. Der Adel spielte häufig selbst. Die Inhalte der Stücke behielten auch hier ihren trivialen Charakter. Johann Christoph Gottsched und Gotthold Ephraim Lessing versuchten bekanntlich als Erste, diese Situation zu ändern. Gottsched unternahm den Versuch, der „deutschen Dichtkunst" Ordnung und Regeln zu geben und das Theater zum Sprachrohr aufgeklärten Gedankenguts zu machen. Lessing, der Lieblingsdichter des Fürsten Franz, arbeitete nach der Devise: „Statt Fürstenerziehung Erziehung des Menschengeschlechts."

Doch war es nicht so einfach, Ideal und Wirklichkeit in Einklang zu bringen. Gegner war eine Ständegesellschaft, welche sehr an ihren alten Wertvorstellungen festhielt und sich nur langsam einer Neuorientierung öffnete.

Dennoch wuchs der Wunsch nach einem Nationaltheater! War es in Dessau anders?

Theater und Musik in Dessau

Durch den Fürsten Franz von Anhalt-Dessau besaß die Stadt einen bemerkenswerten Sinn für die Aufklärung, der auch für das Dessauer Musik- und Theaterleben viel bedeutete. Theater und Musik gab es zur Zeit des Fürsten immer. Aber eine besondere Förderung erfuhr das Theater am Hofe erst durch Luise, die Fürstin. In der Regel war es das Liebhabertheater, geleitet von Herrmann Steinacker, welches im Schlosstheater gastierte. Verschiedenen Quellen ist zu entnehmen, dass der Fürst und die Fürstin, selbst eine sehr gute Pianistin, an diversen Aufführungen teilgenommen haben. Das Steinacker'sche Liebhabertheater wurde 1777 erstmals vorgestellt, bekam gute Kritiken, so dass man es 1781 schon eine Zierde der Stadt nannte. Die Liebe zum Freilichttheater war entfacht. Dennoch kam es 1784 zum Konkurs Steinackers und zur Auflösung der Truppe. Damit verlor Dessau unendlich viel. In der Folge hielten wieder verschiedene Wandertruppen in Dessau Einzug. Im Mittelpunkt der Programme standen Sing- und Lustspiele wie „Minna von Barnhelm“ von Lessing.

Für den Fürsten selbst spielte das Theater eine nicht ganz so große Rolle wie etwa das allgemeine Bildungswesen oder auch die Architektur und der Gartenbau. „Ich ließ es noch links liegen, ich hatte mehr und anderes zu tun“, schrieb er an Johann Wolfgang von Goethe. Dieser war ja seit 1791 Schauspielleiter am Weimarer Theater und führte einen regen Briefwechsel mit dem Fürsten, in dem er ihn immer wieder zur Schaffung eines ständigen Gesellschaftstheaters drängte. Goethe mag daher dazu beigetragen haben, dass Fürst Franz 1794 die Gründung eines Theaters veranlasste. Allgemein nimmt man an, dass der Fürst diese Gründung, als die Vollendung seines Bildungswerkes betrachtete. Das Theater als moralische Anstalt!

Die Chance ergriff Fürst Franz, als die deutschlandweit bekannte Schauspielergesellschaft von Friedrich Wilhelm Bossann aus dem von französischen Truppen belagerten Mainz geflohen war, nach Dessau kam und sich für eine Saison verpflichten ließ. Als erstes Stück wurde „Das rothe Käppgen“ am 31. Juli 1794 in der fürstlichen Reitbahn aufgeführt. Neu war, dass die Schauspieler höhere soziale Anerkennung genossen. Es kam zu ihrer Integration in die städtische Gesellschaft dadurch, dass sie als Vollbürger anerkannt wurden. Dafür mussten sie sesshaft werden. Für den Bau ihrer Häuser kam der Fürst auf. Das Theater blieb zunächst auf dem Status eines Hoftheaters; trotzdem war eine neue Stufe der Theaterwirksamkeit erreicht.

Schnell entwickelte sich das Theater weiter. Diese Entwicklung lässt sich u.a. an den Theaterzetteln zeigen, mit denen für eine jede Aufführung geworben wurde. Deshalb wurden für die folgenden Ausführungen Stichproben gemacht und dafür die Jahre 1794, 1797 und 1811 gewählt Diese Jahre scheinen besonders signifikant, weil 1794, wie vorab erwähnt, das ständige Gesellschaftstheater geschaffen wurde, weil 1797 der Bau eines festen Theaterbaues beschlossene Sache war, und weil 1811 die theaterbegeisterte Fürstin Luise verstarb.

Die Theaterzettel

Die Theaterzettel werden im Stadtarchiv Dessau aufbewahrt[3] und sind in so genannten Zettelbüchern zu ein bis zwei Jahrgängen zusammengefasst. Ihre Größe entspricht in etwa einem Format zwischen A3 und A4. Die unterschiedlichen Größen sind durch den Wechsel der Verlagsgesellschaften bedingt. Vornehmlich sind sie schwarz auf weiß aufgedruckt. Eine klare Strukturierung ist erkennbar. Der annähernd identische Aufbau aller Theaterzettel weist auf eine feste Norm.

Jeder Jahrgang enthält zwischen 30 bis 40 Theaterzettel (der älteste Zettel stammt vom 31. Juli 1794). Sie sind nicht konsequent zeitlich geordnet. Das lässt vermuten, dass nicht alle Theaterzettel erhalten sind. Vereinzelt gibt es handschriftliche Zettel ohne genaue Datumsangabe. Das könnten Entwürfe gewesen sein.

Fast alle Theaterzettel sind dreigeteilt. Der erste Teil besteht aus einer Kopfzeile und dem Datum. Die Kopfzeile kann sich von Zettel zu Zettel ändern. Die häufigsten Eröffnungsformeln sind: „Mit gnädiger Erlaubnis“, „Volk bittet um Aufführung“, „Auf höchsten Befehl“ und „Fürst erbittet um Aufführung“. Das Datum wird angegeben mit den Worten: „Wird heute“, d.h. es handelt sich um äußerst kurzfristige Ankündigungen. Es wurde sehr oft gespielt, bis zu fünfmal die Woche.

Im zweiten Teil folgt die genaue Beschreibung der bevorstehenden Veranstaltung. Danach wird die Theatergruppe vorgestellt: Der Name der jeweiligen Theatergesellschaft wird angepriesen. Die Schauspielertruppen erhielten ein so genanntes Abonnement für ein oder zwei Spielzeiten, ein Wechsel war daher nicht ausgeschlossen. Erwähnenswert erscheint, dass keine andere Truppe spielte, wenn schon eine Schauspielergesellschaft verpflichtet war.

Mit gnädigster Erlaubniß
wird heute
Freytag, den 15. August 1794.
von der
Bossannschen Schauspieler-Gesellschaft
aufgeführt:

Die
Indianer in England.

Ein komisches Original-Lustspiel in drei Aufzügen,
vom Herrn Präsident von Kotzebue.

Personen:

Sir John Smith, ein Podagrist, vormals ein reicher Kaufmann, —	Herr Opel.
Mistris Smith, seine Frau, ein deutsches Fräulein von Geburt, —	Madame Sehring.
Samuel, Zollinspector, } seine Söhne, —	Herr Lücke.
Robert, Schifscapitain,	Herr Spangler.
Liddy, seine Tochter, — —	Demois. Homberg.
Kaberdar, vertriebener Nabob von Mysore, —	Bossann.
Gurli, seine Tochter, — —	Madame Mittel.
Mussaffery, sein alter Gefährte, — —	Herr Enders.
Fazir, ein junger Indianer, — —	Herr Mittel.
Ein Zollvisitator, — —	Herr Zeis.
Ein Bootsknecht, — —	Herr Sehring.
Mäster Staff, } zween Notarien, —	Herr Schönemann.
Mäster Strussel,	Herr Ahrends.
Ein Knabe, — — —	Wilhelm Sehring.

Die Handlung ist in einer englischen Seestadt, in Sir John Smiths Hause.

Herr Lücke, ein fremder Schauspieler, wird bey seiner Durchreise den Sir Samuel als Gastrolle spielen.

Die Person zahlt:

Auf dem ersten Platz — 8 Groschen.
Auf dem zweyten Platz — 6 Gr.
Auf dem dritten Platz — 4 Gr.
Auf dem letzten Platz — 2 Gr.

Wer sich an der Casse nicht aufhalten mag, kann vorher Billets in des Bauherrn, Herrn Schmelzers, Hause haben, sind aber nur den Tag gültig, an welchen sie gelößt werden.

Der Schauplatz ist in der Hochfürstlichen Reitbahn, und der Anfang um Sechs Uhr.

Abb. 1: *Theaterzettel vom 15. August 1794*

Wenn die Schauspielgruppe ein Stück erstmals aufgeführt hat, hob man dies besonders hervor.

Die Titel der Stücke erscheinen in besonders prachtvoll verzierter Frakturschrift. Die Anfangsbuchstaben sind nochmals hervorgehoben – groß, verschnörkelt und fett gedruckt und stehen selbstverständlich in der Mitte des Theaterzettels. Titelzusätze sind kleiner geschrieben, aber ebenfalls fett gedruckt.

Die Gattungen der Theater- und Musikstücke bieten eine weite Bandbreite. Eine Kombination von Musik und darstellender Kunst ist nicht ausgeschlossen. Vor allem Lustspiele, Trauerspiele und bürgerlich aufgeklärte Stücke fanden sich im Theaterbereich, in der Musik die komische Oper. Besonders interessant ist die Bearbeitung von Auslandsthemen in beiden Bereichen. Daran wird deutlich, dass die Dessauer Gesellschaft durchaus an Themen von einer gewissen Weite interessiert war, an Werken, die auch Wünsche und Sehnsüchte beinhalteten. Die Anzahl der Aufzüge eines Stückes sagte den Besuchern, welchen Umfang das Stück haben würde, ließ eventuell sogar die Spielzeit einschätzen. Auf den Titel der Stücke folgt der Name des Verfassers und des jeweiligen Bearbeiters. Es wurden vor allem Werke bis heute bekannter Dramatiker gewählt. Zahlreiche bekannte Titel wurden aufgeführt. Bearbeitet waren sie meist von August Wilhelm Iffland oder August von Kotzebue.

Den nächsten Abschnitt auf dem Theaterzettel nehmen die Schauspieler ein. Ihr Name und die Rolle, die sie spielen, sind in einer Art Tabelle gedruckt. Die Abfolge richtet sich nach dem Rang im Stück. Der Name des Schauspielers steht rechts, der der gespielten Gestalt links. Die Hauptrollen waren meist von Adligen besetzt. Diese spielten erstmals in Dessau ohne Pseudonym, was im übrigen Deutschland ziemliche Aufregung auslöste. In Weimar, dessen Theater in Dauerkonkurrenz zu Dessau stand, sprach man in Adelskreisen von einer Seuche, die in Dessau wüte. In den ersten Monaten waren die am häufigsten auftretenden Darsteller des ständigen Theaters die Eheleute Zeis und Mittel, Demoiselle Homberg, ein Herr Opel, ein Herr Enders und ein Herr Lichtenstein. Wenn Gastschauspieler teilnahmen, wurden sie eigens herausgestellt.

Auf die Namen der Künstler folgt der Ort der Handlung. Er steht ebenfalls im Zentrum des Theaterzettels. Hervorzuheben ist, dass es Stücke mit mehrfachem Wechsel des Schauplatzes gab, was auf ein starkes Bedürfnis der Zuschauer nach Abwechslung in der Handlungsabfolge schließen lässt. Offenbar wünschte man auch der Natur nah zu sein, denn Werke, die in der Natur spielten, erfreuten sich großer Beliebtheit.

Im dritten Teil finden sich die Informationen zur Veranstaltung selbst. Bei diversen Aufführungen war es demnach möglich, bei den Proben zuzuschauen oder nach Beendigung des Stückes hinter die Bühne zu gehen. Dadurch wurde eine gewisse Offenheit und Nähe erkennbar. Handelte es sich jedoch um eine sehr wichtige Aufführung, dann wurde auch um striktes Unterlassen gebeten. Ein Beispiel dafür ist die Erstaufführung der Mozartoper „Die Zauberflöte".

Theaterbesuch in Dessau

Dass sie mit Hilfe eines Begleitbuches die Handlung verfolgen konnten, hielten viele Besucher des Theaters für wichtig. Andere nahmen die Textbücher als Souvenir. Diese Bücher konnte man zum Preis von 3 Groschen erwerben. Bemerkt soll ebenfalls sein, dass sich die Anzahl der Ränge von 3 auf 4 erhöhte. Die Eintrittpreise lagen bei 8, 6, 4 und 2 Groschen je nach Platzverhältnis. Ein Theaterbesuch war also relativ preiswert und somit fast für jedermann erschwinglich. Auch der einfache Bürger war in der Lage, eine solche Veranstaltung zu besuchen.

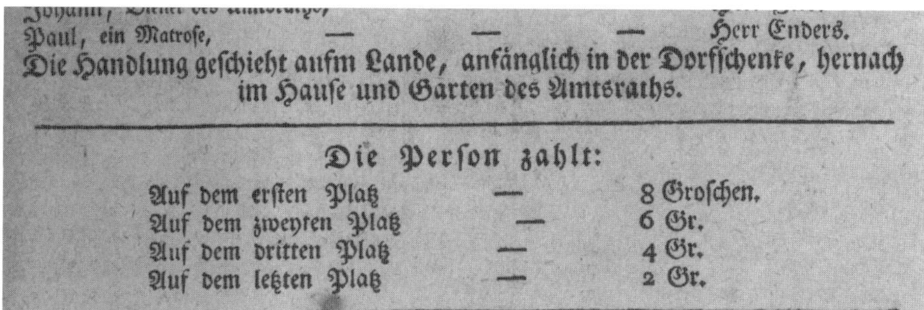
Paul, ein Matrose, — — — Herr Enders.

Die Handlung geschieht aufm Lande, anfänglich in der Dorfschenke, hernach im Hause und Garten des Amtsraths.

Die Person zahlt:

Auf dem ersten Platz — 8 Groschen.
Auf dem zweyten Platz — 6 Gr.
Auf dem dritten Platz — 4 Gr.
Auf dem letzten Platz — 2 Gr.

Abb. 2: *Eintrittspreise auf einem Theaterzettel vom 2. September 1794*

Die Theaterbillets konnten bereits vor der Aufführung erworben werden, so dass man sich das Anstehen in der Schlange sparen konnte. Darauf wurde auf den Theaterzetteln eigens hingewiesen. Der Hinweis wäre gewiss nicht nötig gewesen, wenn man nicht davon ausgegangen wäre, dass die Veranstaltung voll werden und damit ausverkauft sein könne. Die Spielsaison begann meist im Frühjahr des jeweiligen Jahres und endete im Herbst. Saisonanfang und Ende variierten von Jahr zu Jahr. Die Veranstaltungen begannen um

17.30 Uhr, manchmal um 18.00 Uhr. War in Dessau hoher Besuch zu erwarten, dann wurde auch dies auf den Theaterzetteln vermerkt. Denn dadurch konnte es zur Abänderung der Spielzeiten kommen. Für die Besucher des Gartenreiches bot der Theaterbesuch oft den krönenden Abschluss. Und bei schlechtem Wetter lag es ohnehin nahe, ins Theater zu gehen.

Einige Spielzettel sind sogar vom Theaterdirektor unterschrieben. Es scheint bei Stücken von besonderer Wichtigkeit der Fall zu sein. Dabei kann von einer Garantieabgabe für das Stück die Rede sein. Vom gewöhnlichen Theaterzettel unterschied sich die so genannte Festschrift, die bei besonderen Anlässen gedruckt wurde. Die Kopfzeile war verändert. Sie begann mit dem Datum der Aufführung und dann wurde der festliche Anlass genannt, zum Beispiel „Zum Hochzeitsfeste" oder „ Zum Geburtstagsfeste des Fürsten". Meist wurden dann zwei Stücke aufgeführt, ein Theaterstück und ein Musikstück. Die Stücke waren eindeutig am Geschmack der fürstlichen Familie orientiert. Ob sie von der Fürstenfamilie vorgeschrieben worden sind oder ob die Schauspielertruppe den Geschmack ihres Fürsten kannte, muss offen bleiben.

Betrachtet man die Weiterentwicklung der Theaterzettel bis 1811, dann lässt sich eine ansteigende Detaillierung wahrnehmen. Die Ankündigungen zeichneten sich durch genauere Zeitangaben aus; nicht bloß der Beginn, sondern auch das Ende der Vorstellung wurde jetzt angegeben.

Die Schauspielergesellschaften wechselten mehrmals. Da sie saisonbegrenzt verpflichtet wurden, erfolgte eine Eintragung des Abonnements auf den Zetteln mit der Anzahl der jeweiligen Aufführungen. Die Schauspieler wurden jetzt handschriftlich auf dem Spielplan notiert. Offenbar war man sich nicht sicher, welcher Schauspieler mit welcher Rolle betraut werden könnte. Außerdem wurde das Benehmen geregelt. Die Besucher der vorderen Reihen wurden auf den Zetteln gebeten, sich zu ducken und sich still zu verhalten, damit auch die der hinteren Reihen von einem erlebnisreichen Theaterbesuch sprechen konnten.

1798 öffnete das neue Theater seine Pforten. Mit über tausend Plätzen zählte es zu den größten seiner Zeit. Es war um zwei weitere Ränge erweitert. Eine Änderung der Eintrittspreise ging damit einher. Der erste Rang kostete nun 12 Groschen, die weiteren 8, 6, 3 und 2 Groschen. Der Charakter und die Inhalte der Stücke veränderten sich. Es wurden weitaus mehr ernste und neue Themen aufgegriffen. Die Namen von Altmeistern wie Lessing verschwanden von den Theaterzetteln. Auch die Aufführungen der Theaterstücke wurden seltener, was auch auf eine längere Vorbereitung und mehr Zeit für die Proben schließen lässt.

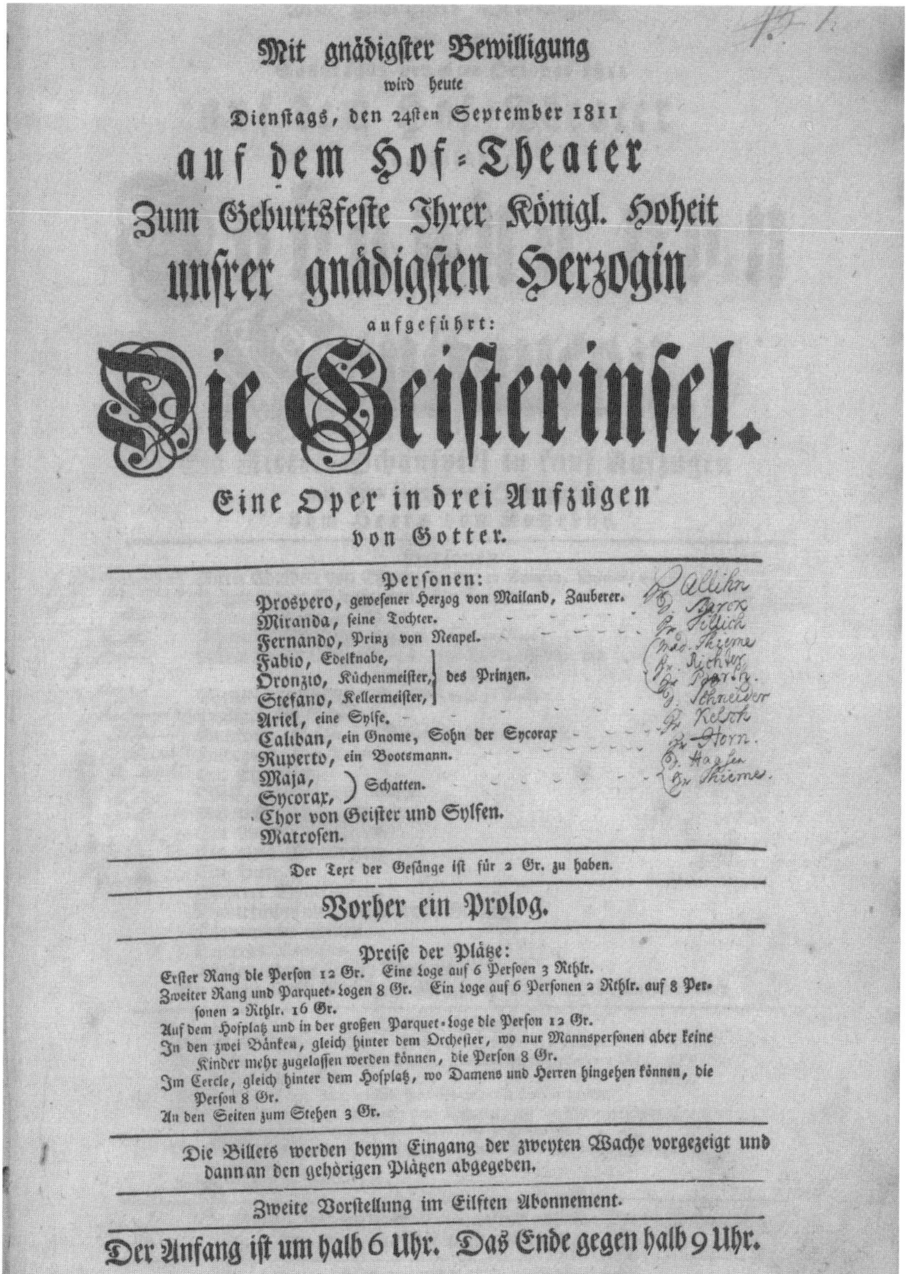

Mit gnädigster Bewilligung
wird heute
Dienstags, den 24sten September 1811
auf dem Hof-Theater
Zum Geburtsfeste Ihrer Königl. Hoheit
unsrer gnädigsten Herzogin
aufgeführt:

Die Geisterinsel.

Eine Oper in drei Aufzügen
von Gotter.

Personen:
Prospero, gewesener Herzog von Mailand, Zauberer.
Miranda, seine Tochter.
Fernando, Prinz von Neapel.
Fabio, Edelknabe, | Oronzio, Küchenmeister, | Stefano, Kellermeister, | des Prinzen.
Ariel, eine Sylfe.
Caliban, ein Gnome, Sohn der Sycorax
Ruperto, ein Bootsmann.
Maja, | Sycorax, | Schatten.
Chor von Geister und Sylfen.
Matrosen.

Der Text der Gesänge ist für 2 Gr. zu haben.

Vorher ein Prolog.

Preise der Plätze:
Erster Rang die Person 12 Gr. Eine Loge auf 6 Persoen 3 Rthlr.
Zweiter Rang und Parquet-Logen 8 Gr. Ein Loge auf 6 Personen 2 Rthlr. auf 8 Personen 2 Rthlr. 16 Gr.
Auf dem Hofplatz und in der großen Parquet-Loge die Person 12 Gr.
In den zwei Bänken, gleich hinter dem Orchester, wo nur Mannspersonen aber keine Kinder mehr zugelassen werden können, die Person 8 Gr.
Im Cercle, gleich hinter dem Hofplatz, wo Damens und Herren hingehen können, die Person 8 Gr.
An den Seiten zum Stehen 3 Gr.

Die Billets werden beym Eingang der zweyten Wache vorgezeigt und dann an den gehörigen Plätzen abgegeben.

Zweite Vorstellung im Eilften Abonnement.

Der Anfang ist um halb 6 Uhr. Das Ende gegen halb 9 Uhr.

Abb. 3: *Theaterzettel vom 24. September 1811*

Schluss

Für die Dessauer Bevölkerung war das Theater offenbar von zentraler Bedeutung. Sein Besuch gehörte wohl zum festen Lebensbestandteil. Die Erweiterung der Ränge lässt auf ein anwachsendes Publikum schließen und auf einen Fürsten, der den Bedürfnissen nachkam. Kann man von einer Mitbestimmung der Bevölkerung an der Wahl der Theaterstücke sprechen? Sicherlich erfolgte diese nicht direkt, doch wurde auf die Reaktionen bei den Aufführungen sensibel geachtet. Dies zeigt sich daran, dass bestimmte Stücke sehr häufig wiederholt wurden. Andere hingegen wurden nur einmalig aufgeführt. Der Charakter der Werke bewegte sich mit der Zeit von solchen, die ein einfaches Verständnis zuließen, zu schwereren, ja anspruchsvolleren Inhalten. Das scheint nicht anders als in der Schule gewesen zu sein. Die Stücke wurden immer abwechslungsreicher und moderner. Es wurde nicht mehr an allen Wochentagen gespielt, wodurch es zu einer enormen Qualitätssteigerung kam. Man kann somit der herrschenden Meinung folgen, dass das Dessauer Theater eine Art Bildungseinrichtung verkörperte, die von der Bevölkerung, aber auch von den Gästen Dessaus positiv angenommen wurde.

Wie Erhard Hirsch 2003 schrieb, gehörte die Dessauer Bevölkerung wohl zur intelligentesten ihrer Zeit und es machte sie stolz, dass ihre Stadt zum kulturellen Zentrum Deutschlands geworden war. Weimars Theater zählte zu den größten Neidern – und Neid ist wohl bemerkt das höchste Lob, das man erreichen kann. Fürst Franz und Fürstin Luise legten daher mit der Zulassung der Bossann'schen Theatertruppe den Grundstein für ein kleines Meisterwerk. Der Fürst erreichte dies nicht durch direktes Einwirken auf den Spielplan. Er sorgte für alle Formalitäten, um den äußeren Rahmen zu sichern. Er gab Anstöße für neue Stücke, indem er weltoffene Ideen in Dessau pflegte und seine Mitstreiter mit großer Sorgfalt aussuchte. Die Theaterleitung legte er in die Hände erfahrener Personen wie eben Friedrich Wilhelm Bossann. Das beweist, dass der Fürst ein gutes Musik- und Theaterverständnis besaß. Die Fürstin hingegen sorgte für die Öffentlichkeit dieses Bereichs, indem sie populäre Personen der Zeit nach Dessau in das Theater einlud und das mit großem Erfolg.

XIV

Doreen Belau/Anke Schilling

Gewinn oder Niete? Fürst Franz und die Kunstlotterie

„Das Verlangen, durch einen Glücksfall reich zu werden, ist bey den mehresten Menschen so natürlich und so groß, dass ein jeder gerne einige Thaler oder Louis d'or daran wage, um Theil an einem solchen Glücksfalle zu haben"

Die obige Feststellung in einem Artikel des *Neuen Hamburgischen Magazins* von 1770[1] lenkt die Aufmerksamkeit auf die weit verbreitete Spielsucht in der zweiten Hälfte des 18. Jahrhunderts. Selbst Menschen aus den ärmeren Schichten gaben ihre letzten Habseligkeiten für den Kauf eines Loses und den damit erhofften Geldsegen aus. Infolgedessen stiegen auch die Vergehen an fremdem Eigentum an. Das Spielen brachte das Lotteriewesen immer mehr in Verruf und rief Geistliche, Gesetzgeber und Moralisten auf, vor dessen verborgenen Gefahren zu warnen. Doch tat dies der Sache keinen Abbruch. Einige Landesherren erkannten darin schnell eine Möglichkeit, ihre leeren Kassen zu füllen. Aber nicht nur für die eigene Tasche, auch für wohltätige Zwecke wurden Lotterien veranstaltet. Neben den allgemeinen Zahlen- und Klassenlotterien gab es die Armen- und Gebäudelotteriern. In den deutschen Ländern war außerdem die Variante der Tombola sehr verbreitet. Die von Manufakturbesitzern und Privatleuten organisierte Warenlotterie war meist auf Luxusartikel wie teure Kleider, Teppiche, Schmuck, ausgerichtet. Aber selbst solch ausgefallene Dinge wie Orangenbäume fanden – frei nach dem Motto „Es gibt nichts, was nicht veräußert werden kann!" – Eingang in die Verlosung. So wurde die Lotterie Teil einer Absatzstrategie der Unternehmer, um Produkte schnell und profitabel verkaufen zu können.

Das Glückspiel, welches in allen Bevölkerungsgruppen beliebt war, brachte auch die Sonderform der Kunstlotterie hervor. Fürst Franz hat an mindestens zwei dieser Auspielungen teilgenommen, wie die im Landeshauptarchiv Sachsen-Anhalt, Abt. Dessau erhaltenen Lose belegen.

Kunstlotterien

Über die Kunstausspielung als Sonderform der Lotterie ist wenig überliefert. In Lexika und Zeitschriften der Zeit wird sie nicht erwähnt. Die Kunstlotterie war offenbar nicht für jedermann zugänglich, wurde sie doch nur von und für die oberen Schichten veranstaltet.

Weshalb fanden also Kunstausspielungen statt? Bei den beiden Kunstlotterien, an denen Fürst Franz teilgenommen hat, waren es die Erben, die die Ausspielung veranlassten. Im Fall der Hackert'schen Kunstlotterie nennt ein Plan[2] die Beweggründe, welche die Erbengemeinschaft zur einer Ausspielung veranlassten: „Viele von diesen Kunstwerken sind zu einem Werthe von 2 bis 300 Dukaten gewürdigt worden, aber eben dieser große Werth ist es, welcher in jetzigen Zeiten den Freunden der Kunst es unmöglich macht, den Wunsch des Besitzes zu befriedigen. Von vielen Seiten sind wir daher aufgefordert worden, zur Veräußerung dieser Kunstsammlung den Weg der Ausspielung derselben zu wählen."[3]

Die Hackert'sche Lotterie wurde zu der Zeit veranstaltet als Napoleon Deutschland besetzt hielt. Das Geld war überall knapp. An eine Auktion war nicht zu denken. Dies hieß für die Angehörigen des verstorbenen Künstlers, nicht für jedes einzelne Kunstwerk den aktuellen Marktwert zu erhalten, aber dafür schnell zu Geld zu kommen. Für Kunstinteressierte war es eine günstige Alternative, Gemälde, Zeichnungen etc. zu erwerben.

Die Tischbein'sche Kunstlotterie

Die erste Kunstlotterie, an der sich Fürst Franz beteiligte, war die der Erben des Kasseler Malers Johann Heinrich Tischbein d. Ä. Der 1722 in Haina/Hessen geborene Künstler hatte zunächst eine Malerlehre absolviert, war 1753 zum Kasseler Hofmaler ernannt worden und war außerdem Lehrer an der Kasseler Kunstakademie gewesen, als er 1789 in Kassel verstarb.

Um die auf die Tischbein'schen Erben zugefallende Sammlung zu veräußern, wurde eine Gemälde-, Miniatur-, Bilder- und Handzeichnungen-Lotterie veranlasst. Verlost wurden 150 Gewinne, welche zum größten Teil aus Werken des Malers bestanden. 3.000 Lose wurden in Umlauf gebracht. Sie konnten einzeln für einen Gulden oder zu zehnt für sechs Reichstaler erworben werden. Auf postalische Anfrage vom 4. August 1800 durch den Leiter der Auspielung, einem nicht weiter bekannten Professor Klingender, kaufte Fürst Franz zehn Lose. Die Auslosung fand am 9. August 1801 in Gegenwart des Leiters, zweier vereidigter Notare und einem Professor Ramus in Kassel statt.

Wie bei einer allgemeinen Lotterie wurden dort die Los- und die Gewinnnummern in zwei versiegelten Lostrommeln gemischt. Die Trommeln wurden gedreht, wieder angehalten, die Lose gezogen und den auf gleiche Weise gezogenen Gewinnnummern zugeordnet, bis alle 150 Gewinne vergeben waren.

Hatte Fürst Franz mit seinen zehn Losen, bei einer Chance von 1:19 auf einen Gewinn, Glück oder Pech? Immerhin waren die in Aussicht stehenden Gewinne sehr verlockend. Der erste Hauptgewinn war ein Gemälde, das in Lebensgröße den verwundeten Antonius zeigt, der sich sterbend zu Kleopatra bringen lässt. Das Bild hatte einen Wert von mindestens 300 Dukaten, den Tischbein selbst noch genannt hatte. Weil sich in Dessau aber noch alle zehn Lose finden, darf man wohl annehmen, dass Fürst Franz nicht zu den Glücklichen zählte, die einen Hauptgewinn für sich verbuchen konnten.

Der Dessauer Akte mit den Losen ist eine Auflistung der Losnummern beigelegt, mit denen ein Hauptgewinn erzielt worden ist. Auf dieser Liste findet sich ein Vermerk, dass die Losnummer 2498 auf den 77. Gewinn fiel. Leider ist aus den durchgesehenen Quellen nicht ersichtlich, was sich hinter diesem Gewinn verbirgt. Geht man aber davon aus, dass die Aufzählung[4] auf der Rückseite der Lose korrekt ist, dann hat Fürst Franz einen von den 39 Posten gewonnen, die vor allem Zeichnungen im Wert von einem und zwei Reichstalern umfassten.

Die Hackert'sche Ausspielung und deren Regeln

Elf Jahre später probierte Fürst Franz erneut sein Glück. Diesmal sollte der Nachlass des 1807 in Florenz verstorbenen Landschaftsmalers Philipp Hackert veräußert werden. Dieser bestand aus „nachgelassenen Gemälden und Zeichnungen, theils von ihm selbst, theils von anderen berühmten Meistern verfertigt [...] einer Sammlung vortrefflich geschnittenen in Gold gefassten Steinen, und einer Anzahl Kupferstiche von Georg Hackert und anderen Künstlern".[5] Die Ausspielung wurde von den Erben veranlasst. Der preußische König hatte sie genehmigt.

Nach dem Tode des Künstlers war dessen Schwager, Hofrat Friedrich Christian Behrendt[6], nach Florenz gereist, um vor Ort den Nachlass zu regeln.[7] Er hatte dann die Werke nach Berlin bringen lassen, wo sie von mehreren Kunstsachverständigen geschätzt worden sind. Die 133 Ölgemälde,

N.o 815.

Zu der
von Sr. Königl. Majestät von Preußen
allergnädigst bewilligten
Ausspielung
der von dem verstorbenen Landschafts-Maler
Philipp Hackert
nachgelassenen
Gemälde, Zeichnungen, Kupferstiche und geschnittener Steine,
hat Inhaber dieses Looses den Einsatz mit Zwei holländischen Ducaten baar bezahlt, und wird derselbe gegen Zurückgabe dieses Looses den darauf fallenden Gewinn planmäßig erhalten.
Berlin, den 30. July 1811.

Abb. 1: *Los Nr. 815 der Kunstlotterie Phillipp Hackert*

395 Zeichnungen verschiedener Qualität und Größe, die 432 Kupferstiche und die 40 in Gold gefassten Gemmen besaßen demnach einen Gesamtwert von 36.000 Reichstalern. Fast ein Jahr vor dem eigentlichen Ausspielungstermin, dem 30. Juli 1811, wurde der Ausspielungsplan gedruckt, in dem neben den nummerierten und katalogisierten Werken auch die Bedingungen der Lotterie standen. Zeitgleich wurden die Lose gedruckt. Auf ihnen wurden, wie auf den Losen der Tischbein'schen Lotterie, der Zweck der Lotterie, der Kaufpreis des Loses sowie weitere Lotteriebedingungen bekannt gemacht.

Der Ausspielungsplan enthält detaillierte Informationen über den Ablauf, die Organisation und über rechtlichen Angelegenheiten, welche in sechs Paragraphen[8] aufgeführt sind. Paragraph 1 besagt, dass sich 1.000 Kunstwerke auf 6.000 Lose zu je zwei holländischen Dukaten verteilen. Daraus ergibt sich die Chance von eins zu sechs. Weiter besagt dieser Paragraph, dass die Lose „zum Beweise der Legalität dieser Ausspielung, mit dem Stempel der königl. General-Lotterie-Direktion bezeichnet"[9] und mit der Unterschrift des Hofrates Behrendt signiert sind.[10]

Der zweite Paragraph nennt den Tag der Ausspielung, welcher „am 3ten Februar 1812 öffentlich geschehen und von der königlichen General-Lotterie-Direktion besorgt werden"[11] soll. Im zweiten Paragraphen ist außerdem über den Ablauf der Ziehung die Rede. Dabei galt das gleiche Prinzip wie bei der Tischbein'schen Lotterie. Die Gewinnlisten sollten durch die königliche General-Lotterie-Direktion publiziert werden. Paragraph 3 enthält noch einige organisatorische Details, der dann folgende die juristischen Informationen über die Haftung, welche insbesondere Behrendt für die korrekte Aushändigung der Gewinne übernahm. Diese mussten spätestens drei Monate nach der Ziehung eingefordert werden. Ferner bestand die Möglichkeit, die unter „des Hofraths Behrendt besondern Aufsicht stehenden, Kunstwerke, Sonntags und Mittwochs Vormittags von 11 bis 1 Uhr in“ der „Wohnung, Königstraße Nr. 60 in Augenschein zu nehmen.“[12]

Der fünfte Paragraph regelte die Teilnahme ausländischer Interessenten und den Handel mit den Losen. In beiden Fällen durften die Lose nur über Behrendt oder den Kunsthändler Caspare Weiß & Comp. bezogen werden. „Außer der gewöhnlichen Provision, erhalten die Einnehmer auch noch von dem Spieler 2gGr. pro Loos Schreibgebühren, weiter aber nichts.“[13] Der letzte Paragraph regelt den Umgang mit nicht verkauften Losen. Sie mussten „acht Tage vor der Ziehung, wieder abgeliefert werden, oder auf Rechnung des Einnehmers verbleiben“.[14]

Der Briefwechsel zwischen Fürst Franz und Hofrat Behrendt

Wie aus dem Lotterieplan hervorgeht, war Behrendt die bedeutendste Person. Er war derjenige, der die Erbengemeinschaft vertrat und in deren Auftrag handelte.[15] Daher war es auch Behrendt, der den Kontakt zum Dessauer Fürsten Franz aufnahm und ihn über die Lotterie am 23. September 1811[16] informierte. In seinem Brief bezeichnet er Franz als hohen Bewahrer und Beschützer der Kunst. Er bittet ihn um „gnädige Unterstützung und Theilnahme [...] auch nur die Erlaubniß huldreichst zu ertheilen, diese Kunstausspielung in Höchstdero Garten, für die dortigen Kunstliebhaber und Freunde des verstorbenen Hackert öffentlich bekannt machen zu dürfen“.[17] Behrendt legte seinem Brief den Plan der Kunstlotterie bei. Zwischen Anrede und Brieftext findet sich folgende Notiz: „Kauft fünef Loose zehen Dukaten übersandt den 14. Okt. 1811 Berlin“[18], was heißt, dass Fürst Franz Behrendt gebeten hatte, fünf Lose für ihn zurückzulegen, wofür er die entsprechenden zehn Dukaten am 14. Oktober nach Berlin gesandt hat.

Vom 19. November stammt die Antwort aus Berlin.[19] Darin bedankt sich Behrendt für den Kauf der Lose und für das Bekanntmachen der Ausspielung im Dessauer Garten. Wie der Fürst dies tat, bleibt im Dunkeln. Dem Brief sind die Lose des Fürsten, „nemlich No. 79, 108, 203, 805 und 815“[20], beigelegt. Behrendt hat die Lose gewiss nach einem Zufallsprinzip ausgesucht.

Eigenartigerweise folgen erst im August des darauf folgenden Jahres die weiteren Briefe von Behrendt. Am 11. August 1812 schreibt Behrendt: „Euerhochwohlgeborren gebe ich mir die Ehre in der Anlage die Gewinnliste der

Ausspielungs Lotterie des Hackertschen Kunstnachlaßes zu übersenden [...] Auf die No. 805 der Loose, welche Sr. Durchlaucht erhalten, ist der Gewinnst no: 342 des Plans, eine Zeichnung zu bieten das Castel zu Cajazzo von P. Hackert gefallen, welche ich falls nicht anders disponirt wird, innerhalb 8 Tagen an Eure Hochwohlgeboren durch die Post überschicken werde."[21] Behrendt teilt weiter mit, dass er: „vor zwei Monat am Nervenfieber kranck geworden" sei. „Diese Kranckheit ist so hartnäckig gewesen" – so schreibt er –, „daß ich erst jetzt wieder genese, jedoch noch so kraftlos bin, daß ich mich noch nicht auf die Zimmer wagen darf, in welchem sich die Hackertschen Gemälde und Zeichnungen befinden. Ich hoffe aber daß dis in nächster Woche wird geschehen können und ich werde alsdann diese Zeichnung alsbald aussuchen und übermachen."[22] Am Schluss des Briefes entschuldigt sich Behrendt noch einmal für die Verspätung: „Haben Euer Hochwohlgeboren nur die Gelegenheit, mich bei Sr Durchlaucht zu entschuldigen, damit mir kein Versäumnis zur Last gelegt werden möge, hätte mich nicht die unglückliche Kranckheit betroffen, würde ich unwundet die Liste und die Zeichnung überreicht haben."

Weil der fürstliche Sekretär auf diesem Brief nichts vermerkt hat, bleibt unklar, wie der Fürst darauf reagiert hat. Doch die wichtigere Frage ist, warum Fürst Franz seine Gewinnmitteilung erst Mitte August erhielt? Im Ausspielungsplan war ja der 3. Februar als Ziehungstermin festgelegt. Räumt man Behrendt großzügig einen Zeitraum von einem Monat für die Benachrichtigung der Teilnehmer ein, wäre dies sehr gut realisierbar gewesen. Behrendt erwähnt in diesem Zusammenhang seine Krankheit. Unter der Berücksichtigung dieser Zeit hätte er dennoch bis Ende Mai, Anfang Juni für alle Gewinnmitteilungsschreiben Zeit gehabt. Daher bleibt offen, was Behrendt an der raschen Depeschierung gehindert hat. Denkbar ist auch eine zeitliche Verschiebung der Ziehung aus uns heute unbekannten Gründen.

Kurze Zeit danach traf erneut ein Brief von Behrendt ein.[24] Er war am 25. August mit folgendem Inhalt geschrieben worden: „Euer Hochwohlgeboren habe ich nunmehro die Ehre, die bey der Hackertschen Kunstausspielung auf das Loos No: 805 gefallende Zeichnung nehmlich num. 342 das Castel zu Cajazzo hierbey zu überschicken. Da dies aber nur eine kleine Zeichnung ist, welche vieleicht nicht den Beifall Sr. Herzoglichen Durchlauchten finden möchte, so habe ich noch eine größere und vorzügliche Zeichnung nemlich einer Landschaft mit einem Flußthale zu Cajazzo beigeleget, und will die Auswahl lediglich Sr. Herzoglichen Durchlaucht überlassen, und die nicht gewählte mir nur gelegentlich wieder zurück und zugleich das Loos no. 805 erbitten, der Preiß der größren Zeichnung ist nun Hackert no.10 und der den kleineren zu 6 Quanten voliert worden, dis macht aber nichts und die Auswahl bleibt lediglich Sr. Herzoglichen Durchlaucht überlaßen; wenn aber neben der größern auch die kleinere Beifall finden sollten, so würde ich diese für 5 Pfund überlaßen.“[25]

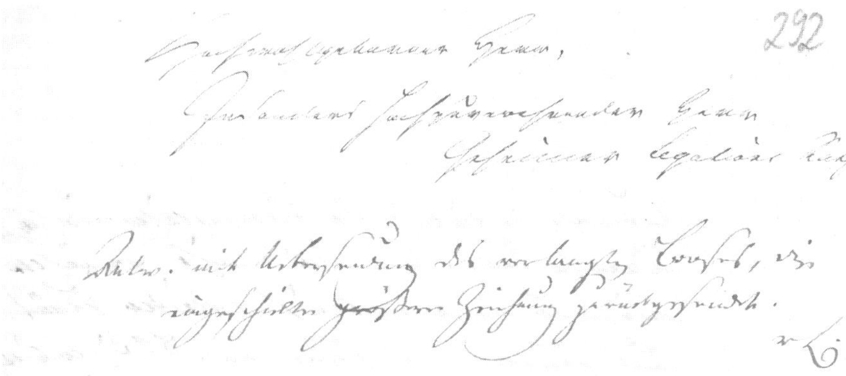

Abb. 2: *Brief von Hofrat Behrendt an Fürst Franz vom 25. August 1812 (Ausschnitt)*

Da Behrendt die Zeichnung *Das Kastell zu Cajazzo* allem Anschein nach für Fürst Franz zu unscheinbar und vielleicht nicht würdig genug erschien, bot er ihm also eine weitere und größere Zeichnung mit einem Flusstal zu Cajazzo an. Der Fürst konnte demnach selbst entscheiden, ob er eine oder beide Zeichnungen (gegen ein entsprechendes Aufgeld) behielt. Aus welchem Grunde konnte Behrendt die zweite Zeichnung Fürst Franz anbieten? Entweder hat der ursprüngliche Gewinner auf seinen Gewinn verzichtet oder das Los, auf das dieser Gewinn fiel, war eines der Lose, die bei Behrendt verblieben waren und nicht verkauft werden konnten.

Die Zeichnung, welche Fürst Franz gewonnen hatte, stellt das Kastell zu Cajazzo[26] dar. Doch wie reagierte der Fürst auf das Angebot anstelle dieser kleinen Zeichnung noch eine größere und bessere Zeichnung oder gar beide zu erhalten? Die einzige Aussage darüber liefert ein Vermerk des fürstlichen Sekretärs. Die zwischen Anrede und Brieftext stehende Notiz lautet: „Antw.: mit Uebersendung des erlangten Looses die eingeschickte grössere Zeichnung zurückgesendet.“[27] Der Fürst hatte also wie angekündigt beide Zeichnungen erhalten, sich jedoch nur für die kleinere entschieden. Die Gründe für seine Entscheidung lassen sich anhand der vorhandenen Quellen nicht ermitteln. Vielleicht hatte er auf ein repräsentatives Gemälde gehofft. Oder ging es ihm nicht so sehr um die Gewinne, sondern eher um die Teilnahme? Vielleicht sprach ihn auch Hackert als Künstler nicht so sehr an.[28]

Die beiden Cajazzo-Zeichnungen

Um welche Zeichnungen handelte es sich bei den beiden dem Fürsten angebotenen? Schaut man in den Plan der Lotterie, finden sich dort mehrere Zeichnungen mit einer Darstellung von Cajazzo. In der Kategorie der größeren Zeichnungen ist ein *Flusstal zu Cajazzo* (Nr. 215) aufgeführt. Bei den mittleren Zeichnungen werden eine *Landschaft mit einem Flusstale* (Nr. 259), eine *Eiche mit dem Hintergrund zu Cajazzo* (Nr. 260) und eine *Studie einer Eiche zu Cajazzo* (Nr. 268) sowie bei den kleineren Zeichnungen das *Kastell zu Cajazzo* (Nr. 342) genannt. Das 1994 erschienende Werkverzeichnis Hackerts[29] von Claudia Nordhoff und Hans Reimer nennt fünf datierte Zeichnungen[30] sowie eine undatierte[31], welche Landschaften bei Cajazzo abbilden. Die dortigen Zeichnungen mit dem Titel *bei Cajazzo* bilden in ihrem Vordergrund jeweils einen Baum ab. Somit entsprechen sie den Nummern 260 und 268 auf dem

Abb. 3: *Jacob Philipp Hackert: Blick auf das Schloss von Cajazzo (Ausschnitt)*

Ausspielungsplan. Die Werke *Blick von Cajazzo in Richtung Capua* und *Blick vom Franziskanerkloster in Cajazzo*[32] sind die noch verbleibenden mit einem Flusstal. Sie sind somit mit den Nummern 215 und 259 aus dem Plan gleichzusetzen. Es ist also eine dieser beiden Zeichnungen, die Fürst Franz zusätzlich von Behrendt angeboten bekommen hat.

Das Kastell von Cajazzo entspricht der datierten Zeichnung *Blick auf das Schloss von Cajazzo* (Abb. 3). Darauf deutet die gleiche Qualität, wie die anderen datierten Zeichnungen hin. Auch ist sie vom Format her kleiner. Ein weiterer Hinweis ist die italienische Bezeichnung *Castello di Cajazzo.*[33]

Beim *Blick auf das Schloss von Cajazzo* handelt es sich um eine Bleistiftzeichnung, die mit Feder und Pinsel in brauner Farbe verfeinert wurde. Ihre Größe ist 468 x 413 mm und die Entstehung auf 1798 datiert. Die Zeichnung befindet sich heute im Goethe-Museum in Düsseldorf und gehört zur Anton-und-Katharina-Kippenberg-Stiftung. Das Ehepaar Kippenberg hat sie 1963 bei einer Auktion des Hauses Karl und Faber in München ersteigert.

Die Hackertsche Zeichnung zeigt im Vordergrund eine Bauernfamilie, auf einem Weg wandernd, und einen großen Baum, an dem gerade eine Frau vorbeigeht. Auf die rechte Bildseite ist eine Häuserzeile gerückt. Zur linken Seite der Familie verläuft ein kleiner Abhang, der von einem dahinter liegenden Wald eingegrenzt wird. Im Hintergrund erhebt sich auf einem Berg mächtig das Kastell von Cajazzo.

Schluss

Die Beweggründe, eine Kunstlotterie, zu veranstalten scheinen von Fall zu Fall unterschiedlicher Natur gewesen zu sein. Es wäre interessant zu erfahren, ob noch weitere Kunstausspielungen stattgefunden haben und welche Gründe diese veranlasst haben. Waren sie nur ein deutsches Phänomen oder gab es diese besondere Art der Lotterie in anderen Formen auch im europäischen Ausland? Weitere systematische Forschung mag zukünftig erklären, wie es zu den Kunstlotterien kam, wer daran teilnahm und in wieweit sie das Leben der Menschen beeeinflusst haben.

Was mag nun Fürst Franz zur Teilnahme an den Lotterien bewogen haben? Diese Frage muss offen bleiben, weil bisher keine weiteren Briefe vom Fürsten an Behrendt oder sonstige Zeugnisse, in denen er sich zu dieser besonderen Art von Gewinnspielen und Lotterien im Allgemeinen äußert, bekannt geworden sind. Daher bleibt seine persönliche Einstellung dazu für den Moment im Dunkeln.

XV

Elisa Schroer

Der Fürst und der Graff. Kopien des Hofmalers Anton Graff im Besitz von Fürst Franz

Aus der Korrespondenz des Fürsten Franz mit Künstlern sind viele Briefe erhalten, die im Landeshauptarchiv Sachsen-Anhalt aufbewahrt werden. „Künstler“ heißen hier nicht nur die bildenden Künstler; die Bezeichnung verweist auf jede Form der Kunst. Die Vielzahl und Unterschiedlichkeit der Künstler, mit denen der Fürst Briefkontakt pflegte, macht dies deutlich. So sind Schreiben des Fürsten an den Architekten Charles-Louis Clerisseau, den Landschaftsmaler Wilhelm Walkhoff (1789–1822) und an die Schriftstellerin Elisa von der Recke (1754–1833)[1] bekannt, ebenso finden sich Schreiben an den protestantischen Pfarrer, Religionsphilosophen und Schriftsteller Johann Caspar Lavater (1742–1801), den deutschen Dichter Friedrich Gottlieb Klopstock (1724–1803) und an Mitglieder der Familie Kleist. Der Briefwechsel mit dem jeweiligen „Schöpfergeist“ konnte privater oder geschäftlicher Natur sein. Als ein Beispiel für eine eher geschäftlich geführte Korrespondenz können die Briefe an den Dresdner Hofmaler Anton Graff bezeichnet werden.

Der Maler Anton Graff und ein Brief des Fürsten

Der aus der Schweiz stammende Anton Graff (1736–1813) war der klassische Porträtist des deutschen 18. Jahrhunderts. Nach einer dreijährigen Ausbildung bei Johann U. Schellenberg[2] in Winterthur kam er auf dessen Empfehlung 1756 nach Augsburg zum Kupferstecher Johann J. Haid[3]. 1757 siedelte er nach Ansbach über, um dort bis 1759 für den Hofmaler Leonhard Schneider[4] zu arbeiten. Der Schwerpunkt seiner dortigen Tätigkeit lag im Kopieren von Bildnissen.[5] In seiner Autobiografie notiert Graff, dies sei im Siebenjährigen Krieg gewesen, als jeder das Porträt des Königs von Preußen haben wollte. Die Nachfrage sei derart gewesen, dass er fast täglich eine Kopie anfertigten musste. Es seien nach seiner Meinung immer schlechte Porträts gewesen und er habe bei dieser Arbeit nichts gelernt.[6] Das Kopieren von Bildnissen führte Graff dennoch zur Porträtmalerei, die sein weiteres Leben bestimmte. 1766 erfolgte seine Berufung als Hofmaler und Mitglied der Kunstakademie in Dresden, wo er ganze 22 Jahre später zum Professor für Porträtmalerei ernannt wurde.[7]

Anton Graff porträtierte im Laufe seines Lebens zahlreiche Persönlichkeiten, darunter Johann Gottfried Herder, Gotthold Ephraim Lessing und Friedrich Schiller, und erweiterte durch häufiges Reisen nach Leipzig und Berlin stetig den Kreis seiner Auftraggeber. Einer dieser Auftraggeber war Fürst Leopold III. Friedrich Franz von Anhalt-Dessau, der allerdings, wie im Folgenden gezeigt wird, weniger an der Anfertigung eines Porträts interessiert war, als vielmehr an Graffs Fertigkeit im Kopieren von Bildern.

Aus der diesbezüglichen Korrespondenz mit Graff sind nur zwei kurze Briefe aus den Jahren 1780 und 1783 erhalten, also aus der Zeit, als Graff bereits an der Kunstakademie in Dresden tätig war. Diese Briefe vermitteln jedoch einen Eindruck von der geschäftlichen Beziehung zu Graff und geben zahlreiche Hinweise, die dabei helfen können, einige Teile des Biografiepuzzles zusammenzusetzen. Der erste Brief stammt vom 27. September 1780 und lautet:

„Hochedelgeborener
hochgnägster Herr Hofmaler,

Die Kopie der kleinen Magdalene ist sehr gut geraten, und ich sage Euer Hochedelgeboren vielen Dank dafür. Einliegend überschicke ich Ihnen für dieselbe, wie mir es Herr Zink [?] im vorigen März geschrieben, 20 Luisdor[8], wozu ich noch 18 Luisdor für die behaltenen Tableaus[9] hinzufüge, die übrigen aber erhalten Sie anbay zurück, und bin ich Ihnen vielmals verbunden, daß sie so gütig gewesen, selbige mir zu schicken.

Ich rechne mit vieler Konsideration,
Euer Hochedelgeborener
erbeugster Diener
Frantz/ Anhalt (?)

Dessau 27 September
1780

Wenn Euer Hochedelgeborener mir nach dero erfolgter Zurückkunft
in Dresden einige Etüden[10] schicken wollten die in Ansehung der Kunst
unserer Wertschätzung auch größer waren, als die Überschickten [?],
so würde es mir angenehm seyen, sonst aber haben mir die so ich
behalten [sic], nicht wohl gefallen.

An den Herrn Hofmaler Graff,
Dresden“.[11]

In dem Brief bedankt sich also der Fürst für eine gelungene „Kopie der kleinen Magdalene", für die er „einliegend" 20 Louisdor und zusätzlich 18 Louisdor für einbehaltene Gemälde übersendet. Im Postskript bittet er den Maler um Zusendung weiterer „Etüden". Da anzunehmen ist, dass es sich bei dem Schreiben um die Empfangsbestätigung einer vorangegangenen Bestellung handelt, ist von einem vorherigen Kontakt auszugehen. Über den Grund der Bestellung einer Kopie sowie den Ursprung der kleinen Magdalena fehlen darin jedoch genaue Angaben, so dass man wenigstens über ihren Verbleib und über den Sinn solcher Kopien mehr erfahren möchte.

Gemäldekopien in Dessau

Tatsächlich findet sich in der Inventarliste des Schlosses Luisium unter der Nummer 61 eine Kopie Anton Graffs, die folgendermaßen beschrieben ist: „Heilige Magdalena. Maße und Werkstoff mit Original übereinstimmend. Magdalena liegt in einer Höhle, in einem Buche lesend. Neben ihr das Salbgefäß. Signiert auf der Rückseite: Kopiert nach Correggio von A. Graff 1781. Ausbesserungen am linken Arm und der Brust".[12]

Dieses im Inventar aufgeführte Gemälde der *Büßenden Magdalena* ist laut Signatur auf das Jahr 1781 zu datieren; der oben zitierte Brief jedoch stammt

Abb. 1: *Lesende Magdalena. Ölgemälde von Anton Graff nach Correggio*

vom September 1780. Ein sicherlich nicht unerhebliches Detail und ein Umstand, der ebenso wie die erwähnten 18 Louisdor auf weitere Kopien im Besitz des Fürsten oder der Fürstenfamilie verweist, was der zweite Brief auch bestätigt! Er wurde zweieinhalb Jahre später vom Fürsten an Graff geschrieben.

„Hochedelgeborener hochgnägster Herr,
Ich habe nun dem, was Euer Hochedelgeborener mir wegen der Kopierung der übernommenen Stücke geschrieben, meinem Bruder vergnügt gegeben, und da derselbe glaubt, daß die Erhaltung der Erlaubnis noch Weitläufigkeiten unterworfen seyen möchte, so hat derselbe den Entschluß gefaßt, auch diesen Stücken lieber Verzicht zu thun, und ihre Stelle für Andere zu bestimmen. Er läßt Ihnen viele Komplimente machen, und dankt Ihnen zugleich vielmals für die gehabte Gütigkeit. Sie können glauben, daß mein Bruder es bedauert, nicht mehere solch trefliche Kopien, als Sie ihm gefertigt, zu bekommen
Ich rechnend mit vieler Konsideration, Euer Hochedelgeborener.

Dessau — erbeugter Diener
März 1783 — A.Frantz/ Anhalt (?)“[13]

Fürst Franz vermerkt also, er habe, was Graff „ihm wegen der Kopierung der übernommenen Stücke“ geschrieben habe, „seinem Bruder gegeben“. Dieser verzichte allerdings auf die Stücke, weil die Erhaltung der Kopiererlaubnis sich hinauszögert, und lässt stattdessen „Komplimente“ sowie „Dank“ ausrichten. Der Fürst versichert dem Maler, dass der Bruder bedaure, nicht weitere „trefliche Kopien“, wie sie ihm Anton Graff wohl zu früherer Gelegenheit anfertigte, zu bekommen. Der Name des Bruders wird zwar nicht erwähnt, doch kann es sich nur um den jüngeren Bruder, Prinz Johann Georg von Anhalt-Dessau, handeln, der sich nach seinem Ausscheiden aus dem Militärdienst um 1780 von Friedrich Wilhelm von Erdmannsdorff nordwestlich von Dessau ein Lusthaus mit Lustgarten errichten ließ: das Georgium. Auf zahlreichen Reisen hatte sich Johann Georg großes Kunstwissen, sowie einen guten Kunstgeschmack angeeignet, von dem seine Antiken- und Gemäldesammlung zeugte.[14] Er stand im regelmäßigen Austausch mit seinem älteren Bruder Franz über Kunstneuheiten und Anschaffungen. Belegt ist dies unter anderem für die Jahre 1810 und 1811.[15] Es könnte also durchaus sein, dass sich Fürst Franz in seinen Briefen an den Hofmaler Anton Graff um Gemäldekopien für seinen kunstinteressierten Bruder bemühte.

Denn laut Beschreibung des Georgiums aus dem Jahr 1796 von August Rode (1751–1837)[16] befanden sich auch im Schloss Johann Georgs unter anderem sieben Arbeiten eines Malers Namens Graf. Dazu zählten im Wohnzimmer ein Porträt des Königs Friedrich Wilhelm II. von Preußen, im zweiten Gesellschaftszimmer die Kopie eines Portraits nach Parmigianino aus der Dresdner Galerie[17] sowie im ersten Gesellschaftszimmer eine Magdalena nach Pompeo Batoni: „Auf der Seitenwand dem Eingange zur Linken: Magdalena; nach Battoni, von Graf. Das Original befindet sich in der Dresdner Gallerie.“[18]

Der Auflistung fehlen nähere Angaben über die Entstehungszeiten und die vollständigen Namen der Künstler. Doch allein die drei erwähnten Arbeiten geben Grund zu der Annahme, dass es sich bei dem Maler Graf um Anton Graff handelt. Eindeutig belegen lässt es sich allerdings nicht, da nach dem Tod des Prinzen Johann Georg sowohl das Mobiliar, als auch die Kunstwerke versteigert wurden. Es fehlen alle Hinweise auf den Verbleib der Dessauer Stücke.

Auch die Originale der *Büßenden Magdalena* von Batoni und Correggio, ehemals beide im Besitz der Dresdner Gemäldegalerie, sind nicht mehr erhalten. Kurz vor Ausbruch des Zweiten Weltkrieges 1939 wurden die Bestände der Dresdner Galerie zunächst in verschiedenen Räumen deponiert. 1942 wurden sie in die umliegenden Schlösser ausgelagert. Am 13. Februar 1945, beim englischen-amerikanischen Bombenangriff auf die Stadt, verbrannten 154 Bilder, darunter viele der italienischen Künstler.[19]

Über das Gemälde *Büßende Magdalena* von Pompeo Batoni sind nur die Angaben über die Größe[20] (121 x 187,5 cm auf Leinwand) sowie Bildbeschreibungen, wie zum Beispiel aus dem Katalog der Königlichen Gemälde-Galerie zu Dresden von 1896, bekannt: „Nr. 454 Magdalena. Die schöne blonde Büßerin liegt halbaufgerichtet, ihre Hände vor sich auf einem Stein faltend, neben einer Höhle. Ein blaues Gewand umfließt ihren Unterkörper, ein Hemd bedeckt ihre linke Schulter, rechte Schulter und Brust sind entblößt. Sie blickt ins Buch, das aufgeschlagen vor ihr über einem Totenkopf liegt. Rechts zu ihren Füßen Blick durch ein Felstor in freiere Landschaft.“ Pompeo Batoni gehörte in der Mitte des 18. Jahrhunderts zu den führenden römischen Malern. Die weiche, kokette Anmut und gefällige Grazie seiner Figuren und die poetische Erfindung wurden ebenso wie die Schönheit seines Kolorits und Helldunkels von seinen Zeitgenossen begeistert gerühmt.

Manuelle Reproduktionen

Das Reproduzieren großer Meisterwerke der Dresdner Galerie war neben dem Porträtieren eine bevorzugte Beschäftigung Anton Graffs.[21] Zu den Besonderheiten im Bestand der Galerie gehörten neben den von August III.[22] getätigten Erwerbungen aus Italien, Paris, Amsterdam und Prag die hundert besten Bilder aus der Sammlung des Herzogs von Modena[23]. Darunter befanden sich vier große Tafeln von Antonio Allegri da Correggio (um 1489–1534)[24], den man im 18. Jahrhundert neben den Carracci besonders hoch schätzte. Das Gemälde *Büßende Magdalena* von Correggio sowie die Darstellung der *Büßenden Magdalena*[25] von Batoni (1708–1787)[26] und der *Christuskopf* von Annibale Caracci, die sich ebenfalls in der Galerie befanden, genossen die besondere Aufmerksamkeit Anton Graffs. Sowohl die Magdalena von Batoni als auch die von Correggio kopierte er insgesamt 14-mal[27]. Es lässt sich also vermuten, dass Anton Graff ebenfalls eine Kopie der *Büßenden Magdalena* nach Antonio A. da Correggio oder Pompeo G. Batoni für Fürst Franz anfertigte, die dieser im Brief statt als Kopie der *Büßenden Magdalena* als Kopie der kleinen Magdalena bezeichnet.

Der Grund für die Bestellung der Kopien könnte in der großen Bedeutung der Werke berühmter Renaissance- und Barockmaler, wie Raffael, Correggio, Tizian, Reni und Rubens, im Klassizismus liegen. Da die Werke im Original für viele Interessenten zu teuer waren, begnügte man sich mit dem akzeptierten Verfahren der Gemäldekopie.[28] Auch Fürst Franz gehörte zu diesen Interessenten, weil er die Auseinandersetzung mit antiker Kunst und Architektur für einen lebenswichtigen Teil modernen Daseins hielt.

Nicht nur der Gemäldeschmuck im Schloss Wörlitz wird von Werken italienischer Meister der Renaissance und Motiven antiker Wandmalereien bestimmt. Auch das vom Architekten Friedrich Wilhelm von Erdmannsdorff (1736–1800) im Auftrag des Fürsten für seine Gattin Luise Henriette Wilhelmine im klassizistischen Stil 1774–1778 erbaute Schloss Luisium[29] wurde, entsprechend der klassizistischen Außenfassade, mit Bildschmuck nach antiken Vorbildern (mit Motiven aus der griechisch-römischen Mythologie) ausgestattet.

Es befinden sich allerdings auch einige Darstellungen mit christlichen Inhalten im Schloss Luisium. Zu diesen Ausnahmen gehören die Kopien der *Büßenden Magdalena* von Anton Graff nach Correggio und des *Christuskopfs*, ebenfalls von Anton Graff, nach Carracci im Pompejanischen Kabinett.

Traditionell handelt es sich bei der Figur der büßenden Magdalena um Maria aus Magdala, auch Maria Magdalena genannt. Sie gilt als Paradebeispiel der geläuterten Sünderin und als eine Hauptzeugin der Auferstehung Jesu. Ihr Ruf als Sünderin stammt aus der Zeit Papst Gregors I., seitdem wurde sie mit der im Lukas-Evangelium ohne Namen genannten Sünderin gleichgesetzt, die zu Jesus ging, um seine Füße mit ihren Tränen zu waschen und sie mit ihren

Haaren zu trocknen. Von bösen Geistern und Krankheiten geheilt, schloss sie sich Jesus an. Sie war eine der Frauen, die bei der Kreuzigung unter dem Kreuz standen und später zum Grab Jesu gingen, dass sie leer vorfanden.[30]

Zwar war es zu Zeiten des Klassizismus üblich, die Wohnräume mit Bezug auf die Bewohner auszustatten, jedoch ist es schwer, die Figur der büßenden Magdalena in Beziehung zur Fürstin Luise zu setzen – oder aufgrund des *Christuskopfs* nach Carracci einen religiösen Beweggrund für die Anschaffung der Gemälde zu vermuten, da über die Religiosität der Fürstin zu wenig bekannt ist. Sicher erscheint es hingegen, den Grund in der bereits erwähnten Vorbildfunktion von Barock- und Renaissancekünstlern zu Zeiten des Klassizismus zu suchen. Die *Büßende Magdalena* kann deshalb noch eine Weile als Beispiel für Correggios meisterhafte Wiedergabe des Inkarnats[31] in seinen Ölgemälden bezeichnet werden. Wie kein anderer Künstler verstand er es, den rosigen Glanz jugendlichen Teints mit größter Feinfühligkeit zu malen. Dies gilt für seine Darstellungen von Heiligen, wie auch für die sehr koketten mythologischen Szenen.[32]

XVI

Daniela Achilles/Franka Krätsch unter Mitarbeit von Yvonne Sander[1]

Kunst und Krankheit. Der Fürst und sein Bruder

Die Forschung hat dem brüderlichen Verhältnis zwischen Franz und Johann Georg, genannt Hans Jürge, wenig Beachtung geschenkt. Mit Hilfe der erhaltenen Briefe im Landeshauptarchiv Sachsen-Anhalt, Abt. Dessau, die Hans Jürge von 1804 bis 1811 aus Wien an seinen Bruder geschrieben hat, soll im Folgenden darauf eingegangen werden.

Die Briefe geben Aufschluss über das Verhältnis der Brüder zueinander und erhellen ihre beiden Viten in wichtigen Punkten. Am Anfang steht ein biografischer Abriss zu Hans Jürge. Anschließend wird anhand einer relativ frühen Quelle aus dem Nachlass von Johann August Rode sowie eines späten Briefs des Prinzen Hans Jürge das innige brüderliche Verhältnis beschrieben. Im Anschluss wird dann kurz auf die Stellung Hans Jürges als Kontaktperson zur Wiener Gesellschaft eingegangen. Im nachfolgenden Abschnitt steht seine „kunsthändlerische" Tätigkeit für den Fürsten im Vordergrund, die sich vor allem in der Erwerbung von Kopien ausdrückt. Darauf folgend geht es ausführlicher um die in den Wiener Jahren verschlimmerte Krankheit Hans Jürges. Der Aufsatz endet mit einer zusammenfassenden Analyse.

Die Biografie des Hans Jürge

Johann Georg von Anhalt-Dessau wurde am 28. Januar 1748 in Dessau als zweiter Sohn des Fürsten Leopold II. Maximilian von Anhalt-Dessau geboren. Er wurde 1763 Domherr zu Magdeburg und Probst des Kollegialstifts von St. Sebastian. Nach einer standesgemäß fürstlichen Erziehung und Reisen nach England, Italien und Frankreich trat er am 19. April 1768 als Oberstleutnant der Armee in preußische Dienste. Am 26. Mai 1772 zum Oberst ernannt, wurde er eine Woche später Kommandeur eines Infanterieregiments. Am 29. September 1779 erfolgte auf eigenen Wunsch die Entlassung. Von da an zog er sich zurück und lebte ausschließlich als Privatmann in Dessau. Friedrich Wilhelm II. erteilte ihm am 27. Januar 1789 die Ritterwürde des hohen

Ordens vom Schwarzen Adler und stellte den Prinzen am 13. März 1789 als Generalleutnant der Armee wieder ein. Am 22. Mai 1798 wurde er von Friedrich Wilhelm III. zum General der Infanterie befördert und am 1. April 1808 endgültig aus dem Dienst entlassen. Hans Jürge war morganatisch mit Caroline von Hill[2] verheiratet, hielt sich aber seit 1804 getrennt von ihr in Wien auf. Er starb am 1. April 1811 daselbst, seine Grabstätte ist heute nicht mehr auffindbar.[3]

Die Beziehung der Brüder anhand zweier Quellen

Die Beziehung der beiden Brüder lässt sich exemplarisch durch den Vergleich zweier zeitlich relativ weit auseinander liegender Quellen unterschiedlicher Herkunft verdeutlichen. Die erste Quelle (Abb. 2) ist ein Bericht über den November 1769, den der Hof- und Amtsrat Johann August Rode (1695–1773)[4] wahrscheinlich 1772 verfasste.

„Hof und Amtsrath Joh. Aug. Rode (13. Januar 1773 verstorben)
Von meynem Hierseyn in Dessau 1737–1772

1769
Der Monat Novbr. hat sich ferner auf diese Art merkwürdig gemacht: des Fürsten Bruder Prinz Hans Jürge ist Ausgangs Oct. unvermuthet von dem Russischen Kriegsheer, bey welchem Er in diesem Feldzug als ein Freywilliger gewesen, in Potsdam angelanget. Nach einem kurzen Auffenthalt allda hat ihn der König zum Regiment zugehen befohlen. Der Prinz gehorchet, und gehet zu selbem nach Stettin.

Die Zärtlichkeit der brüderl. Liebe des Fürsten gegen den Prinzen fand dabey ihre Rechnung nicht. Diese flößet ihm die Begierde ein, den Prinzen in Stettin zu umarmen. Er stillet solche, indem er den 18ten November in Begleitung des Hrn. von Berenhorst und dessen von Erdmannsdorff seine Reise dahin antrit den 22ten in Stettin ankommt, und nachdem Sie beiderseits sich fr[eun]d[lich]. Brüderlich miteinander geletzet, den 28ten seinen Rückweg niemt, und den 2ten December wieder glücklich alhier eintrift. Aber der eine Reise Gefärde der Hr. von Berenhorst ist annoch bey des Prinzen D[ur]chl[aucht]. in Stettin verblieben.“[5]

Die zweite Quelle (Abb. 1) ist ein Brief Hans Jürges an Franz, der auf den 9. März 1811 datiert.

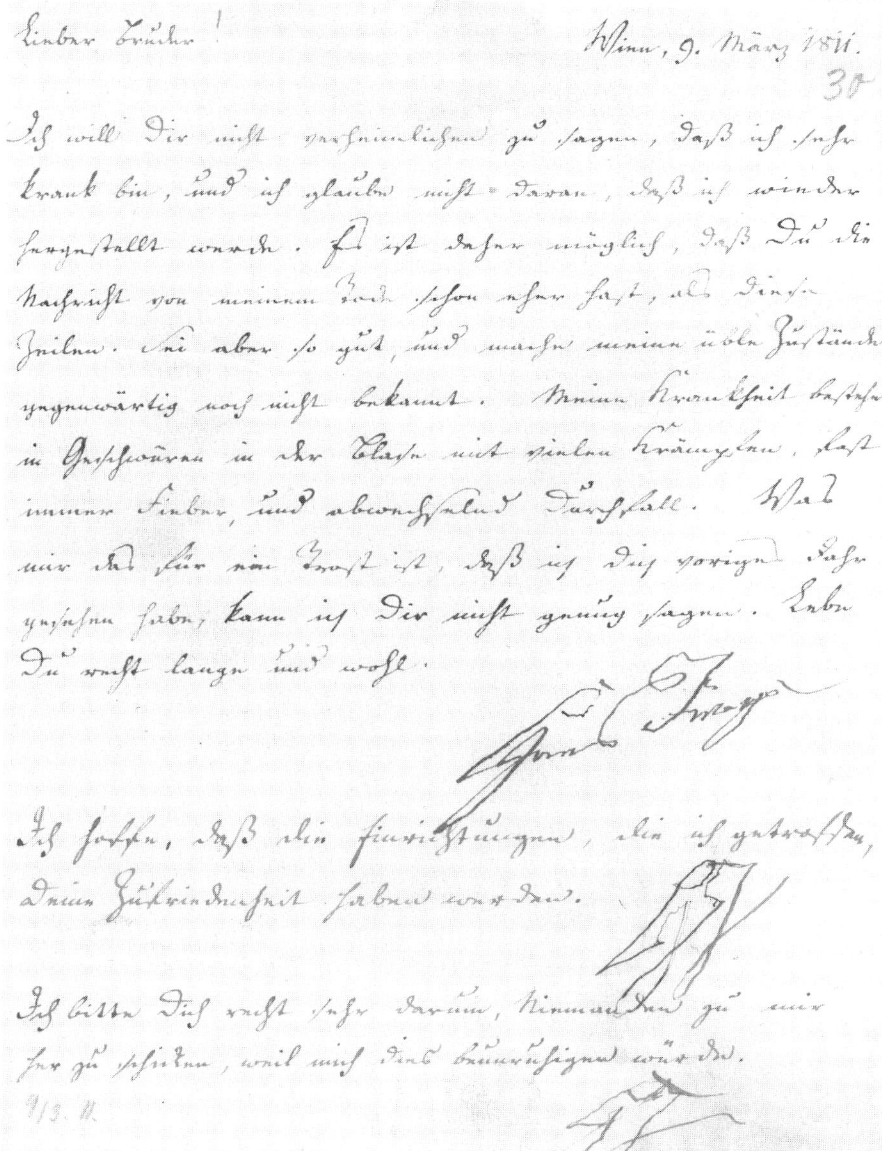
Lieber Bruder! Wien, 9. März 1811.

30

Ich will Dir nicht verheimlichen zu sagen, daß ich sehr krank bin, und ich glaube nicht daran, daß ich wieder hergestellt werde. Es ist daher möglich, daß Du die Nachricht von meinem Tode schon eher hast, als diese Zeilen. Sei aber so gut, und mache meinen üblen Zustand gegenwärtig noch nicht bekannt. Meine Krankheit besteht in Geschwüren in der Blase mit vielen Krämpfen, fast immer Fieber, und abwechselnd Durchfall. Was mir aber für ein Trost ist, daß ich dich vorigen Jahr gesehen habe, kann ich Dir nicht genug sagen. Lebe Du recht lange und wohl.

Hans Jürge

Ich hoffe, daß die Einrichtungen, die ich getroffen, deine Zufriedenheit haben werden.

Ich bitte Dich recht sehr darum, Niemanden zu mir her zu schicken, weil mich dies beunruhigen würde.

9/3. 11.

Abb. 1: *Brief von Hans Jürge an Fürst Franz vom 9. März 1811*

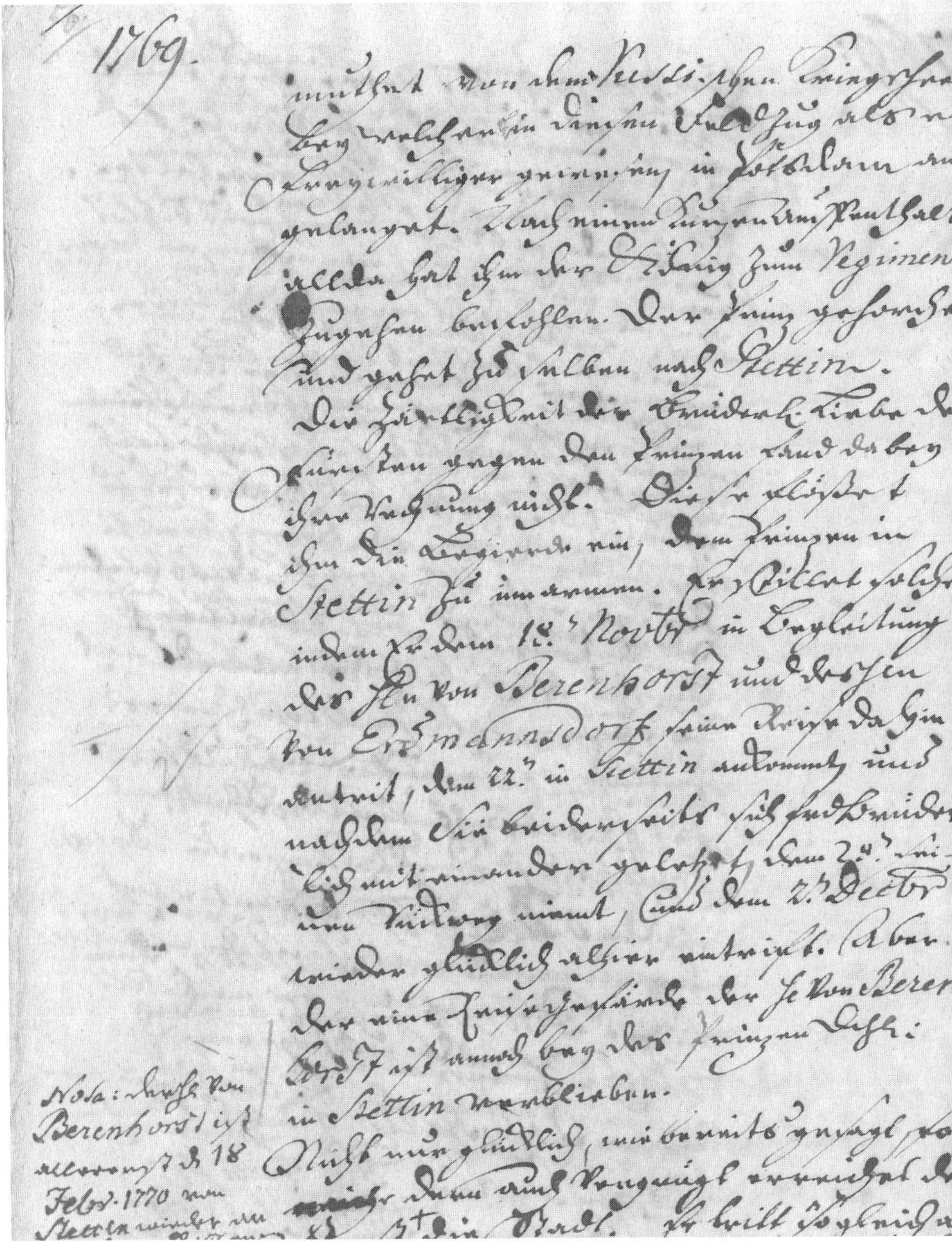

Abb. 2: *Zwei Seiten aus dem Bericht für das Jahr 1769 des Hof- und Amtsrates Johann August Rode (1772?)*

1769. 31

sein [illegible] Zimmer gelanget! Fürst
Dieterichstein siehet Er in Bette und
in letzten Zügen, und kennet kaum
den Fürsten noch. Mit [illegible] vor der-
[illegible] sein Herz eingenommen von
dem ist sich leicht begreiflich zu lassen;
massen Er allzeit grosse Liebe und
Hochachtung vor Ihn getragen. Nach einem
kurzen [illegible] beurlaubet sich
der Fürst von Ihm, und begibt sich zu
seiner Gemahlin. In deren Gesell-
schaft stattet Er abermals den letzten
Besuch bey Ihm ab, und verbleibet
mit Ihr allda bis derselbe ~~ab~~
[illegible] Nacht um 11 Uhr dieses
Zeitliche gesegnet hat. Sein Alter
hat Er gebracht auf 67. Jahr 4.
Monat und neun Tag.

Den 3. December schickte der Fürst
den schwarzen Adler-Orden, den
Fürst Dieterich gehabt, an den
König in Preussen durch den ge-
heimen Rath Harling nach Pots-
dam. Aber Ihro Königl.

„Wien, 9. März 1811

Lieber Bruder!

Ich will dir nicht verheimlichen zu sagen, daß ich sehr krank bin, und ich glaube nicht daran, daß ich wieder hergestellt werde. Es ist daher möglich, daß du die Nachricht von meinem Tode schon eher hast, als diese Zeilen. Sei aber so gut, und mache meine üble Zustände gegenwärtig noch nicht bekannt. Meine Krankheit bestehet in Geschwüren in der Blase mit vielen Krämpfen, fast immer Fieber, und abwechselnd Durchfall. Was nur das für ein Trost ist, daß ich dich voriges Jahr gesehen habe, kann ich dir nicht genug sagen. Lebe du recht lange und wohl.

Hans Jürge

Ich hoffe, daß die Einrichtungen, die ich getroffen, deine Zufriedenheit haben werden.

Hans Jürge

Ich bitte dich recht sehr darum, Niemanden zu mir her zu schicken, weil mich dies beunruhigen würde.

Hans Jürge“[6]

Abb. 3: *Prinz Johann Georg von Anhalt, genannt Hans Jürge (um 1800)*

Die Gegenüberstellung dieser beiden Quellen ist bewusst gewählt worden, um eine Charakterisierung aus unterschiedlichen Positionen zu erhalten. Die frühe Beziehung anhand der Beschreibung des Freundes Rode einerseits und andererseits die persönlichen, intimen Worte des Bruders in einem Brief kurz vor seinem Tod. Aus beiden Quellen geht hervor, dass die beiden einander stets tief verbunden waren. Dies war scheinbar schon seit dem Jugendalter so und die Beziehung blieb auch bis zum Tod von Hans Jürge inniglich. Hans Jürge erhob in jungen Jahren nicht den Anspruch auf die Stellung seines Bruders. Denn wenn dieser mit seiner Jugendliebe Eleonore Hoffmeyer wirklich nach England gegangen wäre, so wäre Hans Jürge Fürst in Dessau geworden.[7] In anderen Adelsfamilien hätte dies wahrscheinlich zu Spannungen geführt. Nicht so in Dessau, zumindest ist in den herangezogenen Quellen nichts dergleichen erkennbar. Im Gegenteil: Da der Aufenthalt des Prinzen in Potsdam für einen Besuch des Bruders Franz zeitlich nicht ausreichte, fuhr ihm dieser hinterher, um ihn in Stettin zu „umarmen". In den Wiener Jahren Hans Jürges seit 1804 hielt der rege Briefverkehr zwischen beiden an. Selbst in seinem letzten Brief versicherte sich der Prinz des Wohlwollens des Fürsten. Im Angesicht des Todes wünscht er seinem geliebten Bruder ein langes Leben.

Hans Jürge als Kontaktperson zur Wiener Gesellschaft

Hans Jürge, der ab 1804 hauptsächlich aus gesundheitlichen Gründen in Wien weilte, nahm während dieser Zeit mehrere Funktionen wahr. Er war in erster Linie Patient, aber auch Kunstagent und sicher auch so etwas wie das „Ohr" des Fürsten in Wien. Das Jahr 1804 stellt sowohl in der Biografie von Hans Jürge als auch in der von Franz einen Einschnitt dar. Franz wurde besser über das Geschehen am kaiserlichen Hof informiert und Hans Jürge versuchte seine schwere Krankheit in Wien zu kurieren. Und: Beide waren fortan getrennt.

In den einzelnen Briefen lassen sich verschiedene Belege für die Informationen, die Hans Jürge an Franz weitergab, finden: „Der Kaiser ist erst am 27. von seiner Reise zurückgekommen. Graf Schall[8] hat mir aufgetragen, Dir ihn bestens zu empfehlen."[9] Oder: „Gestern Abend schickte der Herzog Albert[10] zu mir und ließ mir sagen, er hätte gehört, daß ich nicht wohl wäre, und ließ sich nach meinem Befinden erkundigen. Auch ließ er fragen, was ich für Nachrichten von dir hätte? Ich habe hierauf geantwortet, das, was ich von dir zuletzt wüsste, wäre, daß du dich sehr wohl befindest und fast gar nicht an den Augen littest."[11] Und an anderer Stelle: „Für die übermachten beiden Abschriften danke ich vielmals; aus der des Prince de Ligne[12] erkennt man ganz seinen Pinsel, und der Verfasser der andern [Abschrift] muß sauwohl gewesen sein, wie der Herzog zu Weimar zu sagen pflegt. Was ich dir vom General Delmotte[13] erzählt habe mag wohl eine Lüge sein, weil ich aus der Quelle, woher ich diese Nachricht hatte, verschiedene Lügen erhalten habe."[14] Aus diesen und weiteren Belegen in den Briefen kann geschlossen werden, dass Hans Jürge den Fürsten über die Vorgänge im Umfeld des kaiserlichen Hof regelmäßig informierte. Auch hieraus lässt sich das gute Verhältnis der Brüder ableiten.

Hans Jürge als Kunsthändler

Hans Jürge unternahm in Wien auch „kaufmännische“ Tätigkeiten. Seine Aufgaben reichten von Vorschlägen für eventuell zu erwerbende Gemälde, über den Ankauf verschiedener Kunstwerke, bis hin zur Besorgung passender Rahmen und den Versand der Bilder nach Anhalt-Dessau. All diese Tätigkeiten übernahm er nicht nur für sich, sondern insbesondere im Auftrag seines Bruders, des Fürsten Franz. Bei den bestellten und versandten Gemälden handelte es sich um Kopien, die insbesondere von dem Wiener Historienmaler Joseph Kurz (1768–1827)[15] gefertigt wurden. Dieser scheint vorzugsweise nach Meisterwerken in damaligen Wiener Sammlungen kopiert zu haben. Seine Kopien befinden bzw. befanden sich als anhaltische Sammlungen im Dessauer Schloss, im Luisium und im Gotischen Haus in Wörlitz.[16] Heute lassen sich von ihm Gemälde in der Anhaltischen Gemäldegalerie Dessau und in der Kulturstiftung DessauWörlitz nachweisen.[17]

Für die genauere Untersuchung der in erster Linie „kunsthändlerischen“ Tätigkeit des Prinzen in Wien lassen sich die Briefe an seinen Bruder heranziehen. Im Vordergrund dieser Analyse sollen zwei Briefe an den Fürsten stehen, zum einem sein Brief vom 30. Oktober 1810, zum anderen ein längerer und ausführlicher Brief vom 15. Januar 1811.

Der kunstgeschichtlich relevante Inhalt des ersten Briefes lautet wie folgt: „Die von Dir hier bestellten Gemählde sind lustig. Ich hoffe, du wirst damit zufrieden sein; sie sind gut eingepackt und werden den 2. November von hier abgehen. Die Rechnung was die noch übrigen Unkosten betragen, habe ich an Siebigk'en geschickt, damit er sich wieder mit den Kammerrath Augusti berechnen kann. Die ganze Ausgabe für Rahmen u.s.w. beträgt 16 Rt. 23 Gr. 9 Pf. Conv[ertierte]. Münze, der Cours zu 554 gerechnet. Auch erfolgt hierbei ein Rezept von Kunz'en zu einem guten Firniß, u. wie er gern wollte daß zur gehörigen Zeit die Bilder gefirnißt würden.“[18]

Siebigk verwaltete wohl die Finanzen für Hans Jürge und leitete sie an den Kammerrat Augusti(n), einen Wirtschafter des Fürsten, weiter.[19] Im Landeshauptarchiv Sachsen-Anhalt, Abt. Dessau befanden sich im Anschluss an die Briefe von Hans Jürge noch vier Briefe von einem Leopold Siebigk, der sie zwischen Oktober 1810 und April 1811 nach Anhalt-Dessau sandte.[20] Ihr Inhalt bezieht sich auf Rechnungsbelege und Auslagen, die er für Franz ausrechnete. Bei Leopold Siebigk handelt es sich mit größter Wahrscheinlichkeit um den in den Briefen erwähnten Siebigk. Er verwaltete demzufolge tatsächlich die Finanzen des Prinzen in Wien und sandte die Rechnungsbelege nach Dessau, die sich aus Lebensunterhalt und Tätigkeiten des Prinzen in Wien ergaben.

Den gesamten Preis für die Gemälde, einschließlich der Rahmen, gab der Prinz in konvertierter Münze an, so dass sein Bruder in Anhalt-Dessau die Kosten leichter nachvollziehen konnte. Die Angabe „der Cours zu 554 gerechnet" gibt den Tageswechselkurs an der Wiener Börse an, an der auch Ausländer teilnehmen konnten. Am 1. August 1771 hatte die Kaiserin Maria Theresia ein Börsenpatent erlassen, das die Eröffnung der Wiener Börse zum 1. September des gleichen Jahres veranlasste. Die Makler stellten täglich nach Börsenschluss Durchschnittskurse der Staatspapiere und Wechsel fest. In Wien stand der Handel mit Staatspapieren im Vordergrund, aber es fand auch ein florierender Handel zwischen Münzen und Papiergeld sowie mit ausländischen Wechseln statt. Im Jahre 1790 begann an der Wiener Börse eine rapide Entwicklung, die durch einen schnellen Anstieg der Staatsschulden und durch die überdurchschnittlich hohe Ausgabe von Papiergeld verursacht wurde. Dies wirkte sich in Verbindung mit staatlichen Maßnahmen auf den Fortgang der Börse in Wien aus. Die Kurse der Staatspapiere fluktuierten in Abhängigkeit der politischen Ereignisse. Daraus folgten vermehrt Spekulationen, die 1810 und 1811 zu Beschränkungen an der Börse führten. Nicht mehr alle männlichen Personen waren zugelassen, sondern nur noch die, die während der starken Frequentierung eine Eintrittskarte zur Börse vorweisen konnten. Diese ineinander wirkenden Faktoren waren die Ursache für den ersten Höhepunkt der Wiener Börse von 1790 bis 1810.[21] Diese kurze Darstellung der Wiener Börse und der damit verdeutlichte wirtschaftlich-historische Hintergrund ist für die „kunsthändlerischen" Briefe relevant.

Wie im Brief von 1810 erwähnt, hatte der Fürst bei seinem Aufenthalt in Wien im gleichen Jahr Gemälde bestellt, die sein Bruder als „lustig"[22] bezeichnete. Die Benennung als lustige, im Sinne von angenehmen Bildern bezeugt, dass Hans Jürge die Bilder bereits gesehen hatte. Vielleicht wurden sie nach ihrer Vollendung zu ihm geschickt, wo er sie bis zum Versand nach Anhalt-Dessau zwischenlagerte. Diese Überlegung stützt die Aussage, dass sie sicher verpackt worden sind und am 2. November von Wien abgeschickt werden. Zu Spekulationen kann die Bemerkung Hans Jürges über seine Hoffnung führen, dass sein Bruder damit zufrieden ist. Daraus ergeben sich die Möglichkeiten, dass Franz zum einen nur die Themen in Auftrag gab und die Kompositionen des Malers nicht kannte, oder zum anderen, dass seine zukünftigen Gemälde ihm nur durch Skizzen bekannt waren. Es kann sich aber bei der Bemerkung auch nur um die Hoffnung eines Bruders handeln, dem etwas daran liegt, dass die Bilder dem Fürsten, seinem geschätzten Bruder Franz, gefallen. Das beiliegende Firnissrezept vom Maler Joseph Kurz und die Aussage, „wie er gern wollte daß zur gehörigen Zeit die Bilder gefirnißt würden", zeigen schließlich an, dass er der Kopist der Gemälde ist.

Im zweiten Brief vom 15. Januar 1811 schreibt Hans Jürge nahezu ausschließlich über seine „kunsthändlerischen" Tätigkeiten. Er beginnt sein Schreiben mit der Bemerkung, dass er und Joseph Kurz eine wahre Freude gehabt haben, dass Franz sehr wohl mit den übersandten Kopien zufrieden ist.[23] Daraus lässt sich ebenfalls schließen, dass der Prinz Bilder nach Dessau sandte, deren Maler Kurz war. Gleichzeitig gibt die Bemerkung eine der wenigen Antworten bzw. Reaktionen auf einen vorausgegangenen Brief des Fürsten wider.

Hiernach eröffnet er seinem Bruder einen Vorschlag: „Von dem Bilde, welches ich bei deiner hiesigen Anwesenheit von ihm [Kurz] erhielt, würdest du sehr bald eine Copie bekommen können, weil Kurz eine für sich selbst, so meist fertig ist, gemacht hat. Du brauchst also nur zu sagen, ob du sie haben willst, oder nicht. Er verlangt dafür 600 G[ulden], welche nach dem Cours zu 900, so wie er gestern gewesen ist, 66 G.: 40 Xr.[24] oder 44 Rt. 10 Gr. 8 Pf. beträgt."[25] Hans Jürge bietet Franz eine Kopie seines Bildes an, wahrscheinlich weil dieses auch Franz gefallen hat. Nach dem unterbreiteten Vorschlag gibt er seinem Bruder den Preis für die Kopie an, den er vorsorglich in den Wechselkurs vom Vortag umgerechnet hat. Die Umrechnung zeigt nicht allein das Bemühen des Prinzen, seinem Bruder die Entscheidung für die Kopie zu erleichtern, sondern auch, dass er bereits alle Vorbereitungen bis hin zur Umsetzung des Bildes genauestens durchführt. Zur detaillierten Entstehung des Preises der Kopie fügt er im Brief hinzu: „Da man sich gegenwärtig wegen des schwankenden Courses in einem Accord nicht auf Papiergeld einlassen kann, so haben wir [Hans Jürge und Joseph Kurz] dieses nach gutem Geld gerechnet, und es bleibt alsdenn bei demselben, ihr Cours mag steigen oder fallen."[26] Die feste Abmachung zwischen dem Prinzen und dem Maler verhindert einen durch den schwankenden Kurs verursachten finanziellen Verlust eines der beiden Geschäftspartner. Dies sichert einen dauerhaft gleich bleibenden Betrag. Die feste Übereinkunft war sicherlich deshalb möglich, weil Kurz öfters für die anhaltische Fürstenfamilie Bilder fertigte und beide Vertragspartner an einem fortbleibenden Bestehen ihrer Verbindung interessiert waren. Der Rahmen wurde in diesen Vertrag nicht mit einbezogen, da mit dem Rahmenmacher keine feste Einigung für das Vergolden des Rahmens erzielt werden konnte.[27] Hans Jürge fügt anschließend gleich hinzu: „Du sollst aber nichts dabei verlieren, der Rahmen ist so wie man hier mißt, ii [= 2] Fuß 4 Zoll; Kurz glaubt, er wird den Fuß für einen Gulden 20 Xr. Conv. M[ünze]. bekommen."[28] Dies zeigt, dass Hans Jürge nicht daran interessiert ist, dass sein fürstlicher Bruder mehr als nötig für das Vergolden des Rahmens bezahlen muss und Kurz annimmt, dass er den Rahmen für etwa diesen Preis erhält. Die ungefähre Wertangabe soll Franz sicherlich verdeutlichen, was er bei einer gewünschten Umsetzung der Kopie für Kosten einzuplanen hat.

Im zweiten Teil des Briefes vom 15. Januar 1811 liegt der Schwerpunkt auf einer Zeichnung, deren Ersterwähnung folgendermaßen lautete: „Von den verlangten Holbein erfolgt die Zeichnung hierbei."[29] Diese Zeichnung (Abb. 4), die eine Kreuzabnahme darstellt, befindet sich heute im Landeshauptarchiv Sachsen-Anhalt, Abt. Dessau.[30] Eine vollständige Beschreibung der Handzeichnung befindet sich weder in dem Brief vom 15. Januar noch in einem anderen. Nur eine Anmerkung am Ende des Briefes fügt als Erklärung hinzu: „Die Figuren auf der Zeichnung haben die nähmliche Größe, als sie auf dem Gemählde haben."[31] Im oberen Feld der Zeichnung steht noch vermerkt, dass die Breite 14 1/4 Zoll und die Höhe 33 Zoll beträgt.[32] Hans Jürge gibt für sie im Folgenden nicht nur die genauen Kosten sowie die betreffende Umrechnung an Franz weiter, sondern erläutert auch die Entstehung des Preises: „Sie kostet 30 G., welches gegenwärtig 3 G. : 20 Xr. Conv. M[ünze]. macht. Sie ist daher so theuer, weil der Gallerie=Inspektor – mit welchem aber der Mahler zu thun hat – eine Stube zum copiren, so hat müssen geheizt werden, hergegeben hat."[33] Aus dieser Erklärung ergibt sich die Zusammenstellung des Preises aus der Kopistentätigkeit vom Maler Kurz[34] und dem gemieteten Zimmer beim Galerieinspektor einschließlich der Heizkosten für die Stube. Im Anschluss daran fragt Hans Jürge nach, ob Franz eine Kopie möchte, und erläutert die bereits getroffenen Vorbereitungen: „Wenn du dieses Gemählde copirt haben willst, für welches der

Abb. 4: *Skizze eines Holbein-Gemäldes von Joseph Kurz für Fürst Franz*

Mahler eben so viel als für das andere haben will, so richtet es sich nach der Witterung, wenn Kurz in der Gallerie mit mahlen anfangen kann; kann er es aber wieder mit dem Gallerie=Inspektor machen, so sucht er von demselben eine Stube früher zu bekommen."[35] Diese Passage aus dem Brief verdeutlicht die bereits im Vorfeld gesammelten Informationen, die Hans Jürge an seinen Bruder weiterreicht, obwohl noch nicht einmal die Umsetzung beschlossen worden ist. Der Preis für das Bild würde, genau wie die mögliche Kopie vom Gemälde des Prinzen, 600 Gulden betragen. Die nachfolgenden Zeilen zeigen an, dass es witterungsabhängig ist, wann Kurz mit der Umsetzung beginnen kann. Sicherlich wird wärmeres Klima abgewartet, damit die Kosten für die Heizung nicht so stark ins Gewicht fallen. Die Aussage: „kann er es wieder mit dem Gallerie=Inspektor machen",[36] drückt aus, dass Kurz mit diesem bereits zumindest schon einmal eine Vereinbarung getroffen hat und wenn dies erneut möglich ist, probiert er, früher ein Zimmer zu bekommen. Abschließend erfolgt im letzten kunstgeschichtlich interessierenden Teil des Briefes die Bemerkung: „Nun kommt es noch darauf an, ob du einen Rahmen dazu haben willst, wie die andern beiden Bilder haben, die zu diesem Stück mit gehören."[37]

Über diese zwei anderen Bilder, die zur selben Gruppe gehören, lässt sich weder in diesem noch in anderen Briefen etwas Näheres erfahren. Ob es zu einer Umsetzung der Kopie anhand Zeichnung kam, ist ungewiss. Solch ein umgesetztes Gemälde lässt sich weder in der Anhaltischen Gemäldegalerie Dessau noch in der Kulturstiftung DessauWörlitz nachweisen.[38]

Die Informationen in den Briefen vom 30. Oktober 1810 und vom 15. Januar 1811 zeigen die Überlegungen, die Hans Jürge im Voraus trifft. Seine bereits eingeholten Informationen beim Maler und Rahmenmacher verdeutlichen zusammen mit den beiden versuchten Übereinkünften seine organisatorischen Tätigkeiten. Er versuchte vieles, um es seinem Bruder soweit zu erleichtern, dass dieser sich nur noch für die Umsetzung eines Bildes entscheiden musste. Darunter zählen die Kontrolle des Versands, die zusätzliche Übersendung von Firnissrezepten, die Überlegung, welche Gemälde dem Fürsten gefallen könnten, die Umrechnung der Preise und das Aushandeln von verschiedenen Zahlungsvereinbarungen. Die Gewissenhaftigkeit, mit der Hans Jürge seine „kunsthändlerischen" Tätigkeiten ausführt, seinem Bruder alles detailliert berichtet und auch immer wieder darauf bedacht ist, dass Franz nicht mehr als nötig für die Umsetzung eines Gemäldes zahlt, zeigt das tiefe, vertrauensvolle und ehrliche Verhältnis der Brüder zueinander und zugleich die Wichtigkeit dieses Aufgabenfeldes Hans Jürges.

Der Prinz und seine Leiden

Wie bereits erwähnt, zog es den Prinzen nicht nur aus kaufmännischen Gründen nach Wien, sondern vor allem wegen seiner angeschlagenen Gesundheit. Denn er litt schon in jungen Jahren an Gicht, weshalb er bereits 1779 aus der preußischen Armee austrat. Bis heute gilt das Gichtleiden als Wohlstandserkrankung, denn es ist eng verbunden mit einer hohen Aufnahme von Fleisch und Alkohol.[39] Gicht ist medizinisch gesehen ein Sammelbegriff für eine Stoffwechselstörung und deren Folgekrankheiten. Ursache dafür ist immer ein erhöhter Harnsäurespiegel. Unter dem Begriff Gicht fallen die Stoffwechselstörung Hyperurikämie (Erhöhung des Harnsäurespiegels), der Gichtanfall verschiedener Gelenke, meist des Großzehengrundgelenks, sowie Ablagerungen von Harnsäurekristallen in verschiedenen Geweben. Harnsäuren werden sowohl mit der Nahrung aufgenommen, als auch vom Körper selbst produziert. Als Folge der Gicht entsteht im Körper ein Harnsäureüberschuss, der nicht wieder vollständig abgebaut werden kann. Ein leicht erhöhter Harnsäurespiegel bereitet meist über viele Jahre keine Probleme. Häufig ist der akute Gichtanfall des Großzehengrundgelenks das erste Zeichen einer Gichterkrankung. Dabei kommt es zu heftigen Schmerzen und zur Rötung, Schwellung und Überwärmung des Gelenks. Gelegentlich ist auch das Kniegelenk oder das Sprunggelenk betroffen. Weiterhin kann der Gichtanfall von Fieber begleitet werden. Diese Symptome beschreibt Hans Jürge in seinem letzten Brief: „Meine Krankheit besteht in Geschwüren in der Blase mit vielen Krämpfen, fast immer Fieber und abwechselnd Durchfall."[40] Wie dem Zitat zu entnehmen ist, kam zusätzlich zu seiner Gichterkrankung noch ein Geschwür in der Blase. Es ist nicht unwahrscheinlich, dass dieses Geschwür der auslösende Faktor für seinen Tod war. Aufgrund des zu hohen Harnsäurespiegels und der durch das Geschwür in der Blase immer geringer werdenden Ausscheidung der Harnsäure kam es zur Auskristallisierung von Harnsäure in der Niere, die zum Tod führte.

Sein schlechtes Befinden kurz vor seinem Tod wird im Briefwechsel mit seinem Bruder deutlich, da sich beide stets gegenseitig nach dem jeweiligen Gesundheitszustand befragten. Dies ist ebenfalls ein Zeichen für das große Interesse am anderen.

Die gesundheitliche Verschlechterung des Prinzen im letzten Dreivierteljahr seines Lebens kann durch ein „Gesundheitsbarometer" veranschaulicht werden. Dieses zeigt das Befinden von Hans Jürge anhand seiner Aussagen in den Briefen, welches durch die Form seiner Unterschriften verdeutlicht wird.

Brief vom 29. August 1810: „Mit meinem Befinden gehet es auch gut.“[41]

Die Unterschrift ist sehr schwungvoll, ausdrucksstark und präzise.

Brief vom 30. October 1810: „Ich befinde mich nicht wohl“[42]

Diese Unterschrift erscheint ebenso mühelos wie die vorherige. Möglicherweise war er zu dieser Zeit lediglich durch das Herbstwetter etwas angeschlagen.

Brief vom 15. Januar 1811: „Mit meinem Befinden gehet es ziemlich gut.“[43]

Es geht ihm gut und entsprechend klar und schwungvoll sieht seine Unterschrift aus.

Brief vom 1. März 1811: „Nimm es nicht übel, daß ich so kurz schreibe, meine Gesundheitsumstände erlauben es mir aber nicht gegenwärtig länger zu schreiben“[44]

Es geht dem Prinzen äußerst schlecht. Der Brief enthält nur noch eine weitere Zeile und seine Unterschrift, an der sein schlechter Gesundheitszustand erkennbar ist.

Brief vom 9. März 1811: „Ich will dir nicht verheimlichen zu sagen, daß ich sehr krank bin, und ich glaube nicht daran, daß ich wieder hergestellt werde. Es ist daher möglich, daß du die Nachricht von meinem Tod schon eher hast, als diese Zeilen.“[45]

Dieser Abschiedsbrief von Hans Jürge einen Monat vor seinem Tod verdeutlicht sein Leiden, was sich in seiner flüchtigen Unterschrift spiegelt.

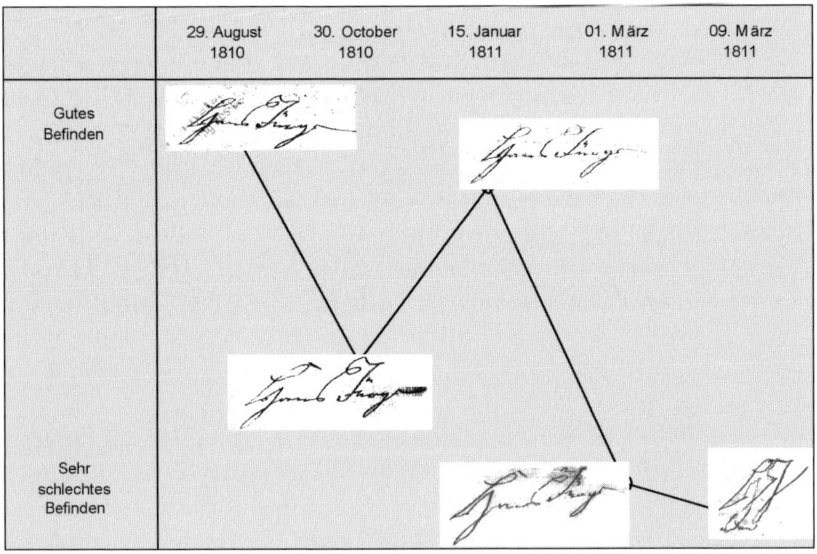

Abb. 5: *Vergleich der Unterschriften von Hans Jürge*

Zusammenfassende Analyse und Verknüpfung der Einzelaspekte

Familiäre Beziehungen gehören nicht umsonst zum klassischen Feld der wiederentdeckten Gattung der historischen Biografie.[46] So auch in unserem Fall. Die Beziehung des Fürsten zu seinem Bruder war bis dato eher unbeachtet, vereinzelte Anmerkungen bezogen sich u. a. auf das architektonische Schaffen im Fürstentum Anhalt-Dessau; vor allen Dingen auf das so genannte „Konkurrenzunternehmen"[47] Georgium. Der hier verfolgte Ansatz soll dagegen die brüderliche Beziehung ins Licht rücken. Aspekte wie brüderliche Freundschaft, „kunsthändlerische" Tätigkeit, gesundheitliches Wohlbefinden, aber auch die Übermittlung des neuesten Geschehens (in Wien) erhellen die Beziehung exemplarisch. Die brüderliche Freundschaft wird zum Beispiel durch die Reise des Fürsten 1769 nach Stettin ausgedrückt, da man nicht ausreichend Zeit füreinander während des Aufenthaltes des Prinzen in Potsdam fand. Andererseits drückt der letzte Brief (1811) von Hans Jürge tiefe Zuneigung zu Franz aus.

Anhand der „kunsthändlerischen" Tätigkeit lässt sich die Gewissenhaftigkeit und Genauigkeit erkennen, mit der Hans Jürge für Franz Aufträge ausführt, Gemälde bestellt und sich ausführlich mit diesen beschäftigt. Diese Genauigkeit lässt sich an den Informationen erkennen, die Hans Jürge nach Dessau übersendet. Jeder Kontakt, jede Kleinigkeit wird mitgeteilt. Auch die genaue Unterrichtung über den jeweiligen Gesundheitszustand drückt das tiefe Vertrauen zueinander aus. Die letzten schriftlich verfassten Worte drücken die Hoffnung aus, dass es Franz wohl ergeht, ihm ein fortgesetzt langes und glückliches Leben beschieden ist. Selbst kurz vor seinem Tod bedankt sich Hans Jürge dafür, dass es ihm gegönnt war, seinen Bruder noch ein letztes Mal (1810) gesehen zu haben. Das Verhältnis der Brüder war seit dem Jugendalter, möglicherweise geprägt durch den frühen Verlust der Eltern und die gemeinschaftliche Grand Tour, ausgewogen und freundschaftlich inniglich. Diese Verbundenheit zieht sich ohne Bruch bis zum Tod von Hans Jürge. Die Beziehung der Brüder war durch Verbundenheit, Vertrautheit und Ehrlichkeit gekennzeichnet.

XVII

Sabine Frömel

Mildtätigkeit und Dankbarkeit. Der Briefwechsel zwischen der Hofdame Caroline von Donop und Fürst Franz

Die Dame bei Hofe

Der Dienst als Hofdame war in der Frühen Neuzeit eine professionelle, entlohnte und zugleich geachtete Tätigkeit. Die Stellung der Eltern, Verwandten und Paten, deren Adelsrang und Lebensweg, die Anzahl der Geschwister und die Stelle, die die Hofdame in ihrer Reihe einnahm, sowie das Vermögen und der Besitz stellten Faktoren dar, die Einfluss auf die Karriere einer Hofdame hatten.[1] Die Entlohnung war nicht überdurchschnittlich, konnte gleichwohl aber ausreichend sein. Aus Aufzeichnungen des 15. Jahrhunderts ist bekannt, dass ein Teil der höfischen Gesellschaft aus fürstlichen „Rentnerinnen" bestand, welche für ihre vormaligen Verdienste (oder die ihres Mannes) ein Leben lang Speisen und Geld aus der fürstlichen Kammer bekamen.[2] Dies war insbesondere dann der Fall, wenn sie unverheiratet waren und somit die Versorgung nicht gewährleistet war: „Nach Beendigung der Dienstzeit kam es, wie beinahe unter modernen Gesichtspunkten, zu Fragen der Pensionsregelung (Ehrenpension) oder Aufnahme in ein Damenstift."[3] Am dem folgenden Beispiel des Briefwechsels zwischen der Hofdame Caroline von Donop und dem Fürsten Franz von Anhalt-Dessau aus dem Jahre 1815 wird deutlich, dass diese Art der Altersversorgung am fürstlichen Hof bis ins 19. Jahrhundert hinein nachzuvollziehen ist.

Caroline von Donop

Über die Biografie der Hofdame Caroline von Donop am Dessauer Hof wissen wir wenig. Auch die exakte familiäre Zuordnung ist nicht eindeutig. Mehrere Donops, die im Dienste des Fürstlich Lippeschen Hauses in Westfalen standen, korrespondierten mit dem Fürsten Franz. Einzig ein Antwortschreiben des Fürsten an einen von Donop vom 5. Juni 1800 ist überliefert.

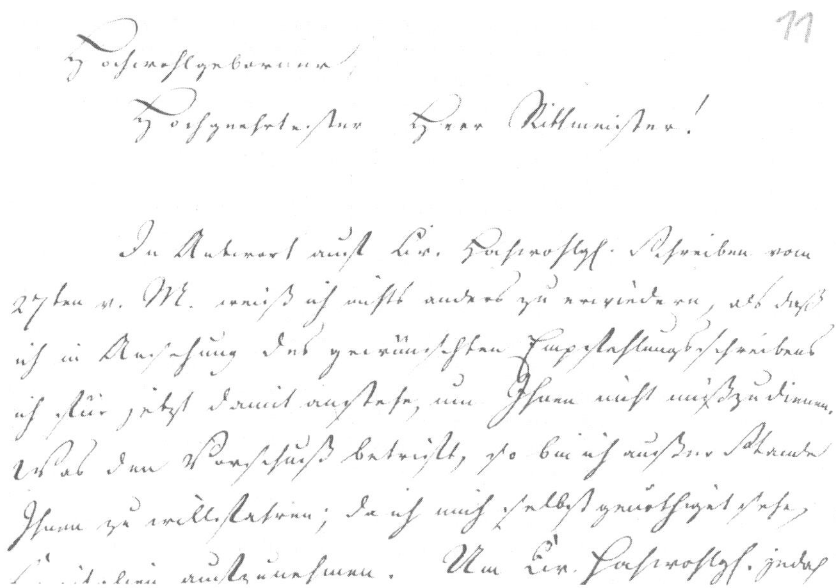

Abb. 1: *Brief von Fürst Franz an Rittmeister von Donop vom 5. Juni 1800 (Ausschnitt)*

Darin antwortet Fürst Franz dem in Zerbst wohnenden Rittmeister von Donop. Jener hatte in einem früheren Brief um ein Empfehlungsschreiben und einen Vorschuss seitens des Fürsten gebeten. Franz lehnte einen Vorschuss ab, da er sich dazu „außer Stande“ sah. Der Fürst legte zwar eine „Kleinigkeit“ bei, bat aber den Rittmeister, sich nicht auf ihn zu stützen.[4] Da der Rittmeister von Donop um einen Vorschuss bat, liegt die Vermutung nahe, dass es sich um eine finanzschwache Familie, möglicherweise aus dem Landadel, gehandelt hat. Aufgrund der räumlichen Nähe ist es nicht auszuschließen, dass er der Vater (oder ein anderer naher Verwandter) der Hofdame Caroline war, die um 1800 ca. 40 Jahre alt gewesen sein wird – dies lässt sich aus den Angaben in den Briefen vermuten. Passen zu den Vermutungen würde auch, dass aus dem Kreis der „Landfrauen“, d. h. den Frauen aus dem Landadel, auch die Hofdamen geworben wurden.[5] Es liegt also die Vermutung nahe, dass es sich hier um ein Haus von Donop gehandelt hat. Außerdem wird Carolines adlige Herkunft nicht nur durch das „von“ im Namen zum Ausdruck gebracht, sondern auch durch die Anrede als „Fräulein“. Nur adelige Frauen durften den Titel „Fräulein“ beanspruchen.[6] Einen Beleg hierfür liefert ein Brief des Fürsten an Caroline vom 28. August 1815. Hier beginnt Franz im Anschreiben mit den Worten „An die Hofdame Fräulein Caroline von Donop allhier.“[7]

Zwischen der Stellung des Gesindes und jener einer Hofdame gab es einerseits zwar sehr deutliche Unterschiede und Trennlinien, da Letztere sich durch ihren Stand und ihre Erziehung und Bildung, durch Politesse (Höflichkeit) und Plauderkunst von den gewöhnlichen Dienstmädchen unterschied.[8] Im Hinblick auf die oben angesprochenen Versorgungsregelungen im Alter, um die es im Briefwechsel zwischen Caroline und Franz ging, scheint es andererseits Ähnlichkeiten in den Verfahrensweisen gegeben zu haben. Deshalb soll hier ein kurzer Einblick in die Situation des Gesindes im 18. Jahrhundert bezüglich dieser Frage folgen, um dessen Stellung und die rechtlichen Rahmenbedingungen dann ganz konkret mit der Situation der Hofdame von Donop in Bezug zu setzen.

Die Situation des Gesindes im 18. Jahrhundert

Die wenigen Rechte, vor allem jedoch die Pflichten des Gesindes wurden seit dem 16. Jahrhundert durch die so genannten Gesindeordnungen bestimmt. Im Kern behandelten alle Gesindeordnungen die Fragen des Abschlusses eines Dienstverhältnisses, des Dienstantritts, der Dauer der Verdingung und gegebenenfalls der Arbeitszeit, des Entgelts und der Kündigung. Man differenzierte zwischen den einzelnen Gesindetätigkeiten, was sich auch in den Entlohnungen niederschlug. Die Verträge zwischen dem Arbeitgeber und den Bediensteten wurden regelmäßig auf ein Jahr geschlossen. Die Herrschaft hatte oft das Wahlrecht, ob sie Verköstigungen oder Kostgeld leisten wollte. Einheitlich war nur der rechtliche Status unter dem Gesinde, nicht aber unbedingt die soziale Stellung. Es gab Höchstlohntaxen, die eingehalten werden mussten. Bei Zuwiderhandlungen drohten sowohl dem Gesinde als auch den Herren scharfe Strafen.[9]

Um die Wende zum 19. Jahrhundert schlugen sich die Forderungen, das Gesinde in verschiedener Beziehung besser zu behandeln, in Gesetzen nieder. So wurde 1794 das Preußische Allgemeine Landrecht (ALR) erlassen, welches zur normativen Verbesserung der Gesindeversorgung beitragen sollte. Unter anderem wurde dem Dienstboten die Kündigung gewährt, wenn er schwer erkrankt war und sich nicht mehr in der Lage sah, seinen Dienst zu versehen. Umgekehrt hatten die Herren laut § 92 das Recht, nach Beendigung des Dienstverhältnisses die Krankenunterstützung abzubrechen: „Dauert eine solche Krankheit über die Dienstzeit hinaus: so hört mit dieser die äußere Verbindlichkeit der Herrschaft, für die Cur und Pflege des kranken Dienstboten zu sorgen, auf."[10] Die Rechtsgelehrten stritten zu dieser Zeit um den Rahmen der herrschaftlichen Pflichten, etwa darum, ob der Lohn auch dann bezahlt werden sollte, wenn keine Gegenleistungen gebracht wurden. Im Allgemeinen fanden sich überhaupt sehr selten Rechtsnormen für die Krankheits- und Altersfürsorge.[11] Fast durchweg wurde das Gesinde bei längerer Krankheit oder Arbeitsunfähigkeit entlassen.[12]

Der Brief und „sein" Jahrhundert

Das 18. Jahrhundert war das „Jahrhundert des Briefs". Man differenzierte zwischen dem „offenen Brief", dem standardisierten Geschäftsbrief und dem „Privatbrief", der durch den „privaten Freundschaftsbrief" gekennzeichnet war. Der Brief war Medium der privaten als auch der emotionalen Kommunikation.[13] Der Brief diente aber auch als Kommunikationsmittel für Kontakte zu Herrschern bzw. Dienstherren. Bei Bittgesuchen gegenüber hierarchisch höher gestellten Personen, musste die Titulatur streng beachtet werden, so z. B. die Verwendung von ausführlichen Titeln und ehrerbietigen Anreden in einem an einen Fürsten gerichteten Schreiben.[14] Frauen hatten am damaligen „Briefkult" einen besonderen Anteil.[15] Der Brief wurde zum Alltagsphänomenen, denn es wurde in bislang nicht gekannter Selbstverständlichkeit geschrieben. Es kam zur sozialen, situativen, thematischen und funktionalen Entgrenzung des Schreibens.[16] „Briefe wurden für den Menschen der Aufklärungszeit zu einem Hauptmittel der Verständigung über sich mit anderen: das heißt, ihre Funktion war eine doppelte: Selbstfindung durch Selbstdarstellung und Herstellung oder Pflege menschlicher Beziehungen durch Bekanntmachung des Dargestellten, durch Ausstellung des Briefschreibers. [...] Ob der Briefschreiber Kümmernisse des Herzens, Verwüstungen der Seele, Einsichten des Verstands – ob er Beobachtungen mitteilt oder Wünsche oder Meinungen: Er beharrt auf seinem Anspruch, gekannt zu werden, seine Privatheit gleichsam öffentlich zu machen, weil erst so ein Selbstwertgefühl entstehen kann"[17]

Die Briefe der Hofdame an den Fürsten

Insgesamt vier Briefe aus dem Jahr 1815 zwischen Caroline von Donop und dem Fürsten Franz von Anhalt-Dessau sind überliefert. Drei Briefe wurden von der Hofdame verfasst. Die Briefe wurden im Zeitraum vom 18. bis 30. August 1815 geschrieben. Die Briefe von Caroline stammen nicht von ihrer Hand, sondern wurden wahrscheinlich von einem Schreiber geschrieben. Nur die Unterschrift ist die ihre. Da diese aussieht wie die Handschrift eines Kindes, darf man annehmen, dass die Hofdame nur begrenzte Schreibfähigkeiten besaß (siehe Abb. 2).

Brief 1: Caroline an Franz am 18. August 1815
Im ersten Brief zwischen Caroline und dem Fürsten Franz vom 18. August 1815 schreibt sie, dass sie lange mit ihrem Herzen gekämpft und unzählige Aufregungen hatte, ehe sie den Entschluss fassen konnte, ihre Wohnung zu verlassen. Sie bittet in ihrem ersten Brief um eine „Erhöhrung" der Herrschaft. Die Kosten für ihre damalige Wohnung schienen schon vom Fürsten gezahlt worden zu sein, da sie schreibt: „[…] wo ich so lange Jahre mich die Gnade Euer Durchlaucht zu erfreuen hatte."[18]

Brief 2: Caroline an Franz am 21. August 1815
Im zweiten Brief trägt Caroline ihre Bitte vor. Sie berichtet, dass sie seit 37 Jahren in Diensten des Fürsten steht und damit immer glücklich war. Sie schreibt über ihre zerstörte Gesundheit. Caroline fühlt, wie ihre Kräfte sie immer mehr verlassen und das das Licht ihrer Augen immer mehr schwindet, so dass sie beinah blind ist und die Treppen nicht mehr steigen kann. Die einsetzende Blindheit verwehrt ihr den „Genuß der freien Luft" und sie bittet den Fürsten, auf ihre letzten Tage das Schloss verlassen, aus dem Dienst treten zu können, und in eine passende Wohnung in der Stadt ziehen zu dürfen. Caroline hofft auf die Gnade des Fürsten.[19]

Brief 3: Franz an Caroline am 28. August 1815
Der einzige Brief an Caroline wurde von Franz am 28. August 1815 geschrieben. Da der Brief vom Fürsten höchstpersönlich verfasst worden ist, liegt die Vermutung nahe, dass ihm die Hilfe für die langjährige Bedienstete ein persönliches Anliegen war. Er bedauert ihren Gesundheitszustand; zugleich will er ihre Bitte erfüllen und erlaubt ihr daher, sich auf seine Kosten ein Quartier in der Stadt zu mieten. Franz erteilt seiner Kammer den Befehl, ihr außer dem bisherigen Gehalt „monatlich noch Fünf und Zwanzig Thaler auszuzahlen", damit sie „davon die Ausgaben für Ihre Beköstigung, Wohnung und Holz" bestreiten könne.[20]

Brief 4: Caroline an Franz 30. August 1815
Im vierten und letzten Brief dankt Caroline untertänigst für die Möglichkeit, ein sorgenfreies und anständiges Leben führen zu können. Sie berichtet

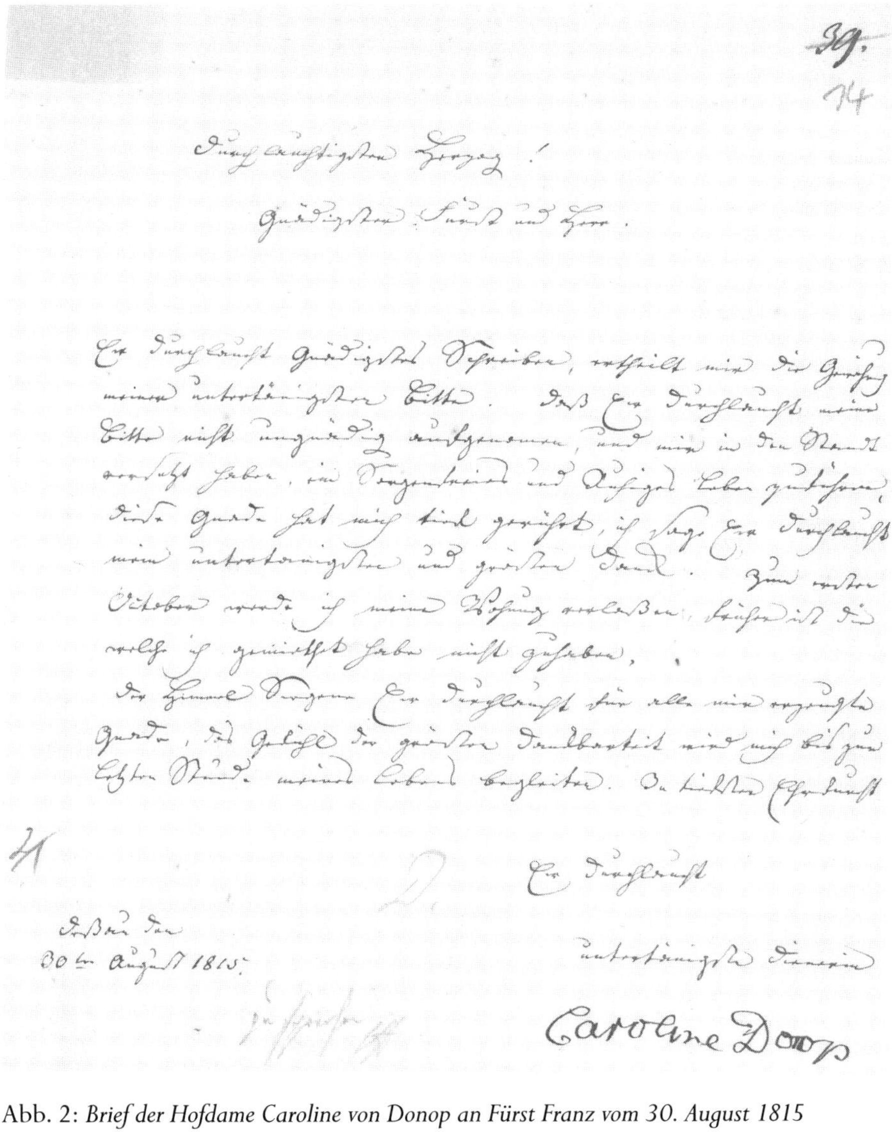

Abb. 2: *Brief der Hofdame Caroline von Donop an Fürst Franz vom 30. August 1815*

ihm, dass sie zum 1. Oktober ihre alte Wohnung verlassen wird: „Des Himmels Segen Euer Durchlaucht für alle mir vergönnten Gnaden. Das Gefühl der größten Dankbarkeit wird mich bis zur letzten Stunde meines Lebens begleiten."[21]

Fazit

Durch den kurzen Zeitraum von drei Wochen ist zu erkennen, dass Franz die Zusage für die Hilfe nicht auf die lange Bank schob. Die Besserung des Gesundheitszustandes der Hofdame war im Prinzip auszuschließen, aber dennoch wurde Carolines Gehalt vom Fürsten weitergezahlt, ja sogar aufgestockt. Im Angesicht der großzügigen Altersversorgung der Hofdame Caroline von Donop stellt sich die Frage, ob der Fürst aus Mildtätigkeit und Dankbarkeit seine Dienerin versorgte – sie stand 37 Jahre im Dienste des Fürsten und war ungefähr im Alter von Mitte fünfzig – oder ob Caroline einen rechtlichen Anspruch auf die Fürsorge hatte. Die Hofdame hatte offensichtlich keinen rechtlichen Anspruch darauf, sonst hätte es den Briefwechsel in dieser Form wohl nicht gegeben. Während also im 18. Jahrhundert darüber diskutiert wurde, ob dem Gesinde für vergleichbare Fälle eine Fürsorge zustand, wurde offensichtlich bei den höher gestellten Hofdamen im Bedarfsfall situationsgebunden entschieden (wie im vorliegenden Beispiel). Man kann deshalb hier von Mildtätigkeit und Dankbarkeit für die langjährige Treue der Hofdame seitens des Fürsten sprechen. Auch darf nicht außer Acht gelassen werden, dass Franz selbst schon im Alter von 75 Jahren und mit der Lebenssituation im beginnenden Alter vertraut war. Franz zeigt sich in diesem Beispiel ganz als Fürst, der in väterlicher Weise entscheidet.

XVIII

Vivien Zaeske

Die Frauen, die mit Fürst Franz korrespondierten

Die folgende, knappe Analyse beschäftigt sich mit den Korrespondenzen, die Fürst Franz mit Frauen unterhielt. Die Briefe finden sich im Landeshauptarchiv Sachsen-Anhalt, Abt. Dessau und haben die Signatur A 10, wobei das A für das „Fürstenhaus“ steht und die 10 die Korrespondenzen von Fürst Franz in den Jahren 1741–1817 bezeichnet.[1] Drei Fragen treten bei der Untersuchung in den Vordergrund: Waren die Frauen bürgerlicher oder adliger Herkunft? Gehörten die Frauen zur Familie des Fürsten? In welchen Jahren liegen Korrespondenzen gehäuft vor?

Die Korrespondenz

Die Korrespondenzen begannen 1760, 2 Jahre nach dem Regierungsantritt von Franz und endeten in seinem Todesjahr 1817. Die Frauen entstammten ausnahmslos dem Adel. Ein kleiner Kreis der Liste gehörte auch zu Franz' Familie. Briefe erhielt er vorrangig, inklusive Familienkorrespondenzen, in den Jahren 1798, 1801, 1802 und 1811. Die große Fülle an Briefen im Jahr 1811 könnte auf den Tod seiner Frau Luise zurückzuführen sein. Ansonsten variiert die Anzahl der Korrespondentinnen in einem Jahr zwischen eins und sechs.

Bei den außerfamiliären Korrespondenzen sind die verschiedensten Adelshäuser vertreten, so zum Beispiel Vertreterinnen des preußischen und des lippeschen Hauses. Die Briefwechsel erstreckten sich meist nur über kurze Zeiträume, oftmals nur ein Jahr, wie bei Dorothea von Curland (1798) oder der Kaiserin Katharina von Russland (1785). Ebenso gibt es auch Beispiele für einen Zeitraum von zwei Jahren, hier sind die Kurfürstin Auguste von Hessen-Kassel (1807/08) sowie die Prinzessin Wilhelmine von Oranien (1811/12) zu nennen. Allerdings gab es neben diesen „Kurzkorrespondenzen“ auch einen langjährigen Briefverkehr. Beispielsweise hatte Franz 52 Jahre lang Kontakt mit der Gräfin Louise von Solms-Baruth, geborene Prinzessin von Bernburg,

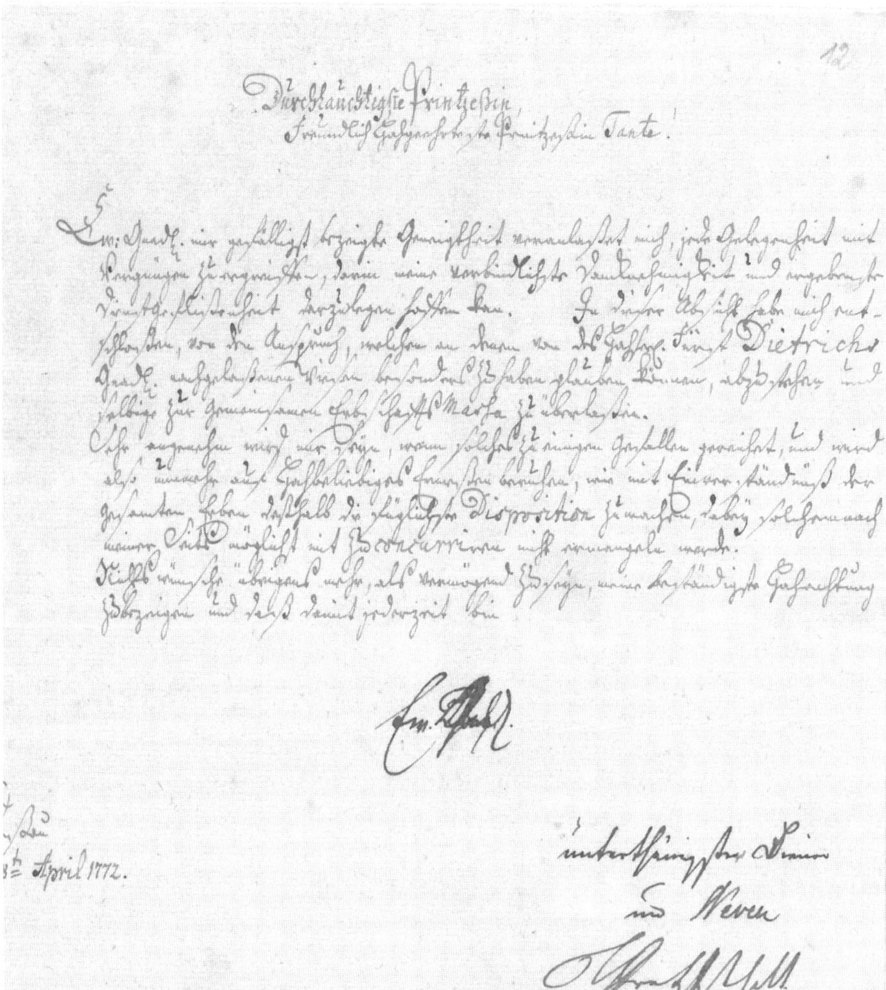

Durchlauchtigste Printzessin,
Freundlich Hochgeehrteste Printzessin Tante!

April 1772.

unterthänigster Diener
und Neveu

Abb. 1: *Brief von Fürst Franz an seine Tante Anna Wilhelmine vom 28. April 1772*

ihrem Gemahl, dem Grafen Friedrich, und deren Tochter. Ebenso wechselte er 20 Jahre lang Briefe mit dem Präsidenten Franz Balthasar Schönberg von Brenckenhoff[2] und dessen Gemahlin.

In der Minderheit sind die Frauen, welche zu Franz' Familie gehörten. Es sind fünf von insgesamt 30 Korrespondenzen. Diese beschränken sich auf zwei Zeiträume, nämlich auf den Beginn und das Ende seiner Amtszeit, also kurz vor seinem Tode. Unter ihnen sind die Briefwechsel mit den Tanten[3] Prinzessin Anna Wilhelmine von Anhalt (1715–1780), Markgräfin Leopoldine Marie von Brandenburg-Schwedt (1716–1782) und Prinzessin Henriette Amalie (1720–1793). Im Gegensatz zu Letzterer, mit der sich die Korrespondenz nur auf 2 Jahre beschränkte (1762/63), hatte Franz mit den anderen beiden Tanten jahrelangen Kontakt, mit Anna Wilhelmine von 1765 bis 1772, mit Leopoldine von 1760 bis 1774.

Abb. 2: *Unbekannter Schüler von Antoine Pèsne: Leopoldine Marie von Brandenburg-Schwedt (undatiert)*

Hinzu kommen noch zwei Korrespondenzen des Fürsten mit der Erbprinzessin Amalie sowie mit der Prinzessin Friederike von Preußen. Diese war die Braut seines Enkels Leopold und schrieb ihm im Jahre 1816. Erbprinzessin Amalie schrieb entweder gemeinsam mit ihrem Gemahl, dem Erbprinzen Friedrich (im Zeitraum 1806–1814), oder sie sandte Briefe gemeinsam mit ihren Söhnen Leopold und Georg zu Anhalt (im Jahr vor Franz' Tod 1816).

Familiärer Briefwechsel

Beispielhaft werden nun die Briefe von Franz an seine Tante Anna Wilhelmine aus den Jahren 1769 und 1772 näher betrachtet. Es sind nur die Briefe von seiner Seite vorhanden. Sie sind überwiegend in Deutsch, zwei jedoch in französischer Sprache verfasst. Sehr auffällig sind die kunstvollen Anreden und Abschiedsgrüße. Dies ist typisch für diese Zeit, aber sich als Diener zu bezeichnen, obwohl man regierender Fürst ist, mutet doch recht ungewöhnlich an. In den beiden Briefen geht es um Geschäfte, welche die beiden untereinander wohl getätigt haben.

Im 1769 verfassten Brief[4] geht es um ein Anliegen seinerseits. Er hatte sich von seiner Tante eine Geldsumme geliehen, welche nicht näher benannt wird. Franz erbittet nun den Aufschub der Rückzahlung um sechs Jahre. Wohl wäre er in der Lage, die Schulden zu begleichen, schreibt er, jedoch hält

Abb. 3: *J. M. Falbe: Anna Wilhelmine von Anhalt (um 1745)*

er es für klüger, noch abzuwarten, da er selbst die Summe leihen müsste. Der ganze Brief ist durchzogen mit schmeichelnden Komplimenten, zum Beispiel: „Gnädigste Tante“, „euer Durchlaucht“, „untertäniger Diener“. Diese dienen wohl sicher auch dem Zweck, Wilhelmine gnädig zu stimmen.

Der zweite Brief (Abb. 1), vom 28. April 1772,[5] beinhaltet eine Danksagung. Allerdings wird nicht erwähnt, für was der Fürst sich bedankt. In diesem Brief geht es um erbschaftsrechtliche Angelegenheiten. Abschließend äußert der Fürst, dass er gerne wohlhabend wäre und seine „beständigste Hochachtung bezeugen“ möchte. In diesem Brief liest man die gleiche Zuvorkommenheit heraus, wie bei jenem aus dem Jahre 1769, allerdings ist der Abschiedsgruß etwas kürzer gefasst. Einige Belege dafür sind: „Freundlich hoch geachtete Prinzessin Tante!“, „Euer Gnaden mit gefälligst bezeugter Geneigtheit.“

Abschließend kann man die Briefe wohl so einschätzen, dass es sich inhaltlich um geschäftliche Angelegenheiten handelte, gleichwohl Anna und Franz sicherlich ein herzliches Verhältnis hatten. Denn man kann annehmen, dass selbst seine Tante Franzens Charme erlegen ist.

Auf der Grundlage der durchgeführten Untersuchung lassen sich schließlich folgende Fragen für die weitere Forschung formulieren: Warum besteht eine so tiefe Kluft zwischen Kurz- und Langzeitkorrespondenzen? Waren die Langzeitkorrespondenzen freundschaftlicher oder politischer bzw. finanzieller Natur? Warum gab es in den Jahren 1798, 1801, 1802 ein so hohes Maß an Briefwechseln mit Frauen? Und: Gibt es noch weitere Korrespondenzen mit Frauen, die in anderen Archiven oder Bibliotheken überliefert sind?

XIX

Franziska Lietzmann

Fürst Franz und Sir George Sinclair – ein Abschied von England?

„Man kann einen vortrefflichen Menschen ehren und lieben, ohne ihn gekannt oder gesehen zu haben – ja, nach Verfluss eines Jahrtausends denken wir noch an ihn mit Hochachtung und Wohlgefallen, obgleich alle Spuren seiner wohlthätigen Regsamkeit verschwunden sind, und ihr Andenken nur in den Jahrbüchern dankbarer Augenzeugen aufbewahrt ist – Hat man aber selbst das Glück gehabt, einen solchen Beförderer jedes guten Zwecks zu kennen [...] und kann man sich noch dazu rühmen, eine nicht weniger schmeichelhafte als liebreiche Aufnahme, von Seiten eines solchen erhabenen Gönners genossen zu haben, so müssen unsere Bewunderung und Anhänglichkeit verhältnissmässig steigen, und uns ein immerwährendes Verlangen einflössen, uns einen Platz in seinem Andenken zuzusichern [...]"[1]

Sir George Sinclair
an Leopold III. Friedrich Franz von Anhalt-Dessau
am 19. Mai 1817

Im Jahr 1817 schreibt Sir George Sinclair drei Briefe an den gealterten Fürsten Franz. Es war dessen Todesjahr, der Fürst verstarb am 9. August 1817. Seit 1814 hatte er immer wieder über altersbedingte Gebrechen geklagt.[2] Die Briefe Sinclairs zeugen vom Mitgefühl und der Sorge um den Gesundheitszustand des alten Herrschers. Es scheint, als ahnte Sinclair das baldige Ableben des Fürsten und als wollte er sich von ihm verabschieden. Die Briefe des Jahres 1817 sind ein einzigartiges Zeugnis einer besonderen Freundschaft und einer außergewöhnlichen Leidenschaft. Infolge soll deshalb diesen Fragen nachgegangen werden: Wer war Sinclair? Wie kam es zu einer Freundschaft der beiden Persönlichkeiten? Warum schreibt Sinclair dem Fürsten in dessen Todesjahr und wie stellt sich das Verhältnis der beiden zueinander in den drei Briefen dar?

Die Quellenlage

Im Landeshauptarchiv Sachsen-Anhalt, Abt. Dessau finden sich unter der Signatur A 10, Nr. 238 acht Briefe, welche den Briefkontakt beider Männer miteinander umfassen.[3] Für die vorliegende Arbeit wurden die drei Briefe untersucht, welche Sinclair 1817 an Fürst Franz schrieb. Diese sind nicht nur die umfangreichsten, sondern auch die interessantesten. Sie sind allesamt in einem gut lesbaren Deutsch verfasst und umfassen zumeist drei bis vier Seiten. Die Briefe wurden in einem regelmäßigen Abstand von je zwei Monaten geschrieben: am 14. Januar 1817, am 18. März 1817 und am 19. Mai 1817. Den Briefen vom 14. Januar 1817 und vom 19. Mai 1817 ist jeweils ein englisch gehaltener Brief eines „Herzogs von Rutland“ beigefügt. Den Rutland-Brief vom 19. Mai 1817 hat Sinclair zusätzlich ins Deutsche übersetzt, jedoch nicht weil er, wie er schreibt, an den Englischkenntnissen des Fürsten zweifeln würde, sondern um des alten Fürsten müde „Augen zu schonen – und weil Dero Secretär unserer Sprache nicht kundig ist“.[4]

Sinclair korrespondiert in einem ausgezeichneten Deutsch. Grammatikalische Fehler, sofern sie auftreten, deuten weniger auf mangelnde Sprachkenntnisse als vielmehr auf die Eile des Schreibens und sich überstürzende Gedankengänge hin. In der Forschungsliteratur zum Fürsten Franz ließ sich so gut wie kein Hinweis zur Person und zum Kontakt mit Sir George Sinclair finden.[5] Daher mussten die Briefe zunächst als einzige Informationsquelle dienen, um ihren Verfasser zu identifizieren.

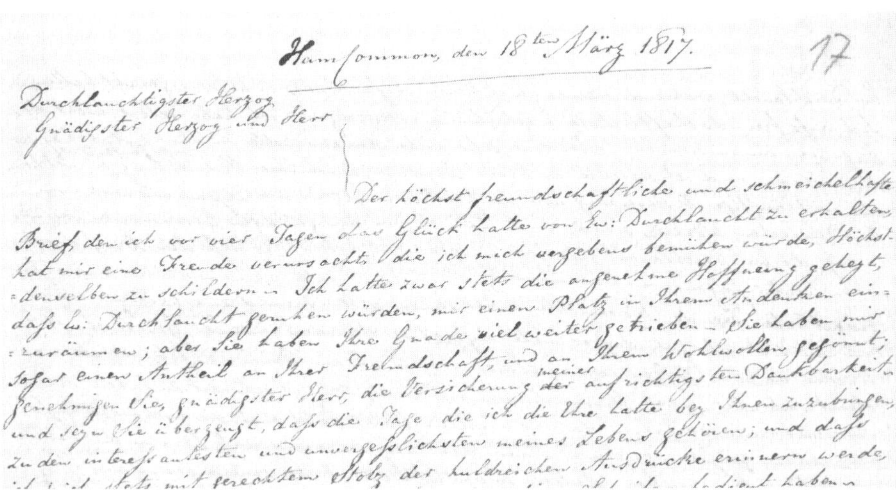
Ham Common, den 18ten März 1817. 17

Durchlauchtigster Herzog
Gnädigster Herzog und Herr

Der höchst freundschaftliche und schmeichelhafte Brief den ich vor vier Tagen das Glück hatte von Ew: Durchlaucht zu erhalten, hat mir eine Freude verursacht, die ich mich vergebens bemühen würde, Höchstdenselben zu schildern. Ich hatte zwar stets die angenehme Hoffnung gehegt, daß Ew: Durchlaucht geruhen würden, mir einen Platz in Ihrem Andenken einzuräumen; aber Sie haben Ihre Gnade viel weiter getrieben – Sie haben mir sogar einen Antheil an Ihrer Freundschaft, und an Ihrem Wohlwollen gegönnt. Genehmigen Sie, gnädigster Herr, die Versicherung meiner aufrichtigsten Dankbarkeit, und seyn Sie überzeugt, daß die Tage die ich die Ehre hatte bey Ihnen zuzubringen, zu den interessantesten und unvergeßlichsten meines Lebens gehören; und daß ich stets mit gerechtem Stolz der huldreichen Ausdrücke erinnern werde, …

Abb. 1: *Brief von George Sinclair an Fürst Franz vom 18. März 1817 (Ausschnitt)*

Zur Identifizierung von Sir George Sinclair

Die Briefe sind unterschrieben mit „Sir George of Sinclair". Alle drei Briefe wurden aus dem Ort „Ham Common, near London" geschrieben, wo sich Sinclair nach seiner Rückkehr aus Deutschland „im Schoose"[6] seiner Familie wiederfand. Dies lässt zunächst darauf schließen, dass Sinclair Engländer ist, eine Frage die weiter zu verfolgen ist.

Sinclair berichtet am 14. Januar 1817 von seiner Reise durch Deutschland und der Rückkehr nach England. Gemeinsam mit seiner Frau sei er 1816 durch Deutschland gereist, wo sie den Fürsten und anschließend die Städte „Cassel, Gotha, Weimar, Rudolstadt, München, Stutgard, Carlsruhe" besuchten, sich alsdann „einige Wochen in Paris" aufhielten, um schließlich „am 21ten December [1816] in England" einzutreffen.[7]

In seinem zweiten Brief vom 18. März 1817 erwähnt Sinclair seine Frau „Camilla" mit Namen. Diese habe ihn am „8ten Februar" des Jahres zum stolzen Vater einer Tochter gemacht, welche man „Emilia" genannt habe.[8]

Sinclairs ausgezeichnete deutsche Sprachkenntnisse werfen die Frage auf, wie bzw. wo er sich diese angeeignet hat. Des Weiteren scheint Sinclair gute Kenntnis vom englischen Staatshaushalt zu haben. In allen drei Briefen berichtet er sehr eindrücklich von der aktuellen politischen und wirtschaftlichen Lage Englands. Diese Beschreibungen umfassen bis zu ein Drittel des jeweiligen Gesamtbriefes. Am 14. Januar 1817 schreibt Sinclair:

„Von dem jetzigen Zustand meines Vaterlandes kann ich leider ! keine sehr angenehme Schilderung machen – Die Unordnung des Finanzwesens – ein Deficit von 2 Millionen Pfund St[erling]. im Einkommen eines einzigen Vierteljahrs – eine beyspiellose Vermehrung der Zahl der Armen, deren Verpflegung, für dieses Jahr allein, ungefähr 8,000,000 Pfund Sterling kosten wird – der bedrängte Zustand der Gutsbesitzer, deren Güter seit dem Frieden bey weitem weniger einträglich geworden sind – [...] die Auswanderung aus England, und einstweilige Niederlassung auf dem festen Lande, so vieler wohlhabenden Familien, durch deren Entfernung die Zahl der Arbeitslosen Diener und Tagelöhner sich nothwendiger Weise vermehren muss – die kritische Lage unserer Fabrikanten, die so zahlreich sind, dass beynahe keiner emporkommen kann, und die durch die Anwendung der neueren mechanischen Erfindungen so viele Waaren liefern, dass sie keinen Absatz dafür finden können – diese äusserst betuendliche Übel, und noch mehr, das zunehmende Misstrauen, und immer allgemeiner werdende Mismuth des Volkes, müssen jeden patriotisch – gesinnten Engländer betrüben und beängstigen [...]"[9]

Sinclair berichtet hier über die Auswanderung aus England nach Amerika als auch über die Auswirkungen der industriellen Revolution in England. Er kann zudem genaue Zahlen liefern: Die Regierung Großbritanniens sei um „2 Millionen Pfund St." verschuldet und eine weitere Finanzbelastung von „ungefähr 8,000,000 Pfund Sterling" sei zu erwarten. Um derartige Auskünfte liefern zu können, muß Sinclair ein politisches Amt bekleidet oder in Kontakt mit Politikern gestanden haben. Im selben Zitat weist er sich (indirekt) als „patriotisch gesinnten Engländer" aus, was die Vermutung, dass Sinclair Engländer sei, bestätigen würde.

Es geht zwischen den beiden aber auch um weltliche Dinge. Sinclair lässt dem Fürsten „eine Tonne Ale" schicken, die er „zu diesem Zweck in Edinburgh bestellt habe", wo seines Erachtens „das beste Bier von dieser Gattung [...] gebraut wird".[10] Die Erwähnung Edinburghs verweist allerdings auf eine andere Region, die für die Herkunft Sinclairs wichtig sein könnte.

Sir George Sinclair, der wortgewandte Schotte

Mit Hilfe des *Oxford Dictionary of National Biography*[11] und aufgrund der bisherigen Hinweise aus den Briefen ließ sich die Person Sinclairs bestimmen. Beim Autor der Briefe handelt es sich um Sir George Sinclair, Second Baronet of Ulbster[12], Caithness (1790–1868), ältester Sohn von Sir John Sinclair, First Baronet of Ulbster, Caithness (1754–1835) und dessen zweiter Frau Diana (1769–1845), Tochter von Alexander Mac Donald, First Baron Mac Donald of Sleat.

Sir George Sinclair wurde am 28. August 1790 in Edinburgh geboren, dem Geburtsort nach ist er also Schotte. Da Schottland seit 1707 offiziell zum Königreich Großbritannien gehörte, war Sinclair zugleich Staatsbürger von Großbritannien.[13] Mit 10 Jahren besucht er die *Harrow School*[14] bei London, wo er unter anderem Freundschaft schließt mit dem jungen George Gordon Noel, Sixth Baron Byron (1788–1824), späterhin berühmt als Lord Byron, Autor zahlreicher Gedichte und bekannt für seine skandalösen Liebschaften. Byron beschrieb später seinen Schulkameraden Sinclair als äußerst intelligenten und wortgewandten Menschen und nannte ihn das „Wunder seiner Schulzeit": "[Sinclair was] the prodigy of our schooldays. He made exercises for half the school (literally), verses at will, and themes without it. He was a friend of mine, and in the same remove."[15]

Ein solches Kompliment von einer Persönlichkeit, die schon zu Lebzeiten eine Legende war, muss etwas zu bedeuten haben. Tatsächlich lässt auch die

Sprachgewandtheit der Briefe des Jahres 1817 auf einen geistreichen Verfasser schließen: „Der Gedanke, dass Ew: Durchlaucht bisweilen an mich denken, thut meinem Herzen immer wohl: denn was kann mir erwünschter seyn, als demjenigen Gesinnungen von Liebe gegen mich einzuflössen, für den ich nicht nur Liebe und Freundschaft, sondern auch Verehrung und Dankbarkeit, empfinde?“[16]

Mit sechzehn Jahren verließ Sinclair die Schule und ging nach Deutschland, genauer gesagt nach Göttingen an die dortige Universität, die Georgia Augusta.[17] Was zog Sinclair nach Göttingen? Die Göttinger Universität galt bereits einige Jahre nach der offiziellen Gründung im Jahr 1737 als eine der bedeutendsten ihrer Zeit. Selbst Preußen schickte Späher nach Göttingen, um von der dortigen Lehrpraxis eingehende Kenntnis zu erlangen und Professoren für die eigenen Universitäten abzuwerben.[18] Die Georgia Augusta hatte einen solch guten Ruf, dass nicht nur deutsche Studenten nach Göttingen kamen. Dass dieser Ruf bis zu den britischen Inseln vordrang, mag sicher auch daran gelegen haben, dass mit der Thronbesteigung Georg I. 1715 die Kurfürsten von Hannover auf dem englischen Thron saßen. Dies hat den kulturellen Austausch zwischen England und den deutschen Fürstenstaaten befördert. Zumindest bemühte sich die Georgia Augusta ganz besonders englische Studenten nach Göttingen zu holen. Denn um „es ausländischen Studenten möglichst angenehm zu machen“ braute man in Göttingen „sogar englisches Ale“.[19]

Etwa um das Jahr 1806 dürfte Sinclair in Göttingen eingetroffen sein. Über Näheres aus seiner Studienzeit sind wir bislang nicht unterrichtet. Möglicherweise können die Memoiren Sinclairs (1870 herausgegeben) mehr Auskunft darüber geben.[20] Was die guten deutschen Sprachkenntnisse betrifft, so sind diese vermutlich auf die Studienzeit Sinclairs in Göttingen zurückzuführen.

In den Jahren zwischen 1806 und 1811 kommt es zu einem sonderbaren Ereignis. Sinclair wird bei Jena aufgegriffen, der Spionage bezichtigt, verhaftet und vor Napoleon I. gebracht. Napoleon verhört ihn und befiehlt seine Freilassung. Dieser Vorgang und seine eventuellen Auswirkungen auf Anhalt-Dessau müssen zunächst ungeklärt bleiben, da sich der Bericht, den Sinclair 1812 über dieses Erlebnis schrieb, in Familienbesitz der Sinclair-Familie befindet.[21]

Noch vor 1811 kehrt Sir George Sinclair nach Großbritannien zurück; in diesem Jahr wird er Mitglied des britischen Parlaments, er vertritt die Grafschaft Caithness im *House of Commons*. Es mag verwundern, dass ein Adliger im „Haus der Bürgerlichen“ sitzt, dennoch ist dies mehr als üblich gewesen. Seit dem 15. Jahrhundert nahm das englische „Parlament in seiner Gesamtheit immer mehr einen adligen Charakter"[22] an. Im *House of Lords* saßen die Königstreuen und Anhänger der Monarchie, also die Vertreter des höheren Adels. Die Parlamentssitze der *commons*, der Bürgerlichen, welche „die eigentlichen Repräsentanten des Landes"[23] waren, wurden seit dem 15. Jahrhundert zunehmend von Mitgliedern des niederen Adels bekleidet. Mit einem Sitz im Parlament erhoffte sich der Adel dem eigenen Namen mehr Prestige und Ansehen zu verschaffen. Letztlich ist diese Besetzung auch auf die Tatsache zurückzuführen, dass der niedere Adel, im Gegensatz zu den bürgerlichen Vertretern der Städte, es sich finanziell leisten konnte, die hohen Sitzungsgelder zu bezahlen.[24]

Dass Sinclair in seinen Briefen an Fürst Franz so genaue Angaben zum englischen Staatshaushalt machen konnte, kann demnach auf seine Stellung im englischen Parlament zurückgeführt werden. Zwar war Sinclair von 1812 bis 1818 kein gewähltes Mitglied,[25] doch betrachtet man seinen weiteren politischen Fortgang sowie die Tatsache, wie wichtig ein Sitz im Parlament für den Adel des 18. und beginnenden 19. Jahrhunderts war, so wird sich Sinclair auch in den Jahren 1812 bis 1818 politisch auf dem Laufenden gehalten haben. Für Fürst Franz, der das englische Parlament und die englische Gewaltenteilung bewunderte,[26] war Sinclair daher eine ideale Informationsquelle.

Umso interessanter ist es, dass Sinclair an der eigenen Regierung zweifelt. Es sind wohl die Umstände, die ihn zweifeln lassen: die miserable finanzielle Lage Englands und das Unvermögen der Regierung, die Probleme der Bevölkerung zu lösen. In Anbetracht dieser Situation würde Sinclair der parlamentarischen Monarchie Englands ohne weiteres die Regierung eines absolutistischen Fürstentums vorziehen, wenn, und das ist die entscheidende Einschränkung, diese wie Anhalt-Dessau (aufgeklärt) geprägt sei:

„Ewr. Durchlaucht's glückliche Unterthanen erfreuen sich indessen der milden und väterlichen Regierung, durch deren preiswürdige Fürsorge so viele Leiden vermieden, und so viele andere vermindert oder geheilt worden sind – und bestätigen dadurch einen von meinen Lieblings-Grundsätzen, dass die Unterthanen eines weniger mächtigen Fürsten weit beneidenswerther sind, als die eines grossen Monarchen – Wer diese Meynung bestreiten will, wird nicht umhin können mir Recht zu geben, so bald er in den Sächsischen und Anhaltischen Herzogthümern, oder in Schwarzburg Rudolstadt, den Zustand und die Gesinnungen des Volkes wahrgenommen haben wird [...]"[27]

Kehren wir zu Sinclairs Biografie zurück. Am 1. Mai 1816 heiratet Sir George Sinclair Lady Catherine Camilla Talmash (1792–1863), Tochter von

John Manners of Grantham Grange und dessen Frau Louisa, Tochter von William Manners, First Baronet.[28] Damit liegt ein weiteres Indiz für die Identität Sinclairs vor. Wie aus den Briefen hervorgeht, begibt sich Sir George noch 1816 mit seiner frisch angetrauten Frau „Camilla“ auf eine weitere Reise durch Deutschland.[29] Da er in den Jahren zwischen 1812 und 1818 nicht im Parlament saß, war seine Anwesenheit in England zumindest in dieser Hinsicht auch nicht zwingend.[30] Jene Camilla bringt am „8ten Februar“ 1817 eine kleine Tochter zur Welt, die auf den Namen Emilia getauft wird.[31] Da das junge Paar erst „am 21ten December“ 1816 wieder in England eintrifft,[32] muss Lady Camilla bereits während der Reise hochschwanger gewesen sein. Bedenkt man, unter welchen Bedingungen eine Reise zu der Zeit vonstatten ging – die ungepflasterten Straßen, die stundenlangen Fahrten in unbequemen Kutschen –, so muss dies für eine schwangere Frau eine außergewöhnliche Belastung gewesen sein. Bei der genannten Tochter Emilia (1817–1864) handelt es sich um das erstgeborene Kind der Sinclairs. Drei Töchter und drei Söhne hatten sie im Laufe ihres Lebens miteinander.[33] Laut *Oxford Dictionary of National Biography* hat Sinclair ein Buch über seine Reisen durch Deutschland geschrieben. Dieses zweibändige Werk mit dem Titel *Travels in Germany* soll sich ebenfalls im Familienbesitz der Sinclairfamilie befinden.[34] Das *Dictionary* berichtet weiterhin, Sir George habe für sich und seine Familie das Stammschloss der Sinclairfamilie, „Thurso Castle“, modernisieren lassen.[35] Dieses Castle, heute eine Ruine, befindet sich in der heutigen Ortschaft Thurso (Grafschaft Caithness) im Norden Schottlands.[36]

Abb. 2:
C. H. Jeens:
Sir George Sinclair

In den folgenden Jahren seines Lebens hat Sir George Sinclair vor allem durch sein politisches Engagement auf sich aufmerksam gemacht. Seit 1818 hatte er wieder einen Sitz im Parlament inne und wurde in den folgenden Jahren mehrfach wiedergewählt. Sinclair setzte sich vor allem für die Emanzipation der Katholiken in England ein.[37] Er schrieb zahlreiche Pamphlete über das „Pfaffentum“ und ab 1843 zur Spaltung der Kirche von Schottland. Am 23 Oktober 1868 verstarb Sir George Sinclair mit achtundsiebzig Jahren in Edinburgh.[38]

Die genauen Ereignisse des Jahres 1816, also die Reise durch Deutschland und der Besuch in Dessau und Wörlitz, können erst durch eine Einsicht in die Memoiren Sinclairs und in das Werk *Travels in Germany* nachvollzogen werden. Auch lässt sich bislang nicht genau klären, weshalb Sinclair 1817 in *Ham Common* in der Nähe Londons weilte. Es handelt sich hierbei wohl um die Ortschaft *Ham Common* oder auch *Ham*, die sich im 18. Jahrhundert noch südwestlich von London befand, heute hingegen einen Stadtteil Londons bildet. Vermutlich hielt sich Sinclair in der Nähe Londons auf, da er in der unmittelbaren Umgebung des Parlaments bleiben wollte. Möglicherweise erhoffte er sich eine baldige Wiederwahl, welche dann schließlich im Jahr 1818 erfolgte.[39]

Eine letzte Reise nach England?

Zeit seines Lebens verband Fürst Franz eine besondere Leidenschaft mit Großbritannien. In jungen Jahren war er mehrfach auf die britischen Inseln gereist und hatte deren neopalladianischen und neogotischen Landsitze mit ihren exzentrischen Besitzern kennen gelernt.[40] Die Erlebnisse dieser Reisen hatten ihn damals zu seinem eigenen Landschaftsgarten in Wörlitz inspiriert. Fürst Franz führte Briefwechsel mit verschiedenen Engländern. Und Engländer waren in Dessau und Wörlitz gern gesehene Gäste.[41]

1816 besuchte der 27-Jährige frisch vermählte Sir George Sinclair den gealterten Fürsten. Beide traten kurze Zeit später in einen Briefwechsel miteinander. Fünfzig Jahre Altersunterschied trennten die beiden voneinander. Was mag die beiden Adligen an dieser Freundschaft gereizt haben? Ist es möglich, dass der Fürst sich mittels des jungen Sinclair noch ein letztes Mal von England verabschieden wollte?

Die Intension Sinclairs, dem Fürsten nach seiner Rückkehr zu schreiben, scheint zum einen eine Danksagung für die freundliche Aufnahme in Anhalt-Dessau gewesen zu sein. Zum anderen schreibt Sinclair, er habe sich nach seiner Rückkehr möglichst bald daran gemacht, sich „mit den Aufträgen“ seiner „deutschen Freunde und Gönner zu beschäftigen“: „Ich ermangelte nicht, mich des gnädigen Antheils zu erinnern, den Ew. Durchlaucht an das Herzogliche Haus Rutland zu nehmen gesuchten – und ich eilte Sr. Gnaden dem jetzigen Herzog, Höchstihre gütige Gesinnungen durch einen Brief mitzutheilen [...]“[42]

Daraus lässt sich schließen, dass der Fürst selbst Sinclair darum gebeten hat, einen alten Bekannten von ihm aufzusuchen. Sinclair seinerseits scheint zu ahnen, dass er mit einem derartigen Dienst dem Fürsten eine außerordentliche Freude bereiten kann. Er bittet ihn, ihm weitere Namen zu nennen, damit er diese Personen aufsuchen könne, um „Höchstdieselben von Ihrem (des Fürsten, F. L.) jetzigen Zustande zu benachrichtigen".[43] Doch die Freunde sind bereits verstorben oder dem Tode nicht mehr fern und Sinclair kann nur noch den Söhnen und Enkeln berichten.[44]

Und der Fürst scheint weiterhin sehr an den politischen und wirtschaftlichen Ereignissen in Großbritannien interessiert zu sein, denn Sinclair schreibt: „Der Antheil den Ew. Durchlaucht an das Schicksal meines Vaterlands nehmen, ist (wie ich überzeugt bin) nicht weniger aufrichtig, als uneigennützig. Die öffentliche Ruhe ist jetzt völlig wiederhergestellt – aber das allgemeine Elend hat noch nicht sehr abgenommen".[45]

Sinclair selbst scheint aufrichtige Freundschaft für den Fürsten zu empfinden. Mit ehrlicher Freude reagiert er auf die brieflichen Antworten:

„Der höchst freundschaftliche und schmeichelhafte Brief, den ich vor vier Tagen das Glück hatte von Ew: Durchlaucht zu erhalten, hat mir eine Freude verursacht, die ich mich vergebens bemühen würde, Höchstdenselben zu schildern – Ich hatte zwar stets die angenehme Hoffnung gehegt, dass Ew: Durchlaucht geruhen würden, mir einen Platz in Ihrem Andenken einzuräumen; aber Sie haben Ihre Gnade viel weiter getrieben – Sie haben mir sogar einen Antheil an Ihrer Freundschaft, und an Ihrem Wohlwollen gegönnt; genehmigen Sie, gnädigster Herr, die Versicherung meiner aufrichtigsten Dankbarkeit – und seyn Sie überzeugt, dass die Tage die ich die Ehre hatte bey Ihnen zuzubringen, zu den interessantesten und unvergesslichsten meines Lebens gehören; und dass ich mich stets mit gerechtem Stolz der huldreichen Ausdrücke erinnern werde, deren Ew: Durchlaucht's sich in Ihrem höchstgnädigen Schreiben bedient haben [...]"[46]

In den Briefen werden keine Andeutungen sichtbar oder gar offen formuliert, die darauf hinweisen würden, dass Sinclair aus dem Briefwechsel irgendeinen Nutzen schlagen möchte. Ganz im Gegenteil, Sinclairs Enthusiasmus, dem Fürsten zu schreiben, ist sogar so groß, dass er sich selbst zügeln muss, aus Sorge, diesen zu überanstrengen.[47]

Es scheint Sinclair ein regelrechtes Bedürfnis zu sein, dem Fürsten seine Freundschaft mitzuteilen und ihn mit allerlei Geschenken zu erfreuen. So lässt er ihm „vier dutzend Bouteillen Ale nach Dessau" schicken und „zwei kleine Schachteln [...], die Schildkröten-Suppe (Turtle-Soup) enthalten".[48] Des Weiteren lässt er Fürst Franz einen Kupferstich zukommen, von dem er annimmt, er könne dem Fürsten zusagen. Der Kupferstich stellte vermutlich einen Vetter des Fürsten dar, den „letzten Fürsten von Zerbst". Sinclair bittet den Fürsten, diesen Stich, sofern er ihm gefiele, im Gotischen Haus in Wörlitz aufzuhängen.[49]

Ein letzter Dienst

Ganz im Interesse des Fürsten bietet Sinclair diesem seine Dienste an. So scheint Sinclair zum Beispiel von der philanthropischen Einrichtung des Fürsten zu wissen, denn er fragt an, ob es dem Fürsten „angenehm seyn würde, einige Aufschlüsse über die Lancastrische Erziehungs- Methode" in den englischen „Armenschulen, zu erhalten".[50]

Es scheint fast, als wolle Sinclair dem Fürsten einen „letzten Dienst" erweisen. Beinahe wie ein Nachruf klingen seine Worte in seinem Brief vom 19. Mai 1817, die diesem Beitrag vorangestellt sind. Und so klingen auch Sinclairs unermüdliche Einladungen wie Aufmunterungsversuche, die man einem Sterbenden entgegenbringt, dem man noch viele Lebensjahre wünscht und doch ahnt, dass er sie nicht mehr erleben wird:

„Wie sehr würd' ich es mir angelegen seyn lassen, das wenige was ich vermag, dazu beyzutragen, um Höchstdenselben Ihren Aufenthalt hier angenehm zu machen! In London sollten Sie alles zu Ihrem Empfang bereit finden – ich würde Ihnen ein bequemes Haus im voraus miethen – und Sie sollten jeder Mühe und jeder Sorge überhoben werden [...] Es würde (wie gesagt) mir zum grössten Vergnügen, so wohl als zur Ehre, gereichen, Höchstdenselben meine Zeit so viel als möglich zu widmen – und es leben gewiss noch einige von Ihren alten Freunden, welchen nichts erwünschteres als Ihre Ankunft in England begegnen konnte – Der Brachmonat würde sich vielleicht am besten für diese Reise schicken – deren Ausführung nicht zu sehr beschleunigt werden konnte, wenn sie Ewr. Durchlaucht nur halb so zuträglich seyn dürfte, als sie mir angenehm und erfreulich wäre."[51]

An anderer Stelle formuliert Sinclair: „Ach, gnädiger Herr! vernichten Sie uns doch nicht diese frohe Erwartung – nehmen Sie Ihre Kräfte zusammen, um Sie hierherzubringen – und seyn Sie überzeugt, dass wir alles aufbieten werden, um Sie, nach einem möglichst langen Aufenthalt allhier, erquickt und verstärkt in Ihre Heimat zurückzuschicken, oder wenn Sie wollen – zurückzubegleiten.“[52]

Doch Sinclair wird den Fürsten weder in England empfangen noch diesen nach Anhalt-Dessau begleiten. Der Brief vom 19. Mai 1817 ist wahrscheinlich der letzte Brief Sinclairs, welcher den Fürsten noch zu seinen Lebzeiten erreicht. Am 9. August 1817 stirbt Fürst Franz. Was er nicht mehr selbst sehen und vollbringen konnte, das hatte Sinclair für ihn getan: Er hatte die alten Freunde des Fürsten noch einmal besucht und ihm die aktuellen politischen Neuigkeiten aus Großbritannien mitgeteilt. Und jegliche Wünsche, von denen er meinte, der Fürst könnte sie hegen, hatte Sinclair versucht zu erfüllen. Er hatte ihm allerlei Geschenke geschickt, die bei dem alten Fürsten manche Erinnerung an das geliebte Land geweckt haben mögen – man denke nur an das Ale.

Und der Fürst? Was mag er dem jungen Schotten geantwortet haben? Hat er sich über die Geschenke gefreut? Wie hat er auf die Nachrichten über den Tod seiner alten Freunde reagiert? Welche Fragen hat er an Sinclair gestellt? Wusste Fürst Franz um sein baldiges Ableben und hat er sich von Sinclair verabschiedet? Diese Fragen ergeben sich aus der Analyse der Briefe an Fürst Franz und ihre Beantwortung wird zukünftig weitere Einsichten in die Beziehung beider Männer und beider Kulturen erbringen.[53] Es mag sein, dass Fürst Franz sich bei dem jungen Schotten an sich selbst erinnert fühlte, als er noch jung war, sein ganzes Leben vor sich hatte und nach England reisen konnte. Es ist sicher, dass Sinclair seinerseits beeindruckt war von diesem deutschen Fürsten, der sich so sehr darum bemühte, englisch zu sein, und sich womöglich danach sehnte, sein geliebtes England vor seinem Tod noch einmal besuchen zu können. Zumindest sind die drei Briefe, die Sinclair im Jahr 1817 an den Fürsten schrieb, das Bekenntnis einer einzigartigen Freundschaft, der Freundschaft eines siebenundzwanzig Jahre jungen und eines sechsundsiebzig Jahre alten Mannes. Darüber hinaus sind sie ein Zeugnis der lebenslangen Faszination des Fürsten für England.

XX

Agnes Fischer

Ein Brief, der zu denken gibt. Der Tod des Fürsten

Der Abschiedsbrief an Hardenberg

„Der Tod ist ein Problem der Lebenden", schrieb der Historische Anthropologe Norbert Elias in seinem Traktat *Über die Einsamkeit der Sterbenden in unseren Tagen*[1] und gab Folgendes zu bedenken: „Viele Menschen sterben allmählich, sie werden gebrechlich, sie altern. Die letzten Stunden sind wichtig, gewiss. Aber oft beginnt der Abschied von Menschen viel früher. Schon Gebrechen sondern oft die Alternden von den Lebenden. Ihr Verfall isoliert sie. Ihre Kontaktfreudigkeit mag geringer, ihre Gefühlvalenzen mögen schwächer werden, ohne dass das Bedürfnis nach Menschen erlischt."[2]

An solche Sentenzen und dieses Buch erinnert ein im Landesarchiv Sachsen-Anhalt, Abt. Dessau befindliches Briefkonzept, das Fürst Franz am 20. März 1817 diktiert hat. Es war an den preußischen Staatskanzler Karl August von Hardenberg[3] gerichtet und gibt Anlass, sich die Frage nach dem Sterben des Fürsten und danach zu stellen, wie sein Tod bislang dargestellt worden ist. Doch zunächst sei hier das Konzept zitiert, in dem Fürst Franz ein halbes Jahr vor seinem Tod seinen schlechten gesundheitlichen Zustand, wie er schreibt, „nach der Wahrheit" schildert und über den Tod sinniert:

„Durchlauchtiger Fürst,

[unleserliches Kürzel ...] hochzuverehrender Herr Staats Canzler!

Eur. Durchl. haben mir die Freude vergönnt, Ihnen für Ihre schönen Pflanzungen in Glienicke Einiges aus meinen Pflanzschulen übersenden zu dürfen. Ich habe von dem Vorzüglichsten, was diese enthalten, das Beste ausgewählt und sende es hierbey Eur. Durchl. mit dem herzl. Wunsche, dass alles dieses auf das [unleserlich und durchgestrichen: ... Beste] fortkommen u. Hochdieselben noch lange recht viel Freude an dem Gedeihen dieser Pflanzen haben mögen!

Wenn Eur. Durchl. sich alsdann bisweilen meiner dabey gütig erinnern, so wird das meinem Herzen sehr wohlthun, so wie ich Ihnen recht innig ver-

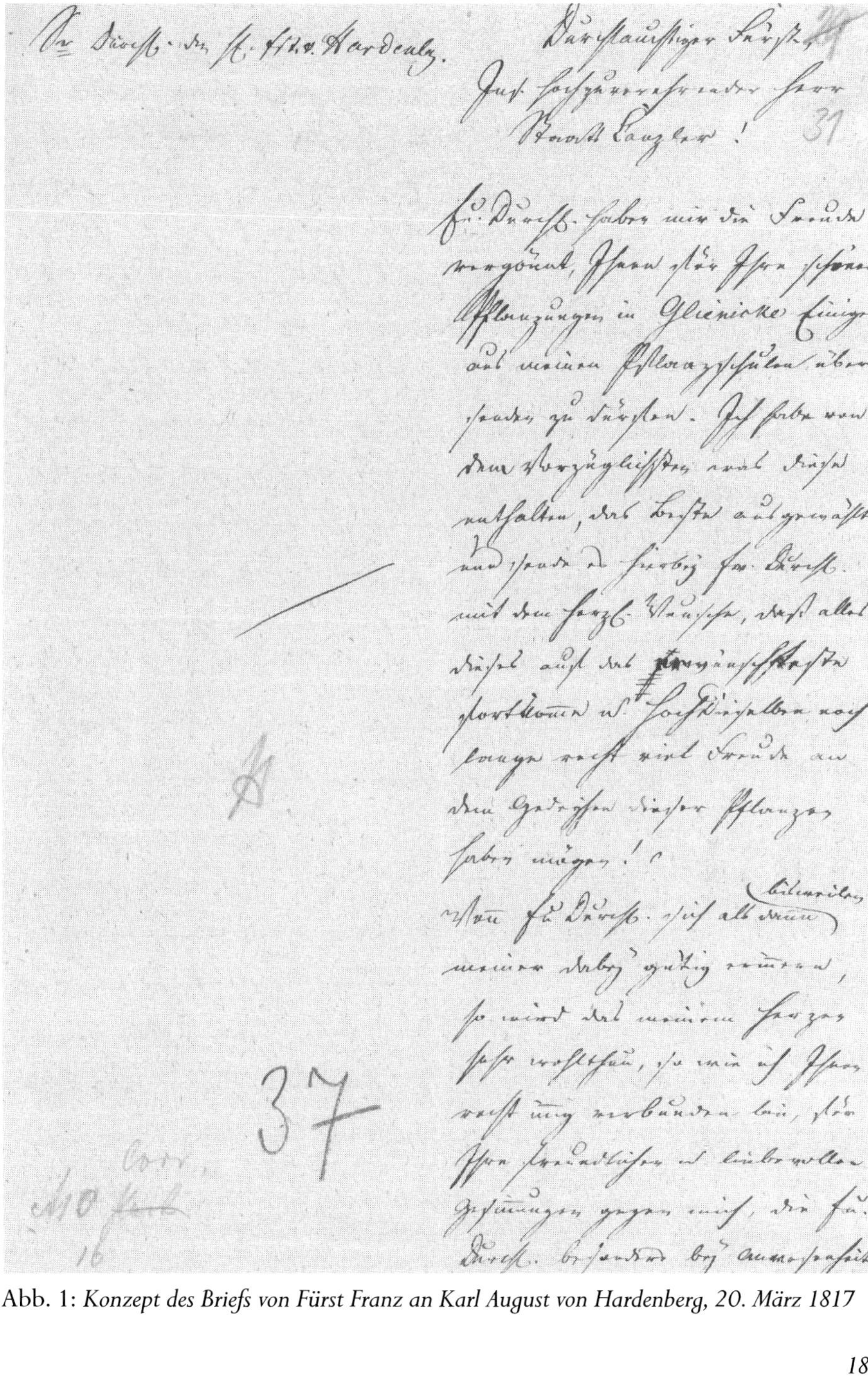

Abb. 1: *Konzept des Briefs von Fürst Franz an Karl August von Hardenberg, 20. März 1817*

bunden bin, für Ihre freundlichen und liebevollen Gesinnungen gegen mich, die Eur. Durchl. besonders bey Anwesenheit meines p.[rinz] r.[egenten]. L.[eopold] in Glienicke, auf eine so herzliche Weise an den Tag gelegt haben. Diese wahrhaft freundschaftliche Theilnahme Eur. Durchl. an meinem Ergehen, legt meinem Herzen die Pflicht auf, Ihnen meinen elenden körperlichen Zustand nach der Wahrheit zu schildern. Ich bin ganz hinfällig. Seit Monaten leide ich unaussprechlich, und ich darf es mir nicht verhelen, daß ich dieses Leben hier in Kurzem verlassen werde. Gern scheide ich [durchgestrichen: aus meinem Leben] von der Erde, wo ich, leider, manche bittere Erfahrung gemacht habe, und sogar bisweilen noch mache. Mit welchem Schmerz aber ich mich trenne von Allem was ich in einer langen Reihe von Jahren hier lieben und achten lernte, von Männern wie Sie, den ich, so recht von Grund meines Herzens, hochschätze, das werden Sie, edler Freund, mir gern glauben.

Behalten sie mir Ihr freundliches Andenken, und wenden Sie, das bitte ich recht inständig, meinem Leopold Ihre mir [durchgestrichen: so vielfältig bewiesene] unschätzbare Freundschaft, und dem kleinen Lande das ich ihm hinterlasse, das Wohlwollen zu, [durchgestrichen: das] welches Sie mir seit langen Jahren so redlich widmeten.

Die Gesinnungen herzlicher Dankbarkeit und wahrer inniger Hochachtung mit welchen ich Ihnen hier [durchgestrichen: mit] von ganzer Seele zugethan bin, werde ich mit hinüber nehmen in das Land, wohin, vielleicht bald, ich selbst verpflanzt werde.

Unwandelbar Eur. Durchlaucht, aufrichtigst ergebenster Freund und Diener."[4]

Es folgen die durchaus noch kräftige Unterschrift des Fürsten und der Ort „Luisium". Dessau steht darüber, ist aber ebenso wie der „19." durchgestrichen. Als Datum ist der 20. März 1817 festgehalten.

Fürst Franz und der Tod

Der Brief beginnt also mit einer heute nicht mehr ganz selbstverständlichen Höflichkeit. Fürst Franz dankt dem preußischen Staatskanzler dafür, dass dieser sein Geschenk angenommen und an einem bedeutenden Ort, in Glienicke bei Potsdam, in Pflege genommen habe. Es sind nicht näher bestimmte Pflanzen aus mehreren Baumschulen seines Fürstentums. Er selbst hat sie, so möchte man annehmen, erst begutachtet, dann ausgewählt und ausheben lassen. Nun konnte er nur wünschen, dass sie am neuen Standort fachgerecht wieder eingepflanzt werden, gut anschlagen, wachsen und gedeihen mögen.

Der Wunsch auf ein durch die Verpflanzung möglichst unbeeinträchtigtes Wachstum führt die Phantasie des Fürsten allerdings nicht zur regen, seit 1812 anhaltenden Bautätigkeit auf dem Areal des ehemaligen Gutshofes Glienicke an der zum Wannsee sich öffnenden Havel. Er erkundigt sich auch nicht nach dem jungen Architekten, Karl Friedrich Schinkel, der dort zuerst für einen Kaufmann Rudolf Rosentreter umfangreiche Pflanzungen begonnen und einen ersten Umbau des Schloss genannten Herrenhauses vorgenommen hatte, bis dann von Hardenberg 1814 das ganze Gut gekauft, Schinkel die Bauaufsicht überlassen, die Gestaltung des Pleasuregrounds jedoch dem Gartenspezialisten Peter Joseph Lenné übertragen hat.[5] Er erwähnt auch keine weiteren Details über den Aufenthalt seines Enkels auf dem Besitz Hardenbergs bei Potsdam. Vielmehr weitet er seinen Dank noch aus und bezieht in diesen die Zuwendung ein, die von Hardenberg nicht ihm, sondern seinem zukünftigen Nachfolger habe zukommen lassen. Dies möge er auch in Zukunft für ihn und das Fürstentum tun. Dabei nennt er seinen Enkel Leopold zwar Prinzregent, so dass man wohl annehmen muss, dass dieser den Fürsten in den Regierungsgeschäften bereits vertreten hat. Doch tut er es so, als dürfe nur Hardenberg davon wissen. Selbst den Namen Leopold kürzt er ab!

Umso mehr ist er Hardenberg zu Dank verpflichtet, doch dieser Dank verpflichtet ihn nun wiederum, seinem Freunde die Wahrheit darüber zu sagen, wie schlecht es gesundheitlich um ihn steht. Ganz hinfällig sei er, so schreibt er und unterstreicht dabei das Wort „ganz“, so dass man wohl davon ausgehen kann, dass er unter mehreren Krankheiten litt. Er schreibt über die Schmerzen, die ihn an einen baldigen Tod denken lassen.

Ob nun gewollt oder nicht entwirft der Fürst damit ein Gegensatzpaar. Denn mit dem Wachstum der Pflanzen ist die Vorstellung vom Leben verbunden, mit den eigenen Schmerzen die von Krankheit und nahendem Tod. Doch weisen die Pflanzen auch auf den ewigen Kreislauf hin, der aus dem Werden und Vergehen besteht. In diesen Lauf der Natur ordnet er schließlich selbst sich ein, wenn er an späterer Stelle ausdrücklich über seine eigene Verpflanzung schreibt.

Ein weiterer Gegensatz wird in der ambivalenten Position des Fürsten gegenüber dem Tod deutlich. Fürst Franz fürchtet ihn einerseits, andererseits erhofft er von ihm eine Erlösung von seinen Leiden, womit er, ohne auch nur ein weiteres Wort zu verlieren, zu erkennen gibt, dass er, der Antikenfreund und Verehrer der Mutter Natur, an christlichen Vorstellungen festhält.

In einem Jammertal durchlebt man das geschenkte Leben und glaubt dank eines Erlösers an ein seliges Fortleben nach dem Tode. Dennoch kam er nicht umhin, Folgendes zu betonen: Bei allen bitteren Erfahrungen, die er gemacht habe und immer noch mache, erinnere er sich gern an ganz bestimmte Personen. Von diesen werde er sich nur unter Schmerzen trennen. Dazu zähle der Staatskanzler, den er als einen guten Freund hochschätze. Fürst Franz schließt mit der Bemerkung, dass er die Erinnerung an Hardenberg mit in das Land hinübernehme, in welches er, vielleicht bald, selbst verpflanzt werden würde. Indem er sich selbst als ein Geschöpf betrachtet, das durch den Tod verpflanzt werde, schließt er den Kreis der Gedanken dieses Briefs – vermutlich ein ganz bewusster Abschiedsbrief an eine politisch höchst einflussreiche Persönlichkeit, wie sie in vielen Fällen überliefert sind, so dass seit den ersten Anregungen von Norbert Elias vor etwas mehr als zwei Jahrzehnten inzwischen ein ausgesprochener Forschungszweig über diesen Teil der Briefkultur entstanden ist.

Die letzten Jahre in unterschiedlicher Sicht

Ob Fürst Franz weitere Abschiedsbriefe, die womöglich zugleich – und nicht zu vergessen – Empfehlungsbriefe für seinen Nachfolger Leopold IV. Friedrich waren, diktiert und unterschrieben hat? Man weiß es noch nicht, weiß nur, wie lange Fürst Franz bereits litt und noch leiden sollte. Darüber ist bislang vornehmlich zusammenfassend berichtet worden. Zwei Kontrast-Beispiele davon müssen fürs Erste genügen.

So heißt es in der Festschrift *Nach hundert Jahren. Zum dankbaren Gedächtnis des Herzogs Leopold Friedrich Franz 1740–1817* über die letzten beiden Jahre: „Wohl hörte der Herzog noch das Läuten der Glocken anlässlich des großen Friedensfestes – 18. Januar 1816 – aber schon lastete schwer und immer schwerer des Alters Bürde und körperliches Unbehagen auf ihm. Immer seltener kam der Fürst nach Wörlitz. Mehr und mehr zog es ihn nach dem Luisium, in die Nähe der Stelle, wo die Gruft, die seiner edlen Gemahlin sterbliche Reste barg, dereinst auch seine irdische Hülle aufnehmen sollte.“[6]

Ausführlicher berichtete Friedrich Reil über die letzten Monate des Fürsten. Danach verschlechterte sich dessen Zustand nach und nach, so dass die Erinnerung an Luise, seine bereits 1811 verstorbene Gattin, offenbar auflebte und er die räumliche Nähe zu ihr suchte. (Auch der Brief vom 20. März an Hardenberg kam aus dem Luisium; am 19. war der Fürst noch in Dessau gewesen.) Die Nähe zu ihrem Grab in der renovierten Kirche zu Jonitz, dem heutigen Waldersee, nahe beim Luisium, lag ihm offenbar ebenso am Herzen. Reil schreibt: „Sein letztes Krankenbette, das auf Louisium Sein Sterbebett werden sollte, hatte Er so stellen lassen, dass Er aus demselben nach der, etwa eine kleine halbe Stunde entfernten Kirche zu Jonitz hinsehen konnte, wo Er Seiner Gemahlin ein Mausoleum erbauen ließ, in welchem auch Seine verwesliche Hülle ihre Ruhestätte gefunden hat. Täglich fragte Er mehr als Einmal: ‚Ist denn der Schlussstein gelegt? Wird denn Alles fertig? Fragt doch einmal! Korte soll eilen; aber sich nicht übereilen.'"[7]

Die Gedanken an Luise schienen eng mit seiner verstärkten Hinwendung zum Religiösen verbunden zu sein. Dies zeigt sich bei den Veränderungen an der Kirche von Jonitz, die er vom Architekten Carlo Ignazio Pozzi vornehmen ließ. Er ließ „die Kirche zu Jonitz, nahe bei Louisium, erneuern. Zugleich wurde unter großen und wegen Unsicherheit des Bodens sehr bedenklichen Schwierigkeiten ein Thurm daran gebauet und mit einer Piramide geziert, an deren Sockel in blauen Feldern folgende Embleme mit Inschriften in goldenen Buchstaben angebracht werden sollten. Nach Abend: das Bild der untergehenden Sonne, mit der Inschrift: Louisen der Verklärten. Nach Mitternacht: Palmzweige, mit der Inschrift: Louisen der Überwinderin. Nach Morgen: ein Rautenkranz, mit der Inschrift: Louisen der Dulderin. Nach Mittag: sieben Sterne, die einen Kranz bilden, mit der Inschrift: Louisen der Seligen."[8] Reil beschreibt diese geradezu religiöse Hinwendung zur verstorbenen, jedoch in einem anderen Reich verklärt und selig fortlebenden Gattin wie folgt: „So lebte der edle Fürst bis zum letzten Hauche Seines Lebens im treuen Andenken an die, welche ihm Seine Tage verschönert hatte und häusliche Freuden schaffen und bewahren sollte."[9] Jedoch kommt Reil nicht umhin, hinzuzufügen, dass dies nicht immer der Fall war.

Danach wendet er sich der Hinfälligkeit des Fürsten zu. Doch betont er, dass Fürst Franz selbst kurz vor dem Tode noch sehr in Sorge um die Bevölkerung seines Landes war und sich – gerade in seinem schlechten Zustand – wieder und wieder nach der Lage der Armen erkundigte. Reil schildert dies so: „Die Krankheit, an der Er litt, verschlimmerte sich schnell, die Kräfte nahmen zusehends ab und es trat allmählich große Schwäche ein. Er fragte, weil Er es fühlte, dass er nur noch wenige Stunden zu leben haben würde. Täglich ließ Er Seinen Leibarzt, den Hofrath Dr. Olberg, nach dem Louisium holen. Auf Olberg's Fragen nach Seinem Befinden antwortete Er nur wenig und kurz, ruhig und ergeben, setzte dann aber bald hinzu: ‚Wie geht es den Armen, Hofrath? Sie leiden doch keinen Mangel? Ihre Zahl nimmt wohl noch zu? Sorgen sie nur für die Kranken unter ihnen, Hofrath!' Wenn dieser dann Bericht erstattete und Vorschläge zur Abhilfe machte, so erwiderte Er: ‚Nun freilich, das wäre so recht gut; wir könnten es aber auch noch anders und besser einrichten. Man muss für Arbeit sorgen; darauf kommt Alles an. Die Armen versäumen Sie ja nicht, Olberg; sie liegen mir schwer am Herzen. Ich möchte noch gern was für sie thun, ehe ich fort muß. Für mich brauche ich nichts mehr!‘“[10] Trotz der körperlichen Gebrechen war sein Geist wach, von großer, aber wechselhafter Entscheidungsfreude.

„Sein Ende war ruhig“, schreibt Reil und fährt fort: „Der Todeskampf dauerte ohngefähr zwölf Stunden ohne heftige Bewegungen. Arme und Hände lagen ausgesteckt auf der Bettdecke. Mit dem Bewusstsein verlor Er die Sprache. Nur die Silbe Le… Le… brachte der Mund noch hervor. Man hat sie auf den Namen Seines Nachfolgers Leopold gedeutet; sie kann aber auch Legen bedeuten, da Er vorher immer vom Legen des Grundsteins gesprochen hatte. Endlich stand das große liebevolle Herz still!“[11]

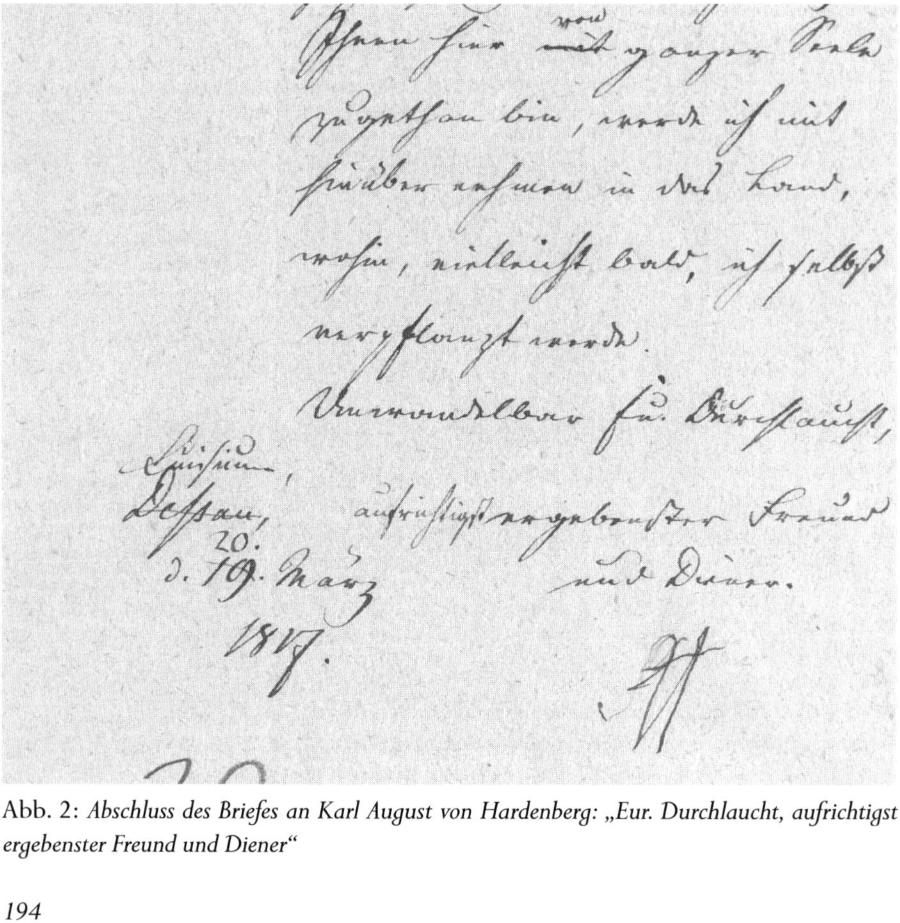

Abb. 2: *Abschluss des Briefes an Karl August von Hardenberg: „Eur. Durchlaucht, aufrichtigst ergebenster Freund und Diener“*

Anmerkungen

Einleitung

1 Thomas WEISS, Unendlich schön. In: Unendlich schön. Das Gartenreich Dessau-Wörlitz. Konzeption und Redaktion Wolfgang Savelsberg und Uwe Quilitzsch. Berlin 2005, S. 12–23, hier S. 20 f: Demissionsschreiben des Fürsten vom 6. Oktober 1757.

2 Erhard HIRSCH, Die Dessau-Wörlitzer Reformbewegung im Zeitalter der Aufklärung. Personen – Strukturen – Wirkungen (Hallesche Beiträge zur Europäischen Aufklärung 18). Tübingen 2003.

3 Weltbild Wörlitz. Entwurf einer Kulturlandschaft. Hg. v. Frank-Andreas Bechtoldt und Thomas Weiss (Kataloge und Schriften der Staatlichen Schlösser und Gärten Wörlitz, Oranienbaum, Luisium 1). Ostfildern-Ruit 1996. Siehe auch: Den Freunden der Natur und Kunst. Das Gartenreich des Fürsten Franz von Anhalt-Dessau im Zeitalter der Aufklärung. Hg. v. Institut für Auslandsbeziehungen e. V. und der Kulturstiftung Dessau-Wörlitz. Stuttgart/Wörlitz 1997.

4 Friedrich REIL, Leopold Friedrich Franz, Herzog und Fürst von Anhalt-Dessau, ältestregierender Fürst in Anhalt, nach seinem Wirken und Wesen. Wörlitz 1995 (Nachdruck der Ausgabe Dessau/Aue 1845).

5 Siehe dazu: HIRSCH, Die Dessau-Wörlitzer Reformbewegung, S. 39–44.

6 Jaques LE GOFF, Wie schreibt man eine Biographie? In: Fernand Braudel (Hg.), Der Historiker als Menschenfresser. Über den Beruf des Geschichtsschreibers. Berlin 1990, S. 103–112, hier S. 103.

7 Ebd., S. 110.

8 Pierre BOURDIEU, Die biographische Illusion. In: BIOS. Zeitschrift für Biographieforschung und Oral History, Jg. 3 (1990), Heft 1, S. 75–81.

9 Joachim FEST, Die Unvorhersehbarkeit der Geschichte. Über den Methodenstreit der Historiker und die Kunst der Biographie. In: Eckart Conze/Ulrich Schlie/Harald Seubert (Hg.), Geschichte zwischen Wissenschaft und Politik. Festschrift für Michael Stürmer zum 65. Geburtstag. Baden-Baden 2003, S. 3–15, hier S. 7.

10 Simone LÄSSIG: Toward a Biographical Turn? Biography in Modern Historiography – Modern Historiography in Biography. In: German Historical Institute Washington Bulletin No. 35 (Fall 2004), pp. 147–155, 155. Siehe in diesem Kontext auch: Hans Erich BÖDEKER (Hg.), Biographie schreiben. Göttingen 2003 (Göttinger Gespräche zur Geschichtswissenschaft 18).

11 Vgl.: Joachim BERGER, Anna Amalia von Sachsen-Weimar-Eisenach (1739–1807). Denk- und Handlungsräume einer „aufgeklärten“ Herzogin (Ereignis Weimar-Jena 4). Heidelberg 2003; Ludwig UHLIG, Georg Forster. Lebensabenteuer eines gelehrten Weltbürgers (1754–1794). Göttingen 2004; Monika NEUGEBAUER-WÖLK, Revolution und Constitution – die Brüder Cotta. Eine biographische Studie zum Zeitalter der Französischen Revolution und des Vormärz (Einzelveröffentlichungen der Historischen Kommission zu

Berlin, 69). Berlin 1989; Gerhard R. KAISER/Siegfried SEIFERT (Hg.), Friedrich Justin Bertuch (1747–1822). Verleger, Schriftsteller und Unternehmer im klassischen Weimar. Tübingen 2000; Lebenslust und Frömmigkeit. Kurfürst Carl Theodor (1724–1799) zwischen Barock und Aufklärung. Handbuch und Ausstellungskatalog. 2 Bde. Hg. v. Alfried Wieczorek/Hansjörg Probst/Wieland Koenig. Regensburg 1999.

12 HIRSCH, Die Dessau-Wörlitzer Reformbewegung; ders., Experiment Fortschritt & praktizierte Aufklärung. Franz von Anhalt-Dessau zum 250. Geburtstag (Beiträge zur Stadtgeschichte 11). Dessau 1990; ders., Dessau-Wörlitz. Aufklärung und Frühklassik. 2. Aufl. Leipzig 1987.

13 Berichtet wurde darüber in der Mitteldeutschen Zeitung (3. Februar 2005, Kultur) und in der scientia halensis (April 2005, S. 12).

14 Siehe: Wilhelm HAEFS/Holger ZAUNSTÖCK, Hof, Geschlecht und Kultur – Luise von Anhalt-Dessau und die Fürstinnen ihrer Zeit. Ein Forschungsaufriß, in: Hof – Geschlecht – Kultur. Luise von Anhalt-Dessau (1750–1811) und die Fürstinnen ihrer Zeit. Zusammengestellt von Wilhelm Haefs und Holger Zaunstöck (Das Achtzehnte Jahrhundert. Zeitschrift der Deutschen Gesellschaft für die Erforschung des achtzehnten Jahrhunderts, 28, Heft 2). Wolfenbüttel 2004, S. 158–178.

15 Siehe exemplarisch die Bücher: Sammeln um zu bilden – Bildung durch Anschauung. Die geologische Sammlung des Fürsten Franz von Anhalt-Dessau. Ausstellung in der Galerie am Grauen Haus in den Wörlitzer Anlagen vom 3. Juli bis 26. September 2004 (Kataloge und Schriften der Kulturstiftung DessauWörlitz 23). Dessau 2004; Friedrich Wilhelm von Erdmannsdorff. Kunsthistorisches Journal einer fürstlichen Bildungsreise nach Italien 1765/66. Aus der französischen Handschrift übersetzt, erläutert und herausgegeben von Ralf-Torsten Speler (Kataloge und Schriften der Kulturstiftung Dessau-Wörlitz 12). München/Berlin 2001; Jost HERMAND/Michael NIEDERMEIER, Revolutio germanica. Die Sehnsucht nach der „alten Freiheit" der Germanen. 1750-1820. Frankfurt a. M. u. a. 2002; Fürst und Föderalist. Tagebücher einer Reise von Dessau in die Schweiz 1783 und der Bund der Eidgenossen als Modell im alten Reich. Hg. und kommentiert von Anna Franziska von Schweinitz unter Mitarb. von Conrad Ulrich. Worms 2001; Maiken UMBACH, Federalism and Enlightenment in Germany, 1740–1806. London u. a. 2000.

16 Die Jahrestagung der Dessau-Wörlitz-Kommission 2006, geleitet von Holger Zaunstöck, wird sich ebenfalls mit neuen Studien und Perspektiven für eine Biografie des Fürsten beschäftigen.

17 Vgl. Heinrich DILLY, „Das Wesen der Kunst ..., in welches die Geschichte der Künstler wenig Einfluß hat." Winckelmanns Absage an die Biographik. In: Joachim Kremer/Wolf Hobohm/Wolfgang Ruf (Hg.), Biographie und Kunst als historiographisches Problem. Hildesheim/Zürich/New York 2004, S. 113–118, hier S. 118.

Kapitel I

1 Vgl. Erhard HIRSCH, Die Dessau-Wörlitzer Reformbewegung im Zeitalter der Aufklärung. Personen – Strukturen – Wirkungen (Hallesche Beiträge zur Europäischen Aufklärung 18). Tübingen 2003, S. 48.

2 Vgl. Johannes KUNISCH, Aufklärung und Kriegserfahrung. Klassische Zeitzeugen zum Siebenjährigen Krieg (Bibliothek der Geschichte und Politik 9). Frankfurt a. M. 1996, S. 19.

3 Vgl. Hermann PREITZ, Tausend Jahre deutsche Geschichte. Ein Rückblick (911–1919). Berlin 1999, S. 176.

4 Erhard HIRSCH, Experiment Fortschritt & praktizierte Aufklärung. Franz von Anhalt-Dessau zum 250. Geburtstag (Beiträge zur Stadtgeschichte 11). Dessau 1990, S. 6.

5 Ebd.

6 Vgl. HIRSCH, Die Dessau-Wörlitzer Reformbewegung, S. 48.

7 Ebd.
8 Ebd.
9 In dieser Schlacht, am 10.04.1741, errangen die Preußen den ersten Sieg über die Österreicher.
10 Vgl. HIRSCH, Die Dessau-Wörlitzer Reformbewegung, S. 48.
11 Ebd.
12 Ebd., S. 47 f.
13 Ebd., S. 48.
14 Vgl. HIRSCH, Experiment Fortschritt, S. 7.
15 Ebd.
16 Ebd., S. 6 f.
17 Vgl. HIRSCH, Die Dessau-Wörlitzer Reformbewegung, S. 46.
18 Ebd., S. 47.
19 HIRSCH, Experiment Fortschritt, S. 9.
20 Vgl. HIRSCH, Die Dessau-Wörlitzer Reformbewegung, S. 47 f.
21 Vgl. LHASA, DE, Abt. Dessau, A 9b VII Nr. 2 Bd. I, Journal, Bl. 26.
22 Vgl. ebd.
23 Helmut SCHMITTER/Thomas SCHMIDT, Absolutismus und Heer. Zur Entwicklung des Militärwesens im Spätfeudalismus, Berlin (Ost) 1987, S. 148.
24 Vgl. LHASA, Journal, Bl. 26.
25 Ebd., Bl. 27.
26 Vgl. ebd.
27 Vgl. ebd., Bl. 28.
28 Ebd., Bl. 29.
29 Vgl. ebd.
30 Vgl. ebd.
31 Kurzer Abriss der Militärgeschichte von den Anfängen des deutschen Volkes bis 1945, Berlin (Ost) 1974, S. 89.
32 Vgl. Karl-Volker NEUGEBAUER (Hg.), Grundzüge der deutschen Militärgeschichte. 2 Bde. Bd. 1: Historischer Überblick. Freiburg im Breisgau 1993, S. 62.
33 Kurzer Abriss, S. 82.
34 HIRSCH, Experiment Fortschritt, S. 7.
35 AnhLA A 9b VII Nr. 2 fol. 62 f., vgl. dazu: HIRSCH, Die Dessau-Wörlitzer Reformbewegung, S. 49.
36 Zitiert nach: HIRSCH, Experiment Fortschritt, S. 9.
37 Vgl. HIRSCH, Die Dessau-Wörlitzer Reformbewegung, S. 49.
38 Vgl. ebd. S. 49 f.
39 Vgl. HIRSCH, Experiment Fortschritt, S. 9.
40 Vgl. HIRSCH, Die Dessau-Wörlitzer Reformbewegung, S. 49.
41 Ebd.
42 Vgl. HIRSCH, Experiment Fortschritt, S. 9.
43 Ebd.
44 Vgl. HIRSCH, Die Dessau-Wörlitzer Reformbewegung, S. 50.
45 Vgl. ebd.
46 Vgl. ebd.

Kapitel II

1 Erhard HIRSCH, Experiment Fortschritt & praktizierte Aufklärung. Franz von Anhalt-Dessau zum 250. Geburtstag (Beiträge zur Stadtgeschichte 11). Dessau 1990, S. 21 f., S. 33 f., S. 39 f., S. 46 f., S. 57 f.; ders.: Dessau-Wörlitz. „Zierde und Inbegriff des XVIII. Jahrhunderts“, München 1985, S. 15 f., S. 50 f., S. 82 f., S. 141 f.

2 Heinrich LINDNER, Geschichte und Beschreibung des Landes Anhalt. Dessau 1833, S. 184 f.
3 Ebd., S. 184.
4 Ebd., S. 185. Vgl. dazu auch: HIRSCH, Experiment Fortschritt, S. 40.
5 LINDNER, Geschichte und Beschreibung, S. 184.
6 Ebd., S. 187.
7 Ebd.
8 HIRSCH, Experiment Fortschritt, S. 46 f.
9 Sammlung landesherrlicher Verordnungen, welche in dem Fürstenthum Anhalt Dessau ergangen. [Bd. 1]. Dessau 1784, S. 146, Verordnung Nr. 75 (Joseph II., 1772); S. 184, Verordnung Nr. 92b (Joseph II., 1776); S. 59, Verordnung Nr. 34 (Karl VI., 1739).
10 Ebd., S. 58, Verordnung Nr. 26.
11 LINDNER, Geschichte und Beschreibung, S. 185.
12 Ebd.
13 Ebd.
14 Ebd.
15 Nach einer Volkszählung von 1787 hatte Dessau 7.787 Einwohner, Vgl. dazu: Ulla JABLONOWSKI, Bausteine zu einer Geschichte der Stadt Dessau 12. Die Stadt um 1800. In: Dessauer Kalender. Heimatliches Jahrbuch für Dessau und Umgebung. Dessau 2001, S. 28–45, hier S. 30.
16 LINDNER, Geschichte und Beschreibung, S. 186. Siehe auch: Ludwig Lebrecht BÄNTSCH, Handbuch der Geographie und Geschichte des gesamten Fürstenthums Anhalt. Leipzig 1801, S. 36, wobei hier von 16 Ämtern die Rede ist. Jedoch sagt Bäntsch nicht, welchen Zeitpunkt (dieser könnte auch weit vor 1790 liegen) er meint und ob er auswärtige Güter in Preußen und Kursachsen als Ämter mitzählt. Zudem spricht er von einem Amt Lindau, dessen Existenz Lindner ausdrücklich ausschließt. Vgl. LINDNER, Geschichte und Beschreibung, S. 186.
17 Siegfried HUNGERECKER/Hermann POLENZ, Anhalt-Dessau in Ostpreußen. Hamburg 1998, S. 15 f, S. 57 f.
18 BÄNTSCH, Handbuch der Geographie, S. 36.
19 Ebd., S. 35, S. 98. Allerdings lässt Bäntsch auch hier wieder eine genaue Zeitangabe vermissen.
20 LINDNER, Geschichte und Beschreibung, S. 186.
21 Sammlung landesherrlicher Verordnungen, Bd. 1, S. 11, Verordnung Nr. 1.
22 Ebd., S. 71, Verordnung Nr. 47
23 Sammlung landesherrlicher Verordnungen, Bd. 1.
24 Wilhelm Lebrecht von Stubenrauch (1750–1798), Regierungspräsident zu Anhalt-Dessau, Jurist und Publizist.
25 Georg Heinrich von Berenhorst (1733–1814), Direktor der Rentkammer zu Anhalt-Dessau, Publizist und Militärtheoretiker.
26 Sammlung landesherrlicher Verordnungen, Bd. 1, S. 146, Verordnung Nr. 75 (Joseph II., 1772); S. 184, Verordnung Nr. 92b (Joseph II., 1776); S. 59, Verordnung Nr. 34 (Karl VI., 1739).
27 Sammlung landesherrlicher Verordnungen, welche in dem Fürstenthum Anhalt-Dessau ergangen. Bd. 2: Verordnungen vom 27. April 1784–25. July 1818. Dessau 1819.
28 Ebd.
29 Vgl. zur Thematik „Reformabsolutismus" und „aufgeklärter Absolutismus": Helmut REINHALTER/Harm KLUETHING (Hg.), Der aufgeklärte Absolutismus im europäischen Vergleich. Wien 2002.
30 Niccolo MACHIAVELLI, Discorsi. Gedanken über Politik und Staatsführung. 2. Aufl. Stuttgart 1977, S. 15.
31 Ebd. S. 68 f.

Kapitel III

1 LHASA, DE, Abt. Dessau, A 12c Nr. 15, Bde. I–XCIV.
2 Ebd., Bd. I.
3 Durchschnittswert aus fünf beliebig herausgenommenen Bänden und stark aufgerundet.
4 Wilhelm KLINSMANN, Anhalt-Dessaus Stellung zur anhaltischen Gesamtung und seine Behördenorganisation unter Fürst Leopold 1698–1747. Greifswald 1912, S. 47. Fürst Franz übernahm das Beamtensystem seines Großvaters ohne nennenswerte Veränderungen.
5 Ebd.
6 Hermann GROTEFEND, Taschenbuch der Zeitrechnung des deutschen Mittelalters und der Neuzeit. Hannover 1991, S. 130, Tafel XVII, Kalender 25.
7 Im Folgenden werden Zitate aus den Protokollbänden in Klammern im Text kenntlich gemacht: (lfd. Nummer des Bandteils, Band).
8 Peter ORTAG, Jüdische Kultur und Geschichte – Ein Überblick. Bonn 2004, S. 97 f.
9 Vermutlich handelt es sich dabei um Franz Balthasar Schönberg von Brenckenhoff (1723–1780). Ab 1737 Page unter Leopold I., von 1745 bis 1762 in Dessauer Diensten als Hofstallmeister und Hofkammerrat. Mehr dazu findet sich auch in dem Beitrag von Vivian Zaeske in diesem Band. Dort wird von einer 20-jährigen Korrespondenz zwischen Fürst Franz und von Brenckenhoff berichtet. Weitere Informationen über von Brenckenhoff finden sich bei Erhard HIRSCH, Die Dessau-Wörlitzer Reformbewegung im Zeitalter der Aufklärung. Personen – Strukturen – Wirkungen (Hallesche Beiträge zur Europäischen Aufklärung 18). Tübingen 2003, S. 187, Anm. 590.
10 Genauere Angaben über das Gesamtsystem finden sich im Werk von Anette BAUMANN/Peter OSTMANN u. a., Reichspersonal. Funktionsträger von Kaiser und Reich. Köln/Weimar/Wien 2003.
11 LHASA, DE, Abt. Dessau, A 12c Nr.16.
12 Christian EGER, Fürstliches Puzzle-Spiel. In: Mitteldeutsche Zeitung vom 03.02.2005, S. 15.

Kapitel IV

1 Zur Baugeschichte siehe: Reinhard ALEX, Gotisches Haus Wörlitz im Dessau-Wörlitzer Gartenreich. Hg. v. d. Kulturstiftung DessauWörlitz. München u. a. 2001, S. 16 f.; Ingo PFEIFER, Die Baugeschichte der Gotischen Hauses. In: Das Gotische Haus in den Wörlitzer Anlagen. Ein Appell der Kulturstiftung DessauWörlitz und der Gesellschaft der Freunde des Dessau-Wörlitzer Gartenreichs e. V. Berlin 2003, S. 6–11, S. 6 f.
2 Die kanalseitige Fassade des Gebäudes ist wahrscheinlich ein loses Zitat der venezianischen Kirche Madonna dell' Orto. Siehe: PFEIFER, Die Baugeschichte, S. 7 f., sowie ALEX, Gotisches Haus Wörlitz, S. 18.
3 Vgl. hierzu: John IDDON, Horace Walpole's Strawberry Hill. A History and Guide from Walpole's time to the present. Twickenham 1996.
4 Dieses Bauwerk entstand bereits 1755 ebenfalls nach einem englischen Vorbild, siehe ALEX, Gotisches Haus Wörlitz, S. 20.
5 Ebd.; PFEIFER, Die Baugeschichte, S. 9.
6 Heiner LÜCK, Schweizer Glasmalerei im Gartenreich der Fürsten von Anhalt. Eine Quelle der Rechtsikonographie? In: Marcel Senn/Claudo Soliva (Hg.), Rechtsgeschichte und Interdisziplinarität. Festschrift für Claus Dieter Schott zum 65. Geburtstag. Bern 2001, S. 191–202, S. 193.
7 Ebd., S. 194 f., sowie Reinhard ALEX, Die Glasgemälde im Gotischen Haus. Hg. v. Staatliche Schlösser und Gärten Wörlitz, Oranienbaum, Luisium. Reichenbach (Vogtl.) 1983 (Fotomappe mit Text).
8 Siehe LÜCK, Schweizer Glasmalerei, S. 193.

9 Carl August BOETTIGER, Reise nach Wörlitz 1797 (Kataloge und Schriften der Kulturstiftung Dessau-Wörlitz 8). Berlin u. a. 1999, S. 33, S. 48–53.

10 Siehe August VON RODE, Das Gothische Haus zu Wörlitz, nebst anderen Ergänzungen des Herzoglichen Landhauses und Gartens zu Wörlitz. Dessau 1818.

11 Johann Rudolf RAHN, Die Glasgemälde im Gotischen Haus Wörlitz. Sonderabdruck aus der Festschrift für das Anton-Springer-Jubiläum. Leipzig 1885.

12 Marie-Luise HARKSEN, Stadt, Schloss und Park Wörlitz. In: Die Kunstdenkmäler des Landes Anhalt, Bd. 2: Landkreis Dessau-Köthen. Burg 1939, S. 115–164 (Nachdruck: Halle 1997).

13 Vgl. die genannten Aufsätze von ALEX aus den Jahren 1983 und 2001. Siehe weiterhin: Reinhard ALEX, Die Glasgemälde im Gotischen Haus zu Wörlitz. Sammlungsgeschichte, wissenschaftliche Bearbeitung und Restaurierung. In: Thomas Weiss (Hg.), Das Gartenreich an der Elbe und Mulde. Ausstellungskatalog der gleichnamigen Ausstellung der Staatlichen Schlösser und Gärten Sachsen-Anhalt Wörlitz, Oranienbaum, Luisium in der Galerie am Grauen Haus Wörlitz vom 10. Juni bis 9. Oktober 1994. Murnau 1994, S. 68–73. Siehe zudem: Reinhard ALEX, Sammlungsgeschichte, Restauration und Sicherung. In: Die Glasmalereien im Gotischen Haus Wörlitz. Sicherung und Schutz. Abschlussbericht zum Projekt der Deutschen Bundesstiftung Umwelt. Hg. v. Vorstand der Kulturstiftung Dessau-Wörlitz. Leipzig 2000.

14 Siehe LÜCK, Schweizer Glasmalerei.

15 Maiken UMBACH, Federalism and Enlightenment in Germany. 1740–1806. London 2000. Zum Gotischen Haus siehe S. 143 f.

16 Michael NIEDERMEIER, Revolutio germanica: die Sehnsucht nach der „alten Freiheit" der Germanen. 1750–1820. Frankfurt a. M. 2002.

17 Fürst und Föderalist. Tagebücher einer Reise von Dessau in die Schweiz 1783 und der Bund der Eidgenossen als Modell im alten Reich. Hg. und kommentiert von Anna Franziska von Schweinitz unter Mitarb. von Conrad Ulrich. Worms 2004.

18 Siehe PFEIFER, Die Baugeschichte, S. 11.

19 Ebd.

20 BOETTIGER, Reise nach Wörlitz, S. 48. Allerdings erwähnte Boettiger auch, dass es nicht allzu schwer war, die Erlaubnis des Fürsten zur Besichtigung des Hauses zu erhalten, ebd.

21 August von Rode im Jahre 1818. ALEX, Gotisches Haus Wörlitz, S. 16.

22 Siehe Reinhard MELZER, Zur Innenausstattung des Gotischen Hauses. In: Das Gotische Haus in den Wörlitzer Anlagen, S. 19–27, S. 24, sowie ALEX, Gotisches Haus Wörlitz, S. 9.

23 Vgl. MELZER, Zur Innenausstattung, S. 21 f.

24 Siehe ebd., S. 26.

25 Siehe ALEX, Die Glasgemälde (1983).

26 Elf Apostel-Darstellungen dieser Serie befinden sich in den Maßwerkfenstern des Gotischen Hauses.

27 Vgl. hierzu ALEX, Die Glasgemälde (1983). Das Glasgemälde wird außerdem beschrieben bei HARKSEN, Stadt, Schloss und Park Wörlitz, Inventarnr. 105, und bei RAHN, Die Glasgemälde, Inventarnr. 15. Zu Ulrich von Hohensax siehe Historisch-biographisches Lexikon der Schweiz (HBLS). Bd. 6. Neuenburg 1931, S. 108.

28 Der Schwur ist das Hauptmotiv dreier weiterer Glasfenster (zwei im Schlafzimmer und ein weiteres im Kriegerischen Kabinett). Außerdem findet man ihn noch auf anderen Scheiben als Hintergrundmotiv.

29 Vgl. hierzu HARKSEN, Stadt, Schloss und Park Wörlitz, Inventarnr. 160, sowie RAHN, Die Glasgemälde, Inventarnr. 49.

30 Siehe ALEX, Die Glasgemälde (1983).

31 Leider hat sich nur die rechte Hälfte der Apfelschuss-Szene erhalten. Die linke Hälfte wurde falsch geflickt, vgl. HARKSEN, Stadt, Schloss und Park Wörlitz, Inventarnr. 160.

32 Siehe LÜCK, Schweizer Glasmalerei, S. 196.

33 Ebd., S. 199.
34 Siehe ALEX, Die Glasgemälde (1983).
35 Vgl. HARKSEN, Stadt, Schloss und Park Wörlitz, Inventarnr. 72–89, sowie RAHN, Die Glasgemälde, Inventarnr. 27–44.
36 Ebd.
37 Siehe HARKSEN, Stadt, Schloss und Park Wörlitz, Inventarnr. 74.
38 Vgl. B. STETTLER, Winkelried. In: Lexikon des Mittelalters. Bd. 9, München 1998, Sp. 238.; Historisch-biographisches Lexikon der Schweiz (HBLS). Bd. 7. Neuenburg 1934, S. 551.
39 Siehe Das Gotische Haus in den Wörlitzer Anlagen, S. 33.
40 Der Fürst hat beispielsweise in Karlsruhe Station gemacht, wo er sich mit dem Markgrafen Karl Friedrich von Baden traf. Erst die seit 1781 vertiefte Freundschaft zwischen dem Markgrafen und Fürst Franz soll nach Schweinitz die Bündnisüberlegungen der Reichsfürsten beflügelt haben. Schweinitz unterstreicht damit die Initiatorrolle, die Fürst Franz für den Fürstenbund spielte. Vgl. Fürst und Föderalist, S. 21 f.; siehe hierzu auch NIEDERMEIER, Revolutio germanica, S. 33.
41 Fürst Franz wurde auch von seiner Gemahlin Luise von Anhalt-Dessau begleitet.
42 Das Gotische Haus in den Wörlitzer Anlagen, S. 19.
43 Siehe HARKSEN, Stadt, Schloss und Park Wörlitz, Inventarnr. 189, sowie RAHN, Die Glasgemälde, Inventarnr. 111.
44 Ebd.
45 Vgl. hierzu UMBACH, Federalism and Enlightenment, S. 150 f.
46 Siehe Götz POCHAT, Gartenkunst und Landschaftsgarten vor Wörlitz. In: Weltbild Wörlitz. Entwurf einer Kulturlandschaft. Hg. v. Frank-Andreas Bechtoldt und Thomas Weiss (Kataloge und Schriften der Staatlichen Schlösser und Gärten Wörlitz, Oranienbaum, Luisium 1). Ostfildern-Ruit 1996, S. 17–49, S. 33.
47 Ebd.
48 Man bedenke, dass auch Horace Walpoles Landsitz zahlreiche Maßwerkfenster mit Wappenscheiben und religiösen Figurenscheiben besitzt!
49 Vgl. UMBACH, Federalism and Enlightenment, S. 154. Im gesamten Gotischen Haus befanden sich zu Zeiten des Fürsten 84 Familienporträts.
50 Siehe ALEX, Gotisches Haus Wörlitz, S. 10.
51 BOETTIGER, Reise nach Wörlitz, S. 50.
52 Vgl. hierzu NIEDERMEIER, Revolutio germanica, S. 38 f., Niedermeier nimmt unter anderem Bezug auf Cyriacus Spangenbergs Mansfeldische Chronica aus dem Jahre 1572.
53 Vgl. Das Gotische Haus in den Wörlitzer Anlagen, S. 33.

Kapitel V

1 Vgl. Jan KEUPP, Macht und Mode. politische Interaktion im Zeichen der Kleidung. In: Archiv für Kulturgeschichte. Bd. 86. Köln/Weimar/Wien 2004, S. 251–281, S. 255 f.
2 Ebd., S. 256.
3 Ebd.
4 Ebd., S. 257.
5 Ebd., S. 270.
6 Ebd., S. 262.
7 Vgl. ebd., S. 268 f.
8 Ebd., S. 269.
9 Ebd., S. 270.
10 Ebd., S. 262.
11 Max von BOEHN, Die Mode. Menschen und Moden im 18. Jahrhundert. Mit einem Vorwort von Ursula Kardoff. 5. Aufl. München 1963, S. 196.

12 Vgl. hierzu: Sammlung landesherrlicher Verordnungen, welche in dem Fürstenthum Anhalt Dessau ergangen. [Bd. 1]. Dessau 1784; Sammlung landesherrlicher Verordnungen, welche in dem Fürstentum Anhalt-Dessau ergangen. Bd. 2: Verordnungen vom 27. April 1784 bis 25. July 1818. Dessau 1819.

13 Vgl. Landesherrliche Verordnungen, Bd. 1, Nr. 57 (24.04.1769), S. 119 f.

14 Erhard HIRSCH, Die Dessau-Wörlitzer Reformbewegung im Zeitalter der Aufklärung. Personen – Strukturen – Wirkungen (Hallesche Beiträge zur Europäischen Aufklärung 18). Tübingen 2003, S. 119.

15 Vgl. Landesherrliche Verordnungen, Bd. 2, Nr. 57 (24.04.1769), S. 119 f.

16 BOEHN, Die Mode, S. 201 f.

17 LHASA, De, Abt. Dessau, A 9e, Nr. 15, Blatt 2.

18 Diese Angaben sowie der Hinweis auf die Kleiderrechnung vom 19. Dezember 1770 beruhen auf Recherchen von Anna Franziska von Schweinitz (München). Wir danken ihr herzlich für diese Hinweise.

19 Fürst und Föderalist. Tagebücher einer Reise von Dessau in die Schweiz 1783 und der Bund der Eidgenossen als Modell im alten Reich. Hg. und kommentiert von Anna Franziska von Schweinitz unter Mitarb. von Conrad Ulrich. Worms 2004, S. 202 f.

20 Michael NORTH, Genuss und Glück des Lebens. Kulturkonsum im Zeitalter der Aufklärung. Köln/Weimar/Wien 2003, S. 55.

21 Reiner FLIK, Kultur-Merkantilismus? In: Angela Borchert/Ralf Dressel (Hg.), Das Journal des Luxus und der Moden. Kultur um 1800 (Ereignis Jena-Weimar 8). Heidelberg 2004, S. 21–55, S. 22.

22 Johann Heinrich ZEDLER, Grosses vollständiges Universal-Lexikon aller Wissenschaften und Künste. Art.: Mode. Bd. 21. Leipzig/Halle 1739, S. 699, Sp. 2, S. 712, Sp. 2, hier S. 699, Sp. 2 f.

23 NORTH, Genuss und Glück, S. 56.

24 FLIK, Kultur-Merkantilismus, S. 22.

25 Doris KUHLES, Das „Journal des Luxus und der Moden" (1786–1827). Zur Entstehung seines inhaltlichen Profils und seiner Journalistischen Struktur. In: Gerhard R. Kaiser/Siegfried Seifert (Hg.), Friedrich Justin Bertuch (1747–1822). Verleger, Schriftsteller und Unternehmer im klassischen Weimar. Tübingen 2000, S. 489–498, S. 490.

26 Ebd., S. 489.

27 NORTH, Genuss und Glück, S. 59.

28 FLIK, Kultur-Merkantitlismus, S. 34.

29 Astrid ACKERMANN, Eine nationale Aufgabe – Mode und Kommerz. In: Gonthier-Louis Fink/Andreas Klinger (Hg.), Identitäten. Erfahrungen und Fiktionen um 1800 (Jenaer Beiträge zur Geschichte). Frankfurt a. M. u. a. 2004, S. 323–337, S. 323.

30 NORTH, Genuss und Glück, S. 58.

31 KUHLES, Das „Journal des Luxus und der Moden", S. 491.

32 ACKERMANN, Eine nationale Aufgabe, S. 329.

33 KUHLES, Das „Journal des Luxus und der Moden", S. 493 f.

34 Vgl. Friedrich Justin BERTUCH/Georg Melchior KRAUS (Hg.), Journal des Luxus und der Moden. T.1. Teilnachdruck aus den Bänden 1–10 (1786–1795). Weimar/Leipzig 1967, S. 74 f.

35 FLIK, Kultur-Merkantitlismus, S. 26.

36 BERTUCH/KRAUS, Journal des Luxus, S. S. 7 f.

37 Uwe QUILITZSCH, Bertuch und das Dessau-Wörlitzer Gartenreich. In: Kaiser/Seifert, Friedrich Justin Bertuch, S. 269–277, hier: S. 271.

38 QUILITZSCH, Bertuch und das Dessau-Wörlitzer Gartenreich, S. 271.

39 Ebd., S. 271 f.

40 Ebd., S. 272 f.

41 Ebd., S. 275 f.
42 BOEHN, Die Mode, S. 107.
43 Ebd., S. 110 f.
44 Ebd., S. 118.
45 Ebd., S. 131.
46 Ebd., S. 171.
47 Ebd., S. 185.
48 Ebd., S. 188 f.
49 Ebd., S. 164.
50 Ebd., S. 164.
51 Ebd., S. 127.
52 NORTH, Genuss und Glück, S. 63.
53 BOEHN, Die Mode, S. 150.
54 Vgl. BERTUCH/KRAUS, Journal des Luxus, S. 89 f.
55 Ebd., S. 90 f.
56 Ebd., S. 97 f.
57 Ebd., S. 98 f.
58 Ebd., S. 138 f.
59 Vgl. NORTH, Genuss und Glück, S. 63.
60 BERTUCH/KRAUS, Journal des Luxus, S. 138 f.
61 NORTH, Genuss und Glück, S. 64 f.
62 Ebd., S. 64 ff.
63 Vgl. BERTUCH/KRAUS, Journal des Luxus, S. 95 f.
64 LHASA, De, Abt. Dessau, C 9 h I, Nr. 25, Bl. 6–13.
65 Aus den Briefen Anton Winters geht nicht hervor, an welche spezielle Kommission er sich mit seinem Anliegen richtete. Es ist jedoch zu vermuten, dass es sich hierbei entweder um die 1767 eingerichtete Baukommission oder aber um die 1772 eingerichtete „Armen- und Arbeitskommission" handelt. Siehe hierzu auch den Beitrag von Marian Kirchner in diesem Band.
66 LHASA, De, Abt. Dessau, C 9 h I, Nr. 25, Bl. 1.
67 Ebd., Bl. 5.
68 Ebd., Bl. 14.
69 Ebd., Bl. 16, 18.
70 Ebd., Bl. 2.

Kapitel VI

1 Vgl. Max KUNZE (Hg.), Römische Antikensammlungen im 18. Jh., Mainz 1998, S. 155.
2 Hans DIEPOLDER/Walther REHM (Hg.), Johann Joachim Winckelmann – Briefe. Bd. 3. Berlin 1956, S. 147, Nr. 751.
3 Vgl. Sabine JACOB/Susanne KÖNIG-LEIN, Die italienischen Gemälde des 16. bis 18. Jahrhunderts. Hg. v. J. Luckhardt. München 2004, S. 23. Siehe dazu auch Andrea M. KLUXEN, Das Ende des Standesporträts: Die Bedeutung der englischen Malerei für das deutsche Porträt von 1760–1848. München 1989, S. 95. Andrea M. Kluxen spricht über „Touristen-Porträts", was aber moderne Reisende assoziieren läßt. Daher sei hier der Terminus „Grand-Touristen" gewählt.
4 Der österreichische Maler Martin Knoller (1725–1804) hielt sich 1775–1777 in Rom auf, wo er die Bekanntschaft von Winckelmann und Anton Raphael Mengs machte.
5 DIEPOLDER/REHM, Johann Joachim Winckelmann, S. 166, Nr. 763.
6 Ebd., S. 212, Nr. 804.
7 Vgl. Erhard HIRSCH, Experiment Fortschritt & praktizierte Aufklärung. Franz von Anhalt-Dessau zum 250. Geburtstag (Beiträge zur Stadtgeschichte 11). Dessau 1990, S. 92.

8 Diese Bezeichnung ist der Publikation von Marie-Luise Harksen entnommen. Vgl. Marie-Luise HARKSEN, Stadt, Schloss und Park Wörlitz. In: Kunstdenkmalinventare des Landes Sachsen-Anhalt. Hg. v. Landesamt f. Denkmalpflege Sachsen-Anhalt. Bd. 31: Nachdruck der Veröffentlichungen 1879–1943. Halle 1997, S. 46.

9 Ebd.

10 Ebd.

11 Siehe dazu auch: HIRSCH, Experiment Fortschritt, S.92

12 Katharina Bechler identifizierte die Kleidung des Fürsten auf einem weiteren Bildnis, wo er mit einem Krater porträtiert wurde. Vgl. Weltbild Wörlitz. Entwurf einer Kulturlandschaft. Hg. v. Frank-Andreas Bechtoldt und Thomas Weiss (Kataloge und Schriften der Staatlichen Schlösser und Gärten Wörlitz, Oranienbaum, Luisium 1). Ostfildern-Ruit 1996., S. 253.

13 Vgl. HIRSCH, Experiment Fortschritt, S. 92.

14 Vgl. Weltbild Wörlitz, S. 253.

15 Karin SCHRADER, Der Bildnismaler Johann Georg Ziesenis 1716–1776. Leben und Werk mit kritischem Œuvrekatalog. Münster 1990, S. 285.

16 Friedrich-Franz KUNTZE, Johann Georg Ziesenis. Ein deutscher Hofmaler zwischen Rokoko und Klassizismus. Phil. Diss. Erlangen 1933.

17 Vgl. Weltbild Wörlitz, S. 253.

18 Vgl. HIRSCH, Experiment Fortschritt, S. 92.

19 Vgl. ebd. Siehe dazu auch: Ulrich THIEME/Felix BECKER (Hg.), Allgemeines Lexikon der Bildenden Künstler von der Antike bis zur Gegenwart. Bd. 36. Leipzig 1947, S. 497.

20 Vgl. Weltbild Wörlitz, S. 253, Anm. 5.

21 Siehe dazu: Heinrich ZIMMERMANN, Neuerwerbungen deutscher Malerei des 18. Jh. im Germanischen Museum. In: Otto von Falke (Hg.), Pantheon. Monatsschrift für Freunde und Sammler der Kunst. Bd. 13. München 1934, Anm. 18; Erich Fidder (Hg.), Neue Beiträge deutscher Forschung. Wilhelm Worringer zum 60. Geburtstag. Königsberg 1943, Abb. 34.; THIEME/BECKER. Allgemeines Lexikon. Bd. 36, S. 497.; Bildarchiv Marburger Index.

22 Vgl. ZIMMERMANN, Neuerwerbungen deutscher Malerei, S. 182.

23 Vgl. Weltbild Wörlitz, S. 253.

24 KLUXEN, Das Ende des Standesporträts, S. 96.

25 Vgl. ebd.

26 Ebd., S. 97.

27 Ebd.

28 JACOB/KÖNIG-LEIN, Die italienischen Gemälde, S. 24.

29 Vgl. Ebd., S. 25.

30 Ebd.

31 Bis in die dreißiger Jahre des 20. Jahrhunderts wurde die Ikonologie als historische Porträtkunde und Hilfswissenschaft wenigstens auf den internationalen Kongressen für Geschichtswissenschaft noch gepflegt. Erst in der zweiten Hälfte des Jahrhunderts bürgerte sich der Terminus bei den Kunsthistorikern für den Zweig von Forschungen ein, der Bildinhalt und Bildform systematisch aufeinander bezieht. Vgl. J. G. HOOGEWERFF, Die Ikonologie und ihre wichtige Rolle bei der systematischen Auseinandersetzung mit christlicher Kunst. In: Ekkehard Kaemmerling (Hg.), Bildende Kunst als Zeichensystem. Bd. 1. Köln 1979, S. 81 f.

Kapitel VII

1 Vgl. Holger BÖNING, Welteroberung durch ein neues Publikum. Die deutsche Presse und der Weg zur Aufklärung. Hamburg und Altona als Beispiel (Presse und Geschichte – neue Beiträge 5). Bremen 2002, S. 268.

2 Vgl. ebd., S. 269.
3 Vgl. Holger BÖNING, Die preußischen Intelligenzblätter. In: Bernd Sösemann (Hg), Kommunikation und Medien in Preußen vom 16. bis zum 19. Jahrhundert (Beiträge zur Kommunikationsgeschichte 12. Stuttgart 2002, S. 212.
4 Vgl. ebd., S. 219.
5 Ebd., S. 213.
6 LAHSA, DE, Dessau Wochenblatt Jg. 1763–64 S. 150.
7 Eine Zuchttaubenart, im Alter von 6 bis 12 Jahren zuchtfähig.
8 LAHSA, DE, Dessau Wochenblatt Jg. 1787–91, S. 42.
9 Ebd., Film 1: 15.05.1767.
10 Ebd., Film 1: 28.01.1764.
11 Ebd., S. 253 f.
12 Ebd., S. 95 f.
13 Ebd., S. 337.
14 Ebd., S. 446.

Kapitel VIII

1 LHASA, DE, Abt. Dessau, A12a, Nr. 19, Bl.147.
2 Möglicherweise ein Mitglied der auf dem Gut Poplitz bei Magdeburg sitzenden Familie, die auch Ämter in Anhalt-Bernburg besetzte.
3 Max Schwab, Zur Kenntnis des Basalt-Vulkanismus. Sir William Hamilton als Vulkanologe. In: Sammeln um zu bilden – Bildung durch Anschauung. Die geologische Sammlung des Fürsten Franz von Anhalt-Dessau. Ausstellung in der Galerie am Grauen Haus in den Wörlitzer Anlagen von 3. Juli bis 26. September 2004 (Kataloge und Schriften der Kulturstiftung DessauWörlitz, 23). Dessau 2004, S. 27–33, S. 27.
4 Uwe QUILITZSCH, Die künstliche Felseninsel „Stein“ in Wörlitz – ein Freundschaftsmonument für Sir William Hamilton“, In: Sammeln um zu bilden, S. 35–39, S. 38.
5 Michael NIEDERMEIER, Aufklärung im Gartenreich Dessau-Wörlitz. In: Weltbild Wörlitz. Entwurf einer Kulturlandschaft. Hg. v. Frank-Andreas Bechtoldt und Thomas Weiss (Kataloge und Schriften der Staatlichen Schlösser und Gärten Wörlitz, Oranienbaum, Luisium 1). Ostfildern-Ruit 1996, S. 51–65, S. 52.
6 Hubertus GÜNTHER, Anglo-Klassizismus, Antikenrezeption, Neugotik in Wörlitz. In: Weltbild Wörlitz, S. 131–161, S. 137.
7 Michael RÜFFER, Grand Tour. In: Weltbild Wörlitz, S. 126.
8 Vgl. dazu die Anm. 41 im Beitrag von Franziska Lietzmann (Kapitel XIX).

Kapitel IX

1 Vgl. Regina MAHLKE/Ruth WEISS, Faszination Forschung. Johann Reinhold Forster (1729–1798). Wiesbaden 1998, S. 9.
2 Ebd., S. 13.
3 Ebd., S. 15.
4 Ebd., S. 21.
5 Ebd., S. 27 f.
6 Ebd., S. 32 f.
7 Ebd., S. 48 f.
8 Richtig 1775. Vgl. Siegfried SCHEIBE, Georg Forsters Beziehungen zu Dessau und Wörlitz. In: Horst Fiedler (Hg.), Georg Forster, Naturforscher, Weltreisender, Humanist und Revolutionär. Seine Beziehungen zu Wörlitz. Wörlitz 1970, S. 42–49, S. 43.
9 Ebd.
10 LHASA, DE, Abt. Dessau, A 10, Nr. 219. An dieser Stelle sei Sven Pabstmann gedankt, der beim Transkribieren der Originalbriefe wesentlich geholfen hat.

11 Dr. Morgan lernte Fürst Friedrich Franz 1775 bei seiner 2. Englandreise kennen, woraus sich eine längerfristige Korrespondenz entwickelte. Vgl. dazu auch den Beitrag von Lena Vogler in diesem Band.
12 SCHEIBE, Georg Forsters Beziehungen, S. 47 f.
13 Ebd.
14 Ebd.
15 Ebd.
16 MAHLKE/WEISS, Faszination Forschung, S. 48 f.
17 Ebd.
18 Vgl. Heike HEKLAU, Zum 200. Todestag von Johann Reinhold Forster (1729–1798). In: Fritz Kümmel (Hg.), 300 Jahre Botanischer Garten der Martin-Luther-Universität Halle-Wittenberg. Halle 1998, S. 125–133, S. 126.
19 Vgl. Hans-Joachim KERTSCHER, Der vierte Hallesche Universitätskanzler Carl Christoph von Hoffmann (Hallesche Kustodievorträge 4). Halle 2003, S. 20.
20 MAHLKE/WEISS, Faszination Forschung, S. 48 f.
21 HEKLAU, Zum 200. Todestag, S. 126 f.
22 LHASA, DE, Abt. Dessau, A 10, Nr. 219.
23 Ebd.
24 HEKLAU, Zum 200. Todestag, S. 126 f.
25 Ebd.
26 LHASA, DE, Abt. Dessau, A 10, Nr. 219.
27 Ebd.
28 HEKLAU, Zum 200. Todestag, S. 126 f.
29 Vgl. Wilhelm SCHRADER, Geschichte der Friedrichs-Universität zu Halle. Zweiter Teil. Berlin 1894, Anlage 48 a.
30 MAHLKE/WEISS, Faszination Forschung, S. 48 f.

Kapitel X

1 Friedrich REIL, Leopold Friedrich Franz, Herzog und Fürst von Anhalt Dessau, nach seinem Wirken und Wesen. Wörlitz 1990 (gekürzt Neudruck der Ausgabe Dessau/Aue 1845), S. 25.
2 Vgl. Michael MAURER, Aufklärung und Anglopholie in Deutschland (Veröffentlichungen des Deutschen Historischen Instituts 19). Göttingen u. a. 1987.
3 Vgl. Den Freunden der Natur und Kunst. Das Gartenreich des Fürsten Franz von Anhalt-Dessau im Zeitalter der Aufklärung. Hg. v. Institut für Auslandsbeziehungen e. V. und der Kulturstiftung Dessau-Wörlitz. Stuttgart/Wörlitz 1997, S. 84.
4 Vgl. Friedrich Wilhelm von Erdmannsdorff. Kunsthistorisches Journal einer fürstlichen Bildungsreise nach Italien 1765/66. Aus der französischen Handschrift übersetzt, erläutert und herausgegeben von Ralf-Torsten Speler (Kataloge und Schriften der Kulturstiftung Dessau-Wörlitz, 12). München/Berlin 2001, S. 11 f.
5 Vgl. Erhard HIRSCH, Die Dessau-Wörlitzer Reformbewegung im Zeitalter der Aufklärung. Personen – Strukturen – Wirkungen (Hallesche Beiträge zur Europäischen Aufklärung 18). Tübingen 2003.
6 Vgl. Wilhelm HAEFS/Holger ZAUNSTÖCK, Hof-Geschlecht-Kultur. Luise von Anhalt-Dessau (1750–1808) und die Fürstinnen ihrer Zeit. In: Das achtzehnte Jahrhundert. 28/2, 2004, S. 158–178, S. 168.
7 Vgl. dazu auch den Aufsatz von Steffen Hoffmann in diesem Band. Im LHASA, Abt. Dessau befinden sich Briefe zwischen Dr. Morgan und seiner Frau und Fürst Franz aus den Jahren 1788 bis 1796 aus London (St. James's Palace): LHASA, DE, Abt. Dessau, A10, Nr. 231, diese werden in naher Zukunft in die Bearbeitung der Shelburne-Briefe mit einbezogen.

8 Gekürzte Abschrift von Matthisson des Tagebuches der Fürstin: LHASA, DE, Abt. Dessau, A 9e, Nr. 15 (19).
9 Abschrift von Siebigk des Tagebuches der Fürstin: LHASA, DE, Abt. Dessau, A 9e, Nr. 15 (20 B).
10 Ebd.
11 The Dictionary of National Biography, Art.: Brühl, John Maurice, count of (1736–1809). Vol. 3. New edition. Oxford oa 1909, p. 141.
12 Vgl. Abschrift von Archivrat Siebigk: LHASA, DE, Abt. Dessau, A 9e, Nr. 15 (20 B).
13 Vgl. Thomas WEISS, „J'eus le bonheur de vous accompagnez …". Friedrich Wilhelm von Erdmannsdorffs Reisenotizen des Jahres 1764. In: Den Freunden der Natur und Kunst, S. 30–71, S. 56.
14 HIRSCH, Die Dessau-Wörlitzer Reformbewegung, S. 54.
15 Die Fürstin erhielt erst in Bath Unterricht in Englisch und war der Sprache zu Beginn der Reise noch nicht mächtig. Vgl. Abschrift von Ferdinand Siebigk: LHASA, DE, Abt. Dessau, A 9e, Nr. 15 (20B).
16 Vgl. LHASA, De, Abt. Dessau, A 10, Nr. 227; der Briefentwurf wird ebenfalls in naher Zukunft übersetzt.
17 An dieser Stelle sei Johanna Geyer-Kordesch für die Unterstützung in London gedankt. Die Übersetzung aller Briefe ist für die nahe Zukunft vorgesehen.
18 Vgl. erster erhaltener Brief in der British Library von Fürst Franz an Lord Shelburne: Bowood Papers, C, B24, 10, 63/64.
19 HIRSCH, Die Dessau-Wörlitzer Reformbewegung, S. 51 ff.
20 Ausschnitt aus dem englischen Teil des Briefes von Franz an Shelburne unmittelbar vor der Abreise nach Frankreich vom 1.10.1775: Bowood Papers, C, B 24, 10, 65/66. Die freie deutsche Übersetzung lautet: „Mylord, es war eine große Freude für mich, vor meiner Abreise aus England Ihren freundlichen Brief aus Dublin erhalten zu haben, und da meine Angelegenheiten es mir nicht erlauben, länger in diesem Land zu verweilen, ist es eine große Erleichterung für mich, von Ihnen selbst über Ihre gute Gesundheit und Ihr Wohlbefinden informiert zu werden. […] Ich bin vollkommen Ihrer Meinung, Mylord, indem was Sie mir hinsichtlich unseres Rückstandes in der Zucht in Deutschland geraten haben. Ich wage zu sagen, dass die die Landwirtschaft an sich, sogar in meinem kleinen Besitz, gut genug organisiert ist, so weit unser Boden und unser Klima es uns erlauben. Aber die Zucht von Vieh, Schafen und Pferden könnte stark verbessert werden, so sehr verbessert, wie in vielen Teilen der Natur eine gute Fortpflanzung von selbst geschieht, ohne künstliche Hilfe, wie wir es uns wünschen würden."
21 Oxford Dictionary of National biography, Art.: Magellan, Jean Hyacinthe de (1722–1790). Vol. 36. Oxford ao 2004, p. 115. Magellan, der in Aveiro/Portugal geboren wurde, hieß eigentlich João Jacinto de Magalhães.
22 Oxford Dictionary of National biography, Art.: Priestley, Joseph (1733–1804). Vol. 36. Oxford ao 2004, p. 356.
23 WEISS, J'eus le bonheur, S. 64.

Kapitel XI

1 Vgl. Johann Wilhelm ARCHENHOLZ, England und Italien. Ersten Bandes erster Theil. Leipzig 1785, S. 95.
2 Vgl. Carl DUPIN, Grossbritanniens Handels-Macht. Erster Theil. Brücken- und Strassen-Wesen. Stuttgart 1825, S. 212.
3 Die Wölbung wurde so gering als möglich gewählt, damit die Fuhrwerke ohne große Seitenneigung fahren konnten. Vgl. DUPIN, Grossbritanniens Handels-Macht, S. 195 f.
4 Metcalfe erlangte nicht die Popularität wie die später weithin bekannten Ingenieure MacAdam, Thomas Telford oder Georg Stephenson. Diese knüpften aber nahtlos an seine Arbeiten an.

5 Hierzu zählten die Akten des LHASA, DE, Abt. Dessau, C 9 k III, Nr. 8: Acta, betr. die Erhaltung der Straßen und Wege und was dahin gehörig. 1799/1813; ebd., C 10: Domainen, Ackerbau und Brücken; ebd., C 10 a III: Verkauf bzw. Verpachtungen in den herrschaftlichen Gärten, an Wegen, auf Wällen, etc.; ebd., C 10 a III, Nr. 31, Bd. III: Die Verpachtung des Obstes und (der) Kirschen; ebd., C 10 a IV: Verpachtungen der Gasthöfe; C 11 a II, Nr. 36: Acta, die Erhebung der Chaussee-Gelder betreffend 1832.

6 DUPIN, Grossbritanniens Handels-Macht, S. 22.

7 Ebd., S. 30.

8 Ebd.

9 Ebd., S. 31.

10 Ebd., S. 5.

11 Die Straße wurde wahrscheinlich als erste nach neuen Gesichtspunkten ausgebaut, da sie im Jahr 1786 als einzige in diesem Zusammenhang Erwähnung findet. Vgl. Sammlung landesherrlicher Verordnungen, welche in dem Fürstentum Anhalt-Dessau ergangen. Bd. 2: Verordnungen vom 27. April 1784–25. July 1818. Dessau 1819, Nr. 134, S. 7.

12 Mit dem Begriff „Organisation" ist nicht der Vergleich mit den in England für die Erhaltung der Straßen zuständigen Trusts gemeint. Diese Aufgabe wurde in Anhalt-Dessau von der Rentkammer wahrgenommen. Die Funktion der englischen Curatoren vereinigte sich hier in der Person des Oberkammerdirektors Raumer. Entgegen dem englischen Vorbild folgte die Auswahl der führenden Positionen (wie z. B. Wege-Inspectoren) nicht einem demokratischen Wahlverfahren, sondern war das Privileg fürstlicher Entscheidungskompetenz. Vgl. DUPIN, Grossbritanniens Handels-Macht, S. 60. Unter Organisation ist vielmehr das Management der für die Unterhaltung notwendigen Aufgaben zu verstehen.

13 Ebd., S. 64, 76.

14 In einigen Veröffentlichungen wird pauschal und fälschlich von der Verpachtung der „Obstpflanzungen" gesprochen. Vgl. Kirsten LOTT, „Dörfer umhüllt von Blütenwäldern". In: Mitteilungen des Vereins für Anhaltische Landeskunde. Köthen 1995, S. 11–41, S. 28.

15 DUPIN, Grossbritanniens Handels-Macht, S. 215: „[…] unterhält man die englischen Straßen mit einer beständigen Sorgfalt durch Arbeiter, welche für die verschiedenen Theile ihrer Länge aufgestellt sind."

16 Vgl. Rudolf von THADDEN/Michelle MAGDELAINE (Hg.), Die Hugenotten. 1685–1985. München 1985, S. 111.

17 Vgl. LHASA, Abt. Dessau, A C 10 a III, Nr. 31, Bd. III: Die Verpachtung des Obstes und (der) Kirschen.

18 Die Wälle dienten bei trockenem Wetter und bei Frost ebenfalls als Fahrwege. Vgl. Landesherrliche Verordnungen. Bd 2, Nr. 299, S. 152.

19 Meister Wolter stellt in dieser Beziehung keine Ausnahme dar, sondern verkörpert die Regel. Viele Untertanen im Fürstentum waren des Schreibens nicht kundig. Anstelle einer eigenhändigen Unterschrift finden sich sehr häufig nur drei Kreuze. Dieser Umstand war für Fürst Franz Anlass genug, am 2. Januar 1769 eine Verordnung über Gestaltung von „Registraturen", „Kauf- oder anderen Contracte, Pactorum und Vergleiche" und „Memoralien" mit Schreibunkundigen zu erlassen. Nach diesem Erlass war den betreffenden Schriftunkundigen der Text vorzulesen, sollte „wenn sie dabey etwas zu erinnern, solches beygefügt werden" und war danach mit „des Supplicanten Namen" zu unterschreiben. Vgl. Sammlung landesherrlicher Verordnungen, welche in dem Fürstenthum Anhalt-Dessau ergangen. [Bd. 1]. Dessau 1784, Nr. 53, S. 114 f. Siehe auch Abb. 1.

20 Vgl. LHASA, DE, Abt. Dessau, C 10 a III, Nr. 31, Bd. III: Die Verpachtung des Obstes und Kirschen. S. 75 f.

21 Die folgenden Ausführungen basieren auf der Quelle: LHASA, DE, Abt. Dessau. C 9 k III, Nr. 8: Acta, betr. die Erhaltung der Straßen und Wege und was dahin gehörig. 1799/1813.

22 Die Dorfrichter hatten somit ähnliche Akquisitionsaufgaben zu erledigen, wie ihre Kollegen und die Straßeninspektoren in England. Gängige Praxis war in England auch die Verordnung der Unterhaltungsaufgaben als Fronpflicht für die Anlieger und Gemeindemitglieder. Vgl. DUPIN, Grossbritanniens Handels-Macht, S. 68, 71 f.

23 Unter Kossäten versteht man vom Gutsherren eingesetzte Siedler, die auf dem Gut arbeiteten und daneben noch etwas eigenes Land bewirtschafteten sowie über ein eigenes Häuschen verfügten.

24 Ebd., S. 215 : „[...] beschüttet sie (die Straßen, J. S.) von einem Rand bis zum andern mit neuen Material, oder füllt die [G]Leise wieder aus, welche sich zu bilden anfangen."

25 Nicolas Bergier war Rechtsanwalt in Reims. Bei Gartenarbeiten stieß er auf die Reste einer römischen Straße. Er leitete in dem genannten Buch mit einer Analyse des römischen Straßenbaus die Rückbesinnung auf die vergessene Tradition des soliden römischen Wegebaus ein. Nicolas BERGIER, Histoire des Grands Chemins de l'Empire Romain. Brüssel 1728.

26 DUPIN, Grossbritanniens Handels-Macht, S. 187.

27 Ebd., S. 96 f.

28 In der Regel wurden mindestens zwei Arbeitskräfte für einen Abschnitt eingeteilt. Genehmigen und unterzeichnen musste aber jeder den Vertrag einzeln.

29 Vgl. Fußnote Nr. 28.

30 Ebd.

31 Vgl. LHASA, DE, Inv.-Nr. Hi 720. ANONYMUS, Betrachtungen über die Frage: Welches sind die Nachtheile, die denen gesamten drei Herzogthümern Anhalt durch die Einführung des Königl. Preuß. neuen Zoll- und Verbrauchs-Steuererwachsen, und wie groß die Gefahr für dieselben seyn, wenn sie nicht mehr als Preuß. Enclave, sondern wirklich als Ausland behandelt und zu dem Ende mit Douanenlinie umzogen würden. Cöthen 1821, S. 200.

Kapitel XII

1 LHASA, DE, Abt. Dessau, C 2a II d, Nr. 16, S. 1.

2 Vgl. Wolfgang SCHIVELBUSCH, Lichtblicke. Zur Geschichte der künstlichen Helligkeit im 19. Jahrhundert. München 1983, S. 97.

3 Vgl. Herbert LIMAN, Mehr Licht. Geschichte der Berliner Stadtbeleuchtung. Berlin 2000, S. 51.

4 LHASA, DE, Abt. Dessau, C 2a II d, Nr. 16, S. 1.

5 Vgl. Ebd., Abs. 2.

6 Ebd., Abs. 1.

7 Ebd., Abs. 2.

8 Ebd., Abs. 3–4.

9 Ebd., Abs. 5.

10 Ebd., Abs. 7.

11 Ebd., Abs. 11.

12 Ebd., Abs. 12.

13 Stadtarchiv Dessau: Plan der Stadt Dessau von I. G. Mohs Leipzig 1773, Reproduktion.

14 Vgl. Ludwig WÜRDIG, L. Würdig's Chronik der Stadt Dessau. Von den frühesten Zeiten bis Ende 1875. Dessau 1876; Bernhard HEESE, Die Dessauer Chronik bis 1758. In einzelnen Abschnitten bis auf die neueste Zeit fortgeführt. Unter Benutzung von L. Würdigs Chronik der Stadt Dessau von 1875/76. Dessau 1924/25.

15 WÜRDIG, Würdig's Chronik, S. 553.

16 HEESE, Die Dessauer Chronik, S. 184.

17 Ebd.

18 Ebd., S. 185.

19 SCHIVELBUSCH, Lichtblicke, S. 83.

20 Ebd.

21 Ebd., S. 84.
22 Ebd., S. 86.
23 HEESE, Die Dessauer Chronik, S. 183.
24 Für Paris und London vgl. SCHIVELBUSCH, Lichtblicke, S. 84 f.; für Berlin vgl. LIMAN, Mehr Licht, S. 9 f.
25 Vgl. Hermann WÄSCHKE, Geschichte Anhalts von der Teilung bis zur Wiedervereinigung. Köthen 1913, S. 195.
26 Vgl. Wilhelm LEINUNG/Franz MÜLLER, Magdeburg im Wandel der Zeit. Geschichts- und Kulturbilder aus dem Werdegange Magdeburgs. Magdeburg 1910, S. 98.
27 Ebd. S. 99.
28 Maryla MALONEK, Zur Geschichte der Naumburger Straßenbeleuchtung. http://www.museumnaumburg.de/Default_nix.htm?StGesch/Strassenbeleuchtung.htm~mainFrame (Stand: 09.06.2005)
29 Ebd.
30 Vgl. SCHIVELBUSCH, Lichtblicke, S. 89.
31 LHASA, DE, Abt. Dessau, C 2a II d Nr. 16.
32 Vgl. Friedrich REIL, Leopold Friedrich Franz. Herzog und Fürst von Anhalt Dessau, nach seinem Wirken und Wesen. Wörlitz 1990 (gekürzter Neudruck der Ausgabe Dessau/Aue 1845), S. 34.
33 HEESE, Die Dessauer Chronik, S. 184.
34 LIMAN, Mehr Licht, S. 9.
35 HEESE, Die Dessauer Chronik, S. 184.
36 WÜRDIG, Würdig's Chronik, S. 184 f.
37 SCHIVELBUSCH, Lichtblicke, S. 219.
38 Ebd., S. 39.
39 Vgl. REIL, Leopold Friedrich Franz, S. 21.
40 HEESE, Die Dessauer Chronik, S. 185.
41 Vgl. Ulla JABLONOWSKI, Bausteine zu einer Geschichte der Stadt Dessau 12. Die Stadt um 1800. In: Dessauer Kalender 2001. Heimatliches Jahrbuch für Dessau und Umgebung. Jg. 45, S. 28–45, S. 42.
42 SCHIVELBUSCH, Lichtblicke, S. 100.
43 REIL, Leopold Friedrich Franz, S. 8; vgl. Erhard HIRSCH, Die Dessau-Wörlitzer Reformbewegung im Zeitalter der Aufklärung. Personen – Strukturen – Wirkungen (Hallesche Beiträge zur Europäischen Aufklärung 18). Tübingen 2003, S. 11 f.

Kapitel XIII

1 Zugrunde gelegt sind als Rahmen die Bücher: Alfred HERBERT, Geschichte des Theaters. Daten und Dokumente 1470–1890. 2., durchges. und stark erw. Auflage. München 1984; Erhard HIRSCH, Dessau-Wörlitz. Zierde und Inbegriff des 18. Jahrhunderts. München 1985; ders., Die Dessau-Wörlitzer Reformbewegung im Zeitalter der Aufklärung. Personen – Strukturen – Wirkungen (Hallesche Beiträge zur Europäischen Aufklärung 18). Tübingen 2003; Michael NIEDERMEIER, Das Gartenreich Dessau-Wörlitz als kulturelles und literarisches Zentrum um 1780 (Dessau-Wörlitz-Beiträge VI/Zwischen Wörlitz und Mosigkau 44). Dessau 1995.
2 Hartmut RUNGE, Dessauer Theaterbilder. Zur 200-jährigen Geschichte des Theaters in Dessau. Hg. v. Anhaltischen Theater Dessau. Dessau 1994.
3 Stadtarchiv Dessau, ATD-ZB1, Theaterzettelbücher von 1794–1811.

Kapitel XIV

1 [D. Joh.], Untersuchung des Gewinnstes, welchen die Entrepreneurs der in auswärtigen Landen eingeführten Zahlenlotterien, oder Lotto di Genoua bekommen. In: Neues ham-

burgisches Magazin. Bd. 7. 40. St. Leipzig 1770, S. 291–329; hier S. 292. Der Verfasser des Artikels bleibt uns bis auf seine oben genannte Abkürzung unbekannt.

2 Es handelt sich hierbei um den Plan der Kunstlotterie der Erben des Malers Jacob Philipp Hackert. LHASA, DE, Abt. Dessau, A 14a, Nr. 7, Bd. II, Bl. 299–302.

3 Ebd., Bl. 299.

4 Eine kurze Liste der Gewinne ist auf der Rückseite der Lose abgedruckt.

5 LHASA, DE, Abt. Dessau, A 14a, Nr. 7, Bd. II, Bl. 299.

6 Der Hofrat Behrendt war mit Hackerts Schwester Wilhelmine verheiratet. Beide kümmerten sich schon zu Lebzeiten um den Verkauf von Hackerts Werken, welche er ihnen nach Berlin sandte. Vgl. Wolfgang KRÖNIG/Reinhard WEGNER, Jakob Philipp Hackert: der Landschaftsmaler der Goethezeit. Böhlau 1994, S. 112.

7 Thomas WEIDNER, Jakob Philipp Hackert: Landschaftsmaler im 18. Jahrhundert. Bd. 1. Berlin 1998, S. 152.

8 LHASA, DE, Abt. Dessau, A 14a, Nr. 7, Bd. II, Bl. 302.

9 Ebd.

10 Beide Beglaubigungsmittel befinden sich auf der rechten Seite, der Stempel rechts oben und die Unterschrift rechts unten. Auf der linken Seite steht klar abgetrennt und optisch hervorgehoben die entsprechende Losnummer (siehe Abb. 1).

11 LHASA, DE, Abt. Dessau, A 14a, Nr. 7, Bd. II, Bl. 302.

12 Ebd.

13 Ebd.

14 Ebd.

15 Behrendt führte für die Hackert-Erben sogar mit Goethe einen Rechtsstreit um die Rechte der Veröffentlichung der Biografie von Philipp Hackert. WEIDNER, Jakob Philipp Hackert, S. 152 f.

16 LHASA, DE, Abt. Dessau, A 14a, Nr. 7, Bd. II, Bl. 307.

17 Ebd.

18 Ebd.

19 Ebd., Bl. 298.

20 Ebd.

21 Ebd., Bl. 308 f.

22 Ebd., Bl. 309.

23 Ebd.

24 Siehe Abb. 2 Brief (ebd., Bl. 308 f.).

25 Ebd., Bl. 292.

26 Der Ort, heute Caiazzo, liegt in Kampanien/Italien, oberhalb von Neapel.

27 Ebd.

28 Schon der Vater des verstorbenen Malers Hackert, Jakob Philipp Hackert d. Ä., hatte in einem Brief von 1767 an den Dessauer Fürsten um eine Anstellung als Hofmaler ersucht. Gleichzeitig warb er auch für die Werke seine Söhne. Zu einer Anstellung am Dessauer Hof ist es dann allerdings nicht gekommen. KRÖNIG/WEGNER, Jakob Philipp Hackert, S. 111.

29 Claudia NORDHOFF/Hans REIMER, Jacob Philipp Hackert. 1737–1807. Verzeichnis seiner Werke. 2 Bde. Berlin 1994.

30 Die datierten Zeichnungen sind: *Blick von Cajazzo in Richtung Capua* (Nr. 909), *Blick vom Franziskanerkloster in Cajazzo* (Nr. 910), *Blick auf das Schloss von Cajazzo* (Nr. 911), *bei Cajazzo* (Nr. 912) und *bei Cajazzo* (Nr. 913): NORDHOFF/REIMER, Jacob Philipp Hackert. Bd. 2, S. 371 f.

31 Ebd., S. 425 f., Kat.-Nr. 1096.

32 Ebd., S. 332, Abb. 451.

33 Ebd., S. 372 f., Kat.-Nr. 911.

Kapitel XV

1 Elisa von der Recke (1754–1833), ältere Schwester der Herzogin Anna Dorothea von Kurland, kannte nahezu alle wichtigen Persönlichkeiten ihrer Zeit – unter ihnen Goethe, Schiller, Kant, Klopstock, Graff und Tischbein. Als Schriftstellerin verfasste sie Lyrik, Reiseliteratur und geistliche Lieder.

2 Johann Ulrich Schellenberg (08.11.1709 Winterthur–01.11.1795 daselbst), Landschaftsmaler und Kupferstecher, tätig in Basel, 1731/35 in Bern, dann wieder in Basel, seit 1748 in Winterthur, wo er eine Zeichen- und Malschule gründete.

3 Haid (Hayd) Augsburger Stecher des 18. Jahrhunderts. Johann Jacob Haid, dritter von fünf Söhnen, wurde vor allem bekannt durch seine Porträtstiche, die eine große Anzahl seiner bedeutendsten Zeitgenossen im Bilde überliefern.

4 Leonhard Schneider (1716–1762), Historien- und Bildnismaler, besonders von Miniaturen.

5 Gemäldegalerie Alte Meister. Katalog der ausgestellten Werke zur Wiedereröffnung 1992. Bearb. von Angelo Walther. Leipzig 1992, S. 214.

6 Richard MUTHER, Anton Graff. Inauguraldissertation. Leipzig 1881, S. 126.

7 Gemäldegalerie Alte Meister, S. 214.

8 Louisdor (frz. Louis d'or), frz. Goldmünze seit 1640 (Ludwig XIII.), in Deutschland wurden u. a. die goldenen 5-Talerstücke danach benannt.

9 Tableau, frz. für Gemälde.

10 Frz. Studie, steht hier für Entwürfe, Skizzen.

11 LHASA, DE, Abteilung Dessau, A 10, Nr. 221, Brief 33.

12 Hermann GIESAU (Hg.), Die Kunstdenkmale des Landkreises Dessau-Köthen. Die Stadt Köthen und der Landkreis außer Wörlitz. Burg bei Magdeburg 1943, S. 201.

13 LHASA, DE, Abteilung Dessau, A 10, Nr. 221, Brief 34.

14 Elisabeth DETTMAR, Park und Schloss Georgium im Dessau-Wörlitzer Gartenreich. München/Berlin 2002, S. 2.

15 Siehe dazu auch den Beitrag von Daniela Achilles, Franka Krätsch und Yvonne Sander in diesem Band.

16 Ausführlicher Titel: August RODE, Beschreibung des Georgenhauses. Dessau 1796. In: Helmut Erfurth, Der Englische Garten. Impressionen einer Wanderung. Dessau 2003. S. 49 f.

17 Ebd., S. 13. Parmegiano (auch Parmeggianino), eigentlich Francesco Mazzuoli (1503–1540), it. Maler und Radierer.

18 Ebd. S. 11.

19 Gemäldegalerie Alte Meister, S 13.

20 H(ans) POSSE, Meisterwerke der bedeutendsten Galerien Europas. Bd. III. München 1924, S. 98.

21 MUTHER, Anton Graff, S. 109.

22 August III. (1696–1763), polnischer König und als Friedrich August II. Kurfürst von Sachsen, Sohn von August dem Starken.

23 Cäsar, Herzog von Modena (1552–1628) aus dem Hause Este. Die Bilder gelangten 1745 durch Kauf nach Dresden.

24 Gemäldegalerie Alte Meister, S 13.

25 Die *Büßende Magdalena* wurde in Dresden als ein Hauptwerk der europäischen Malerei gefeiert, bis von Morelli schwerwiegende Gründe vorgebracht wurden, die die Echtheit des Gemäldes in Frage stellen.

26 Pompeo Girolamo Batoni, Sohn des Goldschmieds Paolo Batoni, fertigte für Conte Ces. Merenda aus Forli die Büßende Magdalena und Johannes den Täufer. Vgl. THIEME/BECKER. Allgemeines Lexikon der Bildenden Künstler. Bd. 3, Leipzig 1909, S. 35.

27 MUTHER, Anton Graff, S. 109.

28 Wolfgang SAVELSBERG, Der Gemälde und Grafikbestand im Schloss Luisium. In: Das Luisium im Dessau-Wörlitzer Gartenreich (Museumsstück). München 1998, S. 59–69, S. 60.
29 Uwe QUILITZSCH, Das Luisium im Dessau-Wörlitzer Gartenreich. Hg. von der Kulturstiftung DessauWörlitz (DKV-Kunstführer Nr. 552). München (2000), S. 2.
30 Peter CALVOCORESSI, Who's who in der Bibel. München 2001, S. 178 f., bzw. nachzulesen in der Bibel unter: Mt 27–28; Mk 15–16; Lk 8; Joh 19–20.
31 „Fleischfarbe" (auf Gemälden).
32 Hugh HONOUR/John FLEMING, Weltgeschichte der Kunst. 4., grundlegend erw. und neu gestaltete Aufl. München 1992, S. 387.

Kapitel XVI

1 Yvonne Sander bearbeitete die erste Fassung des Aufsatzabschnittes über: Der Prinz und seine Leiden.
2 Vgl. Walter von HUECK (Hg.). Adelslexikon. Bd. 5. Art.: Hill. Limburg 1984, S. 215 f.
3 Vgl. zum gesamter Abschnitt: Hermann HENGST, Die Ritter des Schwarzen Adlerordens. Berlin 1901, S. 325; Anton Balthasar KÖNIG (Hg.), Biographisches Lexikon aller Helden u. Militairpersonen, welche sich in Preußischen Diensten berühmt gemacht haben. Bd. 1. Berlin 1788, S. 316 f.; Kurt PRIESDORFF, Soldatisches Führertum. Bd. 2. Hamburg 1937, S. 46 f. Zur Grabstätte sind auch im Juni 2005 keine neuen Erkenntnisse bekannt gewesen – für die freundliche Auskunft sei Herrn Uwe Quilitzsch gedankt.
4 Vgl. Erhard HIRSCH, Die Dessau-Wörlitzer Reformbewegung im Zeitalter der Aufklärung. Personen – Strukturen – Wirkungen (Hallesche Beiträge zur Europäischen Aufklärung 18). Tübingen 2003, S. 590.
5 LHASA, DE, Abt. Dessau, A9e, Nr. 19 (Nachlass Rode), o. P.
6 Ebd., A10, Nr. 135, Bl. 30.
7 Vgl. HIRSCH, Die Dessau-Wörlitzer Reformbewegung, S. 518: „Seine Jugendliebe Eleonore Hoffmeyer, mit der er unter Verzicht auf den Thron nach England gehen wollte, um dort das Leben eines englischen Landlord zu führen [...]"
8 Die Person des Grafen Schall lässt sich weder in der Deutschen Biographischen Enzyklopädie noch im Deutschen Biographischen Index eindeutig ermitteln. Auch der Versuch, Graf Schall mittels des Adelslexikon zu identifizieren, brachte keinen Erfolg. Wir danken hier Erhard Hirsch für die Suche in seinem umfangreichen Personenkatalog. Möglicherweise ist Schall in der Nähe des Philanthropismus zu suchen. Vgl. HIRSCH, Die Dessau-Wörlitzer Reformbewegung, S. 268, Anm. 259.
9 LHASA, DE, Abt. Dessau, A10, Nr. 135, Bl. 12. Der Brief ist auf den 30. Oktober 1810 datiert.
10 Möglicherweise Albert (Albrecht) Kasmir August, Herzog von Sachsen-Teschen (1738–1822).
11 Ebd., Bl. 14. Der Brief stammt vom 2. Dezember 1810.
12 Zu de Ligne vgl. HIRSCH, Die Dessau-Wörlitzer Reformbewegung, S. 583.
13 Die eindeutige Identifizierung des „Generals Delmotte" ist zum jetzigen Zeitpunkt nicht möglich. Die Angaben in der Deutschen Biographischen Enzyklopädie und im Deutschen Biographischen Index eröffnen einen nicht allzu kleinen möglichen Personenkreis für die Recherche nach „Delmotte" bzw. nach „de la Motte". Eine Nähe zu der Berliner Familie de la Motte scheint möglich, da in der Deutschen Biographischen Enzyklopädie bei dem General Heinrich August Baron de la Motte Fouque (1698–1774) zu lesen ist, dass „der aus einer Hugenottenfamilie stammende F. mit acht Jahren Page bei Leopold von Anhalt-Dessau" wurde. Sein Enkel, der spätere Schriftsteller Friedrich Heinrich Karl Baron de la Motte Fouque (1777–1843) könnte folglich der gesuchte „General Delmotte" sein, weil dessen Vater Heinrich August Karl bereits am 25.01.1798 verstarb, Friedrich

selbst wie sein Großvater im Militär gedient hatte und die Bezeichnung „General Delmotte“ als eine Anspielung auf diesen angesehen werden kann. Außerdem lassen sich, wie erwähnt, durch den Großvater Beziehungen zu Anhalt-Dessau nachweisen.

14 LHASA, DE, Abt. Dessau, A10, Nr. 135, Bl. 10. Der Brief ist auf den 28. September 1810 datiert.

15 Vgl. Ulrich THIEME/Felix BECKER (Hg.), Allgemeines Lexikon der Bildenden Künstler von der Antike bis zur Gegenwart. Bd. 22. Art.: Kurz, Joseph. Leipzig 1928, S. 135 f.

16 Ebd.; G. PARTHEY, Deutscher Bildersaal. Verzeichnis der in Deutschland vorhandenen Oelbilder verstorbener Maler aller Schulen. Bd. 1. Berlin 1863, S. 718 f. Parthey führt insgesamt 21 Bilder auf.

17 Im Bestand der Kulturstiftung DessauWörlitz befinden sich 11 Gemälde von Joseph Kurz, vgl. hierzu die Inventarnummern I-230 bis I-240. Für die Auskunft sei Ingo Pfeiffer vielmals gedankt. Nach freundlicher Auskunft von Margit Schermuck-Zieche von der Anhaltischen Gemäldegalerie befinden sich dort 3 Gemälde von Joseph Kurz mit den Inventarnummern 1577, 1578 und 1729.

18 LHASA, DE, Abt. Dessau, A10, Nr. 135, Bl. 12.

19 Die Personen Siebigk und Augusti(n) sind weder in der Deutschen Biographischen Enzyklopädie noch im Deutschen Biographischen Index verzeichnet. Informationen über sie ließen sich dennoch durch drei verschiedene Quellen ermitteln. Zum Ersten aus den Briefen Hans Jürges an Franz. Zum Zweiten aus den Briefen Siebicks an Franz und zum Dritten über den Personenkatalog von Erhard Hirsch. Über ihre genaue Tätigkeit kann nur spekuliert werden, sicher ist, dass sie in den Briefen jeweils in Verbindung mit den Finanzen der Brüder auftreten. Die Unkosten von Hans Jürge glich Siebigk mit Augusti(n) jeweils ab. Sicher ist, dass Leopold Siebigk Wirtschaftsrat und Haushofmeister war und 1788 Rechnungsrat der Verlagskasse in Dessau. Augusti(n) wurde 1809 Kammerrat und war von 1781 bis 1785 Rechnungsrat der Verlagskasse Dessau. Hierbei sei ebenfalls herzlich Erhard Hirsch für seine Auskünfte gedankt.

20 LHASA, DE, Abt. Dessau, A10, Nr. 135, Bl. 33 f.

21 Vgl. dazu Karl Heinrich KAUFHOLD, Der Übergang zu Fonds- und Wechselbörsen vom ausgehenden 17. Jahrhundert bis zum ausgehenden 18. Jahrhundert. In: Hans Pohl (Hg.), Deutsche Börsengeschichte. Frankfurt a. M. 1992, S. 79–132. Zu Wien siehe insbesondere S. 121 f.

22 Vgl. Jacob und Wilhelm GRIMM, Deutsches Wörterbuch. Bd. 6/2. Leipzig 1854, Sp. 1339–1345. Für das Wort „lustig“ gibt es acht Hauptbedeutungen, die teilweise noch untergliedert werden. Der Bedeutung im Brief entspricht vor allem der von Punkt 4 c: „von anderen gegenständen, die angenehm ins auge fallen“ und der von Punkt 5: „anmuthend, angenehm, von dingen des geschmacks“.

23 LHASA, DE, Abt. Dessau, A10, Nr. 135, Bl. 18.

24 Xr., Abkürzung für Kreuzer, eine Münze.

25 LHASA, DE, Abt. Dessau, A10, Nr. 135, Bl. 18.

26 Ebd.

27 Ebd.

28 Ebd.

29 Ebd.

30 Ebd., Bl. 19.

31 Ebd., Bl. 20.

32 Vgl. ebd., Bl. 19.

33 Ebd., Bl. 18.

34 Das Joseph Kurz die Zeichnung angefertigt hat, geht eindeutig aus folgenden Zitat hervor: „Wenn du dieses Gemählde copirt haben willst, für welches der Mahler eben so viel als

für das andere haben will, so richtet es sich nach der Witterung, wenn Kurz in der Gallerie mit mahlen anfangen kann […]" Siehe dazu auch weiter unten im Text.

35 LHASA, DE, Abt. Dessau, A10, Nr. 135, Bl. 18'/20.

36 Ebd., Bl. 20.

37 Ebd.

38 Nach freundlicher Auskunft von Margit Schermuck-Zieche von der Anhaltischen Gemäldegalerie und Ingo Pfeiffer von der Kulturstiftung DessauWörlitz. Ihnen sei an dieser Stelle noch einmal gedankt.

39 Für die folgenden medizinischen Fachkenntnisse sind wir K. Genzel, Internistin in Halle, zu Dank verpflichtet.

40 LHASA, DE, Abt. Dessau, A10, Nr. 135, Bl. 30.

41 Ebd., Bl. 8.

42 Ebd., Bl. 12.

43 Ebd., Bl. 20.

44 Ebd., Bl. 27.

45 Ebd., Bl. 30.

46 Vgl. Heinrich DILLY, „Das Wesen der Kunst …, in welches die Geschichte der Künstler wenig Einfluß hat." Winckelmanns Absage an die Biographik. In: Joachim Kremer/Wolf Hobohm/Wolfgang Ruf (Hg.), Biographie und Kunst als historiographisches Problem. Hildesheim/Zürich/New York 2004, S. 112–118.

47 Vgl. HIRSCH, Die Dessau-Wörlitzer Reformbewegung, S. 429 f.

Kapitel XVII

1 Beatrix BASTL, Das Österreichische Frauenzimmer. Zum Beruf der Hofdame in der Frühen Neuzeit. In: Jan HIRSCHBIEGEL/Werner PARAVICINI (Hg.), Das Frauenzimmer. Die Frau bei Hofe im Spätmittelalter und früher Neuzeit (Residenzenforschung 11). Stuttgart 2000, S. 355–375, hier S. 362.

2 Michael BOJCOV, „Das Frauenzimmer" oder „die Frau bei Hofe". In: ebd., S. 327–337, hier S. 333.

3 BASTL, Das Österreichische Frauenzimmer, S. 371.

4 LHASA, DE, Abt. Dessau, A 10, Nr. 186, Brief 11.

5 BOJCOV, „Das Frauenzimmer", S. 335.

6 BASTL, Das Österreichische Frauenzimmer, S. 360 f. Bastl stützt sich auf Ann Tizia Leitich. Vgl. Ann Tizia LEITICH, Die Wienerin. Stuttgart 1939, S. 93.

7 LHASA, DE, Abt. Dessau, A 10, Nr. 186, Brief 15.

8 Michael MAURER, Dienstmädchen in adligen und bürgerlichen Haushalten. In: Gotthardt Frühsorge/Rainer Gruenter/Beatrix Wolff-Metternich (Hg.), Gesinde im 18. Jahrhundert (Studien zum 18. Jahrhundert, 12). Hamburg 1995, S. 161–187, hier S. 179.

9 Rainer SCHRÖDER, Das Gesinde war immer frech und unverschämt. Gesinde und Gesinderecht vornehmlich im 18. Jahrhundert. Frankfurt a. M. 1992, S. 42 f.

10 Ebd., S. 108.

11 Ebd., S. 47, 101, 107, 109.

12 Ebd., S. 103.

13 Werner FAULSTICH, Geschichte der Medien. Bd. 4: Die bürgerliche Mediengesellschaft (1700–1830). Göttingen 2002, S. 83, 87.

14 Ebd., S. 86.

15 Siehe dazu ebd., S. 91.

16 Robert VELLUSIG, Schriftliche Gespräche. Briefkultur im 18. Jahrhundert. Wien 2000, S. 54 f.

17 So Norbert Oellers, siehe FAULSTICH, Geschichte der Medien, S. 93.

18 LHASA, DE, Abt. Dessau, A 10 Nr. 186.

19 Ebd., Brief 16.
20 Ebd., Brief 15.
21 Ebd., Brief 14.

Kapitel XVIII

1 LHASA, DE, Abt. Dessau, A 10: Nr. 115, Nr. 133–134, Nr. 137–139, Nr. 145–147, Nr. 150–151, Nr. 153, Nr. 157, Nr. 159–160, Nr. 163, Nr. 165, Nr. 168–169, Nr. 171, Nr. 177, Nr. 180, Nr. 184, Nr. 186, Nr. 213, Nr. 216, Nr. 226, Nr. 233, Nr. 235, Nr. 237.
2 Siehe zu von Brenckenhoff auch den Aufsatz von Antje Faßhauer in diesem Band.
3 Siehe dazu: Edeltraut Dettmar/Norbert Michels, Aus dem Leben der Henriette Amalie Prinzessin von Anhalt-Dessau. Eine zusammenfassende Biographie. In: Manfred Großlinsky/Norbert Michels (Hg.), Die verstoßene Prinzessin. Kunst, Karriere und Vermächtnis der Henriette Amalie von Anhalt-Dessau (Katalog der Anhaltischen Gemäldegalerie Dessau 10). Dessau/Frankfurt a. M. 2002, S. 11–19.
4 LHASA, DE, Abteilung Dessau, A 10, Nr. 115, 6.
5 Ebd., Brief Nr. 115, 12.

Kapitel XIX

1 Brief vom 19. Mai 1817. LHASA, DE, Abt. Dessau, A 10, Nr. 238, Bl. 9.
2 Vgl. Rudolf KIESSMANN, Leopold Friedrich Franz, ein Fürst der Aufklärung. In: Gemeinnütziger Verein (Hg.), Nach hundert Jahren. Zum dankbaren Gedächtnis des Herzogs Leopold Friedrich Franz 1740–1817. Dessau 1917, S. 85 f.
3 Der erste erhaltene Briefwechsel geht auf das Jahr 1807 zurück. Die beiden Briefe sind in Französisch verfasst und scheinen auf den ersten Blick eher offizielleren Charakters zu sein. Es scheint sich hierbei um ein formelles Bittgesuch Sinclairs zu handeln. LHASA, DE, Abt. Dessau, A. 10, Nr. 238, Bl. 2 v–6 v. Aus dem Jahr 1817 sind fünf Briefe auf uns gekommen: drei Briefe haben Sir George of Sinclair als Verfasser, zwei Fürst Franz. Sowohl die Briefe Sinclairs als auch die des Fürsten sind 1817 auf Deutsch geschrieben. LHASA, DE, Abt. Dessau, A. 10, Nr. 238, Bl. 9 v–16 r. Der letzte Brief entstammt dem Jahr 1821 und wurde somit nach dem Tod des Fürsten verfasst. Diesen Brief thematisiert Sinclair nur indirekt, ein Herr „Morgenstern“ bittet „Berenhorst“ um den Briefnachlass zu Sinclair. LHASA, DE, Abt. Dessau, A. 10 Nr. 238, Bl. 23 v, 24 r. Bei dem genannten Morgenstern handelt es sich vermutlich um den Regierungspräsidenten L. v. Morgenstern (1770–1852). Vgl. Erhard HIRSCH, Die Dessau-Wörlitzer Reformbewegung im Zeitalter der Aufklärung. Personen – Strukturen – Wirkungen (Hallesche Beiträge zur Europäischen Aufklärung 18). Tübingen 2003, S. 41, 337. Mit Berenhorst ist Georg Heinrich von Berenhorst, der Direktor der Rentkammer zu Anhalt-Dessau, gemeint.
4 LHASA, DE, Abt. Dessau, A 10 Nr. 238, 9R.
5 Rudolf Kießmann verweist in seiner Gedenkschrift auf Sinclair, jedoch lediglich als Quelle für den schlechten Gesundheitszustand des Fürsten in dessen letzten Lebensjahren. Vgl. KIESSMANN, Leopold Friedrich Franz, S. 86.
6 LHASA, DE, Abt. Dessau, A 10 Nr. 238, Bl. 13 v.
7 Ebd.
8 Ebd., Bl. 17 r.
9 Ebd., Bl. 13R.
10 Ebd.
11 Oxford Dictionary of National Biography. Ed. by. H. C. G. Matthew and Brian Harrison. Vol. 50. Art.: Sinclair, Sir George, second baronet (1790–1868). Oxford/New York 2004, p. 749.
12 Der Titel „Baronet“ verweist auf den untersten Erbadel in Großbritannien. Ulbster liegt unterhalb der Ortschaft Wick an der Küste von Caithless in den schottischen Highlands.

13 Warum versteht sich Sinclair als „patriotisch gesinnten Engländer", wo er doch der Geburt nach Schotte ist? Unter einer Schottin auf dem englischen Thron, der Stuart-Königin Anna, wurden Schottland und England 1707 offiziell zum Königreich Großbritannien zusammengeschlossen. Verstanden sich die Menschen auch weiterhin als Schotten und Engländer, so waren beide vormalige Einzelstaaten nun unter einer Verwaltung zusammengefasst. Mit seinem Sitz im Parlament vertrat Sinclair die Rechte und Ansprüche der schottischen Grafschaft Caithness im englischen Parlament. Alle Entscheidungen, die das Parlament trifft, haben in irgendeiner Form Auswirkung auf das gesamte britische Volk. Sinclair ist demnach auch ein Vertreter der gesamten britischen Bevölkerung. Spricht Sinclair von Patriotismus, so muss das nicht heißen, er begreife sich ausschließlich als Engländer. Die Bezeichnung „Engländer" scheint im genannten Zusammenhang stellvertretend für jeden Staatsbürger Großbritanniens zu stehen.

14 Die heute für ihre lange Tradition berühmte Schule befindet sich in Harrow on the Hill, im Nordenwesten Londons.

15 Oxford Dictionary of National Biography, Art.: Sinclair, Sir George, p. 749. „[Sinclair war] das Wunder unserer Schulzeit. Er machte die Schulaufgaben für die halbe Schule (wortwörtlich), reimte mit und (verfasste) Aufsätze ohne Vergnügen. Er war ein Freund von mir und in derselben Klassestufe."

16 Sinclair an Fürst Franz, 18. März 1817. LHASA, DE, Abt. Dessau, A 10, Nr. 238, 9 v.

17 Die Georgia Augusta war von Gerlach Adolph von Münchhausen (1688–1770) offiziell am 17. September 1737 gegründet worden. Der namentliche Stifter der Universität hingegen war der von 1727 bis 1760 regierende Kurfürst von Hannover, Georg August, ab 1727 als Georg II. König von Großbritannien. Vgl. Günther MEINHARDT, Die Universität Göttingen. Ihre Entwicklung und Geschichte von 1734–1974. Frankfurt a. M./Zürich 1977, S. 19.

18 Vgl. Hartmut BOOCKMANN, Göttingen. Vergangenheit und Gegenwart einer europäischen Universität. Göttingen 1997. S. 36 f.

19 MEINHARDT, Die Universität Göttingen, S. 16.

20 Die Memoiren sind in der Niedersächsischen Staats- und Universitätsbibliothek Göttingen als auch in der Herzogin-Anna-Amalia-Bibliothek in Weimar vorhanden. Ich möchte mich an dieser Stelle recht herzlich bei Petra Graupe von der Anna-Amalia-Bibliothek in Weimar bedanken, die in kurzer Zeit eine Abbildungsvorlage des Portraits organisiert hat. Leider konnte die Quelle aus Zeitgründen nicht mehr eingesehen werden. Für die zukünftige Forschung ist jenes Buch jedoch wichtig, weil es mit größter Wahrscheinlichkeit Informationen über den Kontakt zwischen Sinclair und Fürst Franz enthält. James Grant (Ed.), Memoirs of George Sinclair. London 1870.

21 Vgl. Oxford Dictionary of National Biography, Art.: Sinclair, Sir George, p. 749. Es gibt einen Hinweis darauf, dass sich der Vorfall im Oktober 1806 zugetragen hat. Sinclair wäre demnach mit dem Gothaer Lehrer und Garnisonsprediger Friedrich Ludwig Andreas Regel auf dem Weg von Gotha nach Leipzig von Franzosen aufgegriffen und nach einem ersten Verhör in Gera weiter nach Auma zu Napoleon verbracht worden. Das dortige Verhör, bei dem Sinclair Briefe seines Vaters zum Beweis seines einzig dem Studium der deutschen und französischen Sprache dienenden Aufenthaltes auf dem Kontinent verwies, endete mit seiner Entlassung. Vgl.: http://zocher-regel.gmxhome.de/LatinaAndreana/NapoleonZuAltenSprachen.html. Der Autor Jürgen M. Regel, Nachfahre des vorgenannten Friedrich Regel, beruft sich in seiner Darstellung u. a. auf: Friedrich Sieburg, Gespräche mit Napoleon. München 1962.

22 Hans Christoph SCHRÖDER, Die Geschichte Englands. Ein Überblick. In: Hans Kastendiek u. a (Hg.), Länderbericht Großbritannien. Geschichte, Politik, Wirtschaft, Gesellschaft (Bundeszentrale für politische Bildung 327). Bonn 1994, S. 20.

23 Ebd., S. 19.

24 Ebd., S. 19 f.

25 Vgl. Oxford Dictionary of National Biography, Art.: Sinclair, Sir George, p. 749.

26 Vgl. Michael STÜRMER, Arkadien an der Mittelelbe. Das Gartenreich von Wörlitz. In: Den Freunden der Natur und Kunst. Das Gartenreich des Fürsten Franz von Anhalt-Dessau im Zeitalter der Aufklärung. Hg. v. Institut für Auslandsbeziehungen e. V. und der Kulturstiftung Dessau-Wörlitz. Stuttgart/Wörlitz 1997, S. 10–17, S. 10.

27 Sinclair an Fürst Franz, 14. Januar 1817. LHASA, DE, Abt. Dessau, A 10, Nr. 238, Bl. 14 v.

28 Vgl. Oxford Dictionary of National Biography, Art.: Sinclair, Sir George, p. 749. Vgl. auch http://www.worldroots.com/foundation/britain/robertdemannersdesc3+1355.htm, besucht am 05.05.2005.

29 LHASA, DE, Abt. Dessau, A 10, Nr. 238, Bl. 13 v; ebd., Bl. 17 r.

30 Vgl. Oxford Dictionary of National Biography, Art.: Sinclair, Sir George, p. 749.

31 LHASA, DE, Abt. Dessau, A 10 Nr. 238, Bl. 17 r.

32 Ebd., Bl. 13 v.

33 Vgl. http://www.worldroots.com/foundation/britain/robertdemannersdesc3+1355.htm.

34 Vgl. Oxford Dictionary of National Biography, Art.: Sinclair, Sir George, p. 749.

35 Ebd.

36 An dieser Stelle sei recht herzlich Mr. John Thurso gedankt, der die Recherchen tatkräftig unterstützt hat. Mr. Thurso ist ein direkter Nachfahre von Sir George Sinclair und er hat mir bestätigt, dass sich ein Großteil der im Oxford Dictionary of National Biography genannten Unterlagen in seinem Besitz befindet. Bislang war es mir jedoch noch nicht möglich Mr. Thurso in Schottland aufzusuchen, um einen Blick in die erwähnten Unterlagen werfen zu können. Des Weiteren danke ich an dieser Stelle recht herzlich Carina Merseburger und Johannes Kratzsch vom Institut für Anglistik und Amerikanistik der Martin-Luther-Universität Halle-Wittenberg, die meiner Korrespondenz mit Mr. Thurso den Feinschliff gegeben haben.

37 Seit Henry VIII. (König 1509–1547) und der Einführung der anglikanischen Kirche 1534 wurden die Katholiken in England unterdrückt.

38 Oxford Dictionary of National Biography, Art.: Sinclair, Sir George, p. 749.

39 Ebd.

40 Fürst Franz war viermal in England, erstmals 1763–1764, während der Grand Tour von 1765–1767, weiterhin 1775 und zuletzt 1785. Vgl.: Thomas WEISS, „J'eus le bonheur de vous accompagnez ...". Friedrich Wilhelm von Erdmannsdorffs Reisenotizen des Jahres 1764. In: Den Freunden der Natur und Kunst, S. 30–71, 85; Michael RÜFFER, Grand Tour – Die Reisen Leopolds III. Friedrich Franz von Anhalt-Dessau und Friedrich Wilhelms von Erdmannsdorffs. In: Weltbild Wörlitz. Entwurf einer Kulturlandschaft. Hg. v. Frank-Andreas Bechtoldt und Thomas Weiss (Kataloge und Schriften der Staatlichen Schlösser und Gärten Wörlitz, Oranienbaum, Luisium 1). Ostfildern-Ruit 1996, S. 117–130.

41 So bittet beispielsweise 1790 der Engländer Colonel Gordon den Fürsten darum, zwei Engländer in Dessau zu empfangen, mit dem Vermerk, er wisse, dass der Fürst den Engländern sehr zugetan sei. Vgl. LHASA, Abt. Dessau, A 10, Nr. 221. Sinclair selbst benennt in seinen Briefen einen „Marquess von Granby", den Franz gekannt haben will, der aber nicht mehr lebe. LHASA, DE, Abt. Dessau, A 10, Nr. 238, Bl. 13 v f. Es handelt sich hierbei möglicherweise um John Manners, Marquess of Granby (1721–1770). Vgl. Oxford Dictionary of National Biography. Vol. 36. Art.: Manners, John, marquess of Granby (1721–1770), pp. 466 f. Des Weiteren kontaktiert Sinclair einen „Herrn Brydone", der Fürst Franz um 1790 in Dessau besucht haben soll. LHASA, DE, Abt. Dessau, A 10, Nr. 238, Bl. 17 v f. Sinclairs Brydone könnte identisch sein mit dem Schriftsteller und Reisenden Patrick Brydone (1736–1818), der sich für Elektrizität und Vulkane begeisterte. Vgl. Oxford Dictionary of National Biography. Vol. 8. Art.: Brydone, Patrick (1736–1818), p. 426 f. Schließlich

erwähnt Sinclair noch einen „Lord Affleck […] der ein Richter in Schottland war" und dessen Sohn, den „berühmten James Boswell, der die unvergleichliche Lebens-Beschreibung des Johnson herausgab". Beide sind zu der Zeit, da Sinclair die Briefe schreibt, bereits tot. Sinclair gelingt es aber, mit dem „älteren Sohn" des berühmten Boswell in Kontakt zu treten, welcher selbst „An: 1794" den Fürsten in Dessau besucht habe. LHASA, DE, Abt. Dessau, A 10, Nr. 238, Bl. 10 r ff. Vermutlich handelt es sich bei den genannten Personen um den Richter Alexander, Lord Auchinleck (1707–1782), dessen berühmten Sohn James Boswell (1740–1795) sowie dessen ältesten Sohn, den Dichter und Politiker Sir Alexander Boswell, First Baronet (1775–1822). Vgl. Oxford Dictionary of National Biography. Vol. 6. Art.: Boswell, Alexander, Lord Auchinleck (1707–1782); Boswell, James (1740–1795); Boswell, Sir Alexander, first baronet (1775–1822), p. 725 f. Zum Thema der Besucher in Anhalt-Dessau, siehe den Beitrag von Welz/Malakhow in diesem Band.

42 Sinclair an Fürst Franz, 14. Januar 1817. LHASA, DE, Abt. Dessau, A 10, Nr. 238, Bl. 13 v.

43 Ebd., 17 r.

44 Vgl. Fußnote 42.

45 LHASA, DE, Abt. Dessau, A 10 Nr. 238, Bl. 17 r.

46 Sinclair an Fürst Franz, 18. März 1817. Ebd., Bl. 17 v.

47 Als Sinclairs Vaterstolz ihn dazu verleitet, von der Geburt der kleinen Emilia zu berichten, muss er sich selbst bei der Beschreibung seiner kleinen Tochter zügeln. Vielleicht fürchtet er, den Fürsten zu langweilen, vielleicht will er aber auch die sozialen Grenzen nicht überstrapazieren: „[…] aber ein Vater, der sein Kind beschreibt, wird leicht partheyisch und redselig – ich habe vielleicht beyde Fehler schon begangen – und mehr als zu viel gesagt gesagt – ich weiss aber dass ich an einen gnädigen Gönner schreibe, der die Gefühle eines Vaters zu würdigen weiss […]" Vgl. LHASA, DE, Abt. Dessau, A 10 Nr. 238, Bl. 17 r.

48 Ebd., Bl. 17 v.

49 Ebd., Bl. 10.

50 Ebd., Bl. 14 v. Diese Erziehungsmethode, einer Methode des gegenseitigen Unterrichtens, ist auch bekannt als Monitor-System. Sie wurde entwickelt von Joseph Lancaster (1778–1838). Vgl. Oxford Dictionary of National Biography. Vol. 32. Art.: Lancaster, Joseph (1778–1838), p. 360 f.

51 Sinclair an Fürst Franz, 14. Januar 1817. LHASA, DE, Abt. Dessau, A 10, Nr. 238, Bl. 13 r.

52 Sinclair an Fürst Franz, 19. Mai 1817. Ebd., Bl. 9 r.

53 Dazu werden zukünftig weitere Quellen zu erschließen sein, wie z. B. die Briefe des Fürsten an Sinclair. LHASA, DE, Abt. Dessau, A 10, Nr. 238 (in alter Paginierung: 33, 34, 35, 11, 12).

Kapitel XX

1 Norbert ELIAS, Über die Einsamkeit der Sterbenden in unseren Tagen. Frankfurt a. M. 1982, S. 10.

2 Ebd., S. 8.

3 Karl August Fürst von Hardenberg (1750–1822), etwa zehn Jahre jünger als Fürst Franz, gilt bis heute als der Vollender der preußischen Reformpolitik nach der Niederlage von Jena und Auerstädt. Nach dem Wiener Kongress, auf dem er Preußen vertrat, schuf er zum Zeitpunkt des zitierten Briefes die Wirtschaftsverfassung, die es Preußen ermöglichte, den Deutschen Zollverein zu bilden. Persönlich ein Befürworter einer Volksvertretung, konnte Hardenberg den König dafür nicht begeistern.

4 LHASA, DE, Abt. Dessau, A 10, Nr. 222, Bl. 31 f.

5 1824 sollte dann Prinz Carl von Preußen das gesamte Grundstück erwerben und zu der Anlage ausbauen lassen, die bis heute im Großen und Ganzen erhalten geblieben ist und nunmehr ebenfalls in die Welterbeliste der UNESCO aufgenommen ist. Die Anlagen gehören seit 1938 der Stadt Berlin.

6 Rudolf KIESSMANN, Leopold Friedrich Franz, ein Fürst der Aufklärung. In: Gemeinnütziger Verein (Hg.), Nach hundert Jahren. Zum dankbaren Gedächtnis des Herzogs Leopold Friedrich Franz 1740–1817. Dessau 1917, S. 85 f.

7 Friedrich REIL, Leopold Friedrich Franz, Herzog und Fürst von Anhalt-Dessau, ältestregierender Fürst in Anhalt, nach seinem Wirken und Wesen. Dessau/Aue 1845, S. 309.

8 Ebd., S. 316 f.

9 Ebd., S. 317.

10 Ebd., S. 309 f.

11 Ebd., S. 310.

Abbildungsverzeichnis

Cover: Anton von Maron (auch Johann Georg Ziesenis zugeschrieben): Bildnis des Fürsten Leopold III. Friedrich Franz von Anhalt-Dessau, 1766/1769, Öl auf Leinwand, 126 x 95 cm, Germanisches Nationalmuseum Nürnberg.

Frontispiz: Johann Heinrich Beck: Leopold Friedrich Franz, Fürst von Anhalt-Dessau, 1810, Öl auf Leinwand, 61,5 x 41 cm, verschollen, aus: Erhard Hirsch: Dessau-Wörlitz. Aufklärung und Frühklassik. Leipzig 1985, S. 17.

Einleitung, *Abb. 1*: Christian Friedrich Reinhold Lisiewski: Jugendbild des 16-jährigen Franz in Paradeuniform mit Harnisch, 1756, Öl auf Leinwand, 132,5 x 108 cm, Kulturstiftung DessauWörlitz.

Kapitel I, *Abb. 1*: LHASA, DE, Abt. Dessau A 9b, Nr. 2, Bd. 1, Bl. 28 v.

Kapitel II, *Abb. 1*: Marian Kirchner.

Kapitel III, *Abb. 1*: LHASA, DE, Abt. Dessau, A12c, Nr. 15, Bd. 1, Bl. 3 r. *Abb. 2*: LHASA, DE, Abt. Dessau, A12c, Nr. 15, Bd. 94, Bl. 130 r.

Kapitel IV, *Abb. 1*: Kulturstiftung DessauWörlitz, Bildarchiv, Aufnahme: Marie-Luise Werwick. *Abb. 2*: Kulturstiftung DessauWörlitz, Bildarchiv, Aufnahme: Heinz Fräßdorf. *Abb. 3–8*: Kulturstiftung DessauWörlitz, Bildarchiv, Aufnahmen: Hans-Dieter Kluge.

Kapitel V, *Abb. 1*: aus Friedrich Justin Bertuch/Georg Melchior Kraus (Hg.), Journal des Luxus und der Moden. Bd. 2. Teilnachdruck aus den Bänden 11–20 (1796–1805). Weimar/Leipzig 1968, S. 129. *Abb. 2*: Christian Friedrich Reinhold Lisiewski: Fürst Franz im blauen Rock, 1757, Pastell, 65 x 55 cm, Anhaltinische Gemäldegalerie Dessau. *Abb. 3*: Christian Friedrich Reinhold Lisiewski: Portrait der Fürstin Luise von Anhalt-Dessau, Öl auf Leinwand, um 1769, Schloss Wörlitz, Kulturstiftung DessauWörlitz. *Abb. 4*: Wilhelm Hartkopf nach Anton von Maron: Leopold III. Friedrich Franz, Fürst von Anhalt-Dessau, undatiert, Öl auf Leinwand, 223 x 151 cm, Schloss Wörlitz, Kulturstiftung DessauWörlitz. *Abb. 5*: Johann Friedrich August Tischbein: Friedrich Wilhelm von Erdmannsdorff, 1796, Öl auf Leinwand, 48 x 39 cm, Gleimhaus Halberstadt.

Kapitel VI, *Abb. 1*: Anton von Maron (auch Johann Georg Ziesenis zugeschrieben): Bildnis des Fürsten Leopold III. Friedrich Franz von Anhalt-Dessau, 1766/1769, Öl auf Leinwand, 126 x 95 cm, Germanisches Nationalmuseum Nürnberg. *Abb. 2*: Pompeo Batoni: Prinz Karl Wilhelm Ferdinand, späterer Herzog von Braunschweig und Lüneburg, 1767, Öl auf Leinwand, 133 x 96 cm, aus: Andrew Witton/Ilaria Bignamini (Ed.), Grand Tour – The Lure of Italy in the Eighteenth Century. London 1996, p. 81.

Kapitel VII, *Abb. 1*: LHASA, DE, Dessau Wochenblatt, Jg. 1763–64, S. 150. *Abb. 2*: LHASA, DE, Dessau Wochenblatt, Jg. 1787–88, Titelblatt 27.10.1787.

Kapitel VIII, *Abb. 1*: LHASA, DE, Abt. Dessau, A12a, Nr. 19, Bl. 147. *Abb. 2*: LHASA, DE, Abt. Dessau, A12a, Nr. 19, Bl. 216.

Kapitel IX, *Abb. 1*: Porträt Johann Reinhold Forster, Stadtarchiv Halle, Porträtsammlung B 80.

Kapitel X, *Abb. 1*: LHASA, DE, Abt. Dessau, A 9e, Nr. 15 (19), Bl. 74. *Abb. 2*: Samuel William Reynolds nach James Northcote: Bildnis von Hans Hans Moritz von Brühl, 1803, Tate Gallery London, NPG D14905. *Abb. 3*: Samuel William Reynolds nach Sir Joshua Reynolds: Bildnis William Petty, 1st Marquess of Lansdowne, d. i. Lord Shelburne, 1764, Tate Gallery London, NPG D3536.

Kapitel XI, *Abb. 1*: LHASA, DE, Abt. Dessau, C 9 k III, Nr. 8, Bl. 82 v.

Kapitel XII, *Abb. 1*: LHASA, DE, Abt. Dessau, C 2a IId, Nr. 16, Bl. 1. *Abb. 2*: LHASA, DE, Abt. Dessau, C 2a IId, Nr. 16, Bl. 3. *Abb. 3*: LHASA, DE, Abt. Dessau, C 2a IId, Nr. 16, Bl. 5. *Abb. 4–5*: Stadtplan Dessau von 1773, Stadtarchiv Dessau, K2, 919 (Reproduktion; Original im LHASA, DE, DS.1)

Kapitel XIII, *Abb. 1*: Theaterzettel „Die Indianer in England" vom 2. Sept. 1794. Depositum Anhaltisches Theater Dessau im Stadtarchiv Dessau ATD-ZB 1. *Abb. 2*: Theaterzettel „Das Blatt hat sich gewendet" vom 2. Sept. 1794. Depositum Anhaltisches Theater Dessau im Stadtarchiv Dessau ATD-ZB 1. *Abb. 3*: Theaterzettel „Die Geisterinsel" vom 24. Sept. 1811. Depositum Anhaltisches Theater Dessau im Stadtarchiv Dessau ATD-ZB 1.

Kapitel XIV, *Abb. 1*: LHASA, DE, Abt. Dessau, A 14a, Nr. 8, Bd. II, Bl. 294. *Abb. 2*: LHASA, DE, Abt. Dessau, A 14a, Nr. 8, Bd. II, Bl. 292 v. *Abb. 3*: Jacob Philipp Hackert: Blick auf das Schloss zu Cajazzo (Kat.-Nr. 911), aus: Jacob Philipp Hackert. 1737–1807. Verzeichnis seiner Werke. 2 Bde. Berlin 1994, S. 332. Goethe-Museum, Anton-und-Katharina-Kippenberg-Stiftung Düsseldorf.

Kapitel XV, *Abb. 1*: Anton Graff nach Correggio: Lesende Magdalena, Öl auf Leinwand, 29,2 x 39 cm, Kulturstiftung DessauWörlitz (Inv-Nr. 1018/20005-02,1).

Kapitel XVI, *Abb. 1*: LHASA, DE, Abt. Dessau, A10, Nr. 135, Bl. 30. *Abb. 2*: LHASA, DE, Abteilung Dessau, A 9e, Nr. 19, Bl. 30 v–31 r. *Abb. 3*: Prinz Johann Georg von Anhalt, um 1800, aus: Harri Günther, Park Georgium (Zwischen Wörlitz und Mosigkau, 24). Dessau 1983, S. 8. *Abb. 4*: LHASA, De, Abt. Dessau, A 10, Nr. 135, Bl. 19. *Abb. 5*: Handschriftenvergleich: Daniela Achilles/Franka Krätsch.

Kapitel XVII, *Abb. 1*: LHASA, DE, Abt. Dessau, A 10, Nr. 186, Bl. 11. *Abb. 2*: LHASA, DE, Abt. Dessau, A 10, Nr. 186, Bl. 14.

Kapitel XVIII, *Abb. 1*: LHASA, DE, Abt. Dessau, A10, Nr. 115, Bl. 6. *Abb. 2*: Unbekannter Schüler von Antoine Pèsne: Bildnis von Leopoldine von Brandenburg-Schwedt, undatiert, Kulturstiftung DessauWörlitz. *Abb. 3*: Joachim Martin Falbe: Bildnis von Anna Wilhelmine von Anhalt-Desaau, um 1745, Kulturstiftung DessauWörlitz.

Kapitel XIX, *Abb. 1*: LHASA, DE, Abt. Dessau, A 10, Nr. 238, Bl. 17 r. *Abb. 2*: Frontispiz in James Grant (Hg.), Memoirs of George Sinclair. London 1870., Herzogin Anna Amalia Bibliothek Weimar, 16, 9 : 2050.

Kapitel XX, *Abb. 1*: LHASA, DE, Abt. Dessau, A 10 Nr. 222, Bl 31 r. *Abb. 2*: LHASA, DE, Abt. Dessau, A 10, Nr. 222, Bl 32 r.

Herausgeber- und Autorenverzeichnis

Die Herausgeber

Dr. Heinrich DILLY, Jg. 1941, Professor für Neueste Kunstgeschichte und Kunsttheorie an der Martin-Luther-Universität Halle-Wittenberg. Vorstandsmitglied der Dessau-Wörlitz-Kommission, Kommission zur Erforschung und Pflege des Gartenreichs.

Dr. Holger ZAUNSTÖCK, Jg. 1967, Historiker, wiss. Mitarbeiter und Dozent an der Martin-Luther-Universität Halle-Wittenberg. Vorstandsmitglied der Dessau-Wörlitz-Kommission, Kommission zur Erforschung und Pflege des Gartenreichs.

Die Autoren (Jg.; Fächerkombination)

Daniela ACHILLES, 1980; Geschichte, Alte Geschichte, Zeitgeschichte
Doreen BELAU, 1981; Kunstgeschichte, Klassische Archäologie, historische Hilfswissenschaften
Nadine BREITSCHUH, 1981; Geschichte, Landesgeschichte, Germanistische Sprachwissenschaft
Kristin EUSERT, 1980; Geschichte, Geographie
Antje FASSHAUER, 1981; Geschichte, Anglistik, Kunstgeschichte
Agnes FISCHER, 1982; Kunstgeschichte, Medien- und Kommunikationswissenschaften, Philosophie
Sabine FRÖMEL, 1981; Medien- und Kommunikationswissenschaften
Jens GEILING, 1978; Geschichte, Medien- und Kommunikationswissenschaft
Pia GÖTZE, 1980; Geschichte, Germanistik
Steffen HOFFMANN, 1977; Prähistorische Archäologie, Kunstgeschichte
Linda KAROHL, 1982; Kunstgeschichte, Erziehungswissenschaften

Marian KIRCHNER, 1978; Geschichte, Politikwissenschaft

Franka KRÄTSCH, 1982; Kunstgeschichte, Geschichte, Klassische Archäologie

Franziska LIETZMANN, 1980; Kunstgeschichte, Germanistische Literaturwissenschaft, Geschichte

Katja MAGASCHÜTZ, 1982; Geschichte, Interkulturelle Wissenskommunikation, Politikwissenschaften

Alexandre MALAKHOV, 1975; Rechtswissenschaft

Andreas PIETSCH, 1983; Germanistische Literaturwissenschaft, Geschichte

Doreen PÖSCHL, 1983; Kunstgeschichte, Geschichte

Yvonne SANDER, 1983; Kunstgeschichte, Landesgeschichte, Christliche Archäologie, Byzantinische Kunstgeschichte

Anke SCHILLING, 1979; Kunstgeschichte, Historische Hilfswissenschaften, Klassische Archäologie

Jürgen SCHMIDT, 1968; diplomierter Designer; Kunstgeschichte, Wirtschafts- und Sozialgeschichte, Landesgeschichte

Elisa SCHROER, 1982; Kunstgeschichte, Medien- und Kommunikationswissenschaft, Betriebswirtschaftslehre

Eva SCHROTH, 1979; Kunstgeschichte, Französisch, Kunsterziehung

Ines TORNACK, 1976; Medien- und Kommunikationswissenschaften, Geschichte

Lena VOGLER, 1983; Kunstgeschichte, Hispanistik, Volkswirtschaftslehre

Marie-Luise WELZ, 1981; Kunstgeschichte, Orientalische Archäologie, Galloromanistik

Vivien ZAESKE, 1985; Philosophie, Geschichte